司法解释理解与适用丛书

最高人民法院
人身损害赔偿司法解释
理解与适用

最高人民法院民事审判第一庭 编著

人民法院出版社
PEOPLE'S COURT PRESS

图书在版编目（CIP）数据

最高人民法院人身损害赔偿司法解释理解与适用 / 最高人民法院民事审判第一庭编著. -- 北京 : 人民法院出版社, 2022.9
（司法解释理解与适用丛书）
ISBN 978-7-5109-3571-8

Ⅰ. ①最… Ⅱ. ①最… Ⅲ. ①人身权－侵权行为－赔偿－法律解释－中国②人身权－侵权行为－赔偿－法律适用－中国 Ⅳ. ①D923.15

中国版本图书馆CIP数据核字(2022)第156202号

最高人民法院人身损害赔偿司法解释理解与适用

最高人民法院民事审判第一庭　编著

责任编辑　杨佳瑞
出版发行　人民法院出版社
地　　址　北京市东城区东交民巷27号（100745）
电　　话　（010）67550638（责任编辑）　67550558（发行部查询）
65223677（读者服务部）
客服 QQ　2092078039
网　　址　http://www.courtbook.com.cn
E－mail　courtpress@sohu.com
印　　刷　三河市国英印务有限公司
经　　销　新华书店

开　　本　787毫米×1092毫米　1/16
字　　数　265千字
印　　张　22
版　　次　2022年9月第1版　2024年12月第5次印刷
书　　号　ISBN 978-7-5109-3571-8
定　　价　88.00元

前 言

人身权利是宪法宣言和保护的公民的基本权利，是以人格尊严为核心的首要和基本的人权。人权的保障历来被视为是公法的基本任务，但通过民事司法的保护方法给人身权利遭受侵害的自然人以公正、及时的救济，本质上也是人权司法保障的一个重要方面。

1986年《民法通则》虽然对人身损害赔偿问题作了规定，但是随着我国经济和社会发展，侵权人身损害赔偿案件在类型和数量上发生了重大变化，给审判实践带来了许多新情况、新问题。由于在当时的审判实践中，对人身损害赔偿的范围和计算标准一直缺乏统一的规范可供遵循，广大法官和社会各界，都希望尽快出台司法解释，规范和统一侵权人身损害赔偿的法律适用问题。2003年12月29日，最高人民法院公布了《关于审理人身损害赔偿案件适用法律若干问题的解释》(以下简称《人身损害赔偿解释》)。这是最高人民法院贯彻“以人为本”的现代司法理念，加强对人身权利的司法保护制定的一个重要司法解释，也是落实最高人民法院党组提出的司法为民思想的一项重要举措。

为充分体现司法解释起草制定的民主性，最高人民法院向社会公布了《人身损害赔偿解释》的征求意见稿，广泛征求人民群众和社会各界的意见。在充分吸收广大人民群众和社会各界意见的基础上，制定了这一司法解释。《人身损害赔偿解释》的出台，在既有司法解释的基础上，对人身权利提供了更为全面的司法保护，而且从更为积极、主动的意义上强化了社会生活中的权利保护意识和安全保障义务，对于提升全社会的权利尊重和保障意识，起到了良好的促进作用，产生了深远的影响。

2020年5月28日《中华人民共和国民法典》(以下简称《民法典》)颁布，于2021年1月1日起施行。为确保统一正确适用《民法典》，最高人民法院对司法解释及相关规范性文件进行了全面清理。对标《民法典》立法精神和法律规定，《人身损害赔偿解释》进行了整体修改。由于《人身损害赔偿解释》部分内容已经被《民法典》吸收或替代，可以直接援引《民法典》及相关法律、司法解释的规定解决，故删除了部分条款；有的条款根据《民法典》的规定和精神进行了修改；有的条款则予以保留。此次修改，删除十四条，修改四条，增加规定两条，修改后的条文共计二十四条。2020年12月23日，最高人民法院审判委员会第1823次会议审议通过《最高人民法院关于修改〈最高人民法院关于在民事审判工作中适用《中华人民共和国工会法》若干问题的解释〉等二十七件民事类司法解释的决定》(法释〔2020〕17号)，对《人身损害赔偿解释》进行修改。

2022年2月15日，最高人民法院审判委员会第1864次会议审议通过《关于修改〈最高人民法院关于审理人身损害赔偿案件适用法律若干问题的解释〉的决定》，对人身损害解释再次进行修改。这次《人身损害赔偿解释》修改是在户籍制度改革不断推进、城乡经济社会的日趋融合、城乡人口加速流动、城乡差距逐步缩小的新形势新情况下进行，是最高人民法院落实党中央要求，助力推动城乡融合发展的重要举措。

2019年4月15日，中共中央、国务院公布《关于建立健全城乡融合发展体制机制和政策体系的意见》，明确提出“改革人身损害赔偿制度，统一城乡居民赔偿标准”的要求。为贯彻落实中央要求，最高人民法院于2019年9月2日下发《关于授权开展人身损害赔偿标准城乡统一试点的通知》，授权各高级人民法院在辖区内开展人身损害赔偿纠纷案件统一城乡居民赔偿标准试点工作。在总结试点工作经验的基础上，最高人民法院启动了《人身损害赔偿解释》的修改工作，经过了充分调研论证并向社会公开征求意见。《人身损害赔偿解释》此次修改，将残疾赔偿金、死亡赔偿金以及被扶养人生活费由原来的城乡区分的赔偿标准修改为统一采用城镇居民标准。自此，人身损害赔偿标准城乡二元化成为历史。

《人身损害赔偿解释》自2003年颁布实施以来，历经两次重大修改，内容发生了很多变化，最高人民法院民事审判第一庭为帮助各级法院的法官正确理解和适用这一司法解释，也为了便于社会各界了解和掌握司法解释的精神，组织有关同志撰写了本书，对司法解释2003年制定时的背景、目的以及后续修改中的考虑等进行介绍和阐述。由于司法解释涉及一些长期争议的理论问题，书中有些观点可能还有待进一步深入探讨。加之时间紧促，不足之处在所难免，衷心希望各位读者批评指正。

二〇二二年八月

目录

CONTENTS

第一部分　司法解释全文

第二部分　新闻问答

第三部分　条文理解与适用

第四部分　相关规范

第一部分　司法解释全文

最高人民法院
关于审理人身损害赔偿案件适用法律若干问题的解释

（2003年12月4日最高人民法院审判委员会第1299次会议通过 根据2020年12月23日最高人民法院审判委员会第1823次会议通过的《最高人民法院关于修改〈最高人民法院关于在民事审判工作中适用《中华人民共和国工会法》若干问题的解释〉等二十七件民事类司法解释的决定》修正 根据2022年2月15日最高人民法院审判委员会第1864次会议通过的《最高人民法院关于修改〈最高人民法院关于审理人身损害赔偿案件适用法律若干问题的解释〉的决定》修正）

为正确审理人身损害赔偿案件，依法保护当事人的合法权益，根据《中华人民共和国民法典》《中华人民共和国民事诉讼法》等有关法律规定，结合审判实践，制定本解释。

第一条 因生命、身体、健康遭受侵害，赔偿权利人起诉请求赔偿义务人赔偿物质损害和精神损害的，人民法院应予受理。

本条所称"赔偿权利人"，是指因侵权行为或者其他致害原因直接遭受人身损害的受害人以及死亡受害人的近亲属。

本条所称"赔偿义务人"，是指因自己或者他人的侵权行为以及其他致害原因依法应当承担民事责任的自然人、法人或者非法人组织。

第二条 赔偿权利人起诉部分共同侵权人的，人民法院应当追加其他共同侵权人作为共同被告。赔偿权利人在诉讼中放弃对部分共同侵权人的诉讼请求的，其他共同侵权人对被放弃诉讼请求的被告应当承担的赔偿份额不承担连带责任。责任范围难以确定的，推定各共同侵权人承担同等责任。

人民法院应当将放弃诉讼请求的法律后果告知赔偿权利人，并将放弃诉讼请求的情况在法律文书中叙明。

第三条 依法应当参加工伤保险统筹的用人单位的劳动者，因工伤事故遭受人身损害，劳动者或者其近亲属向人民法院起诉请求用人单位承担民事赔偿责任的，告知其按《工伤保险条例》的规定处理。

因用人单位以外的第三人侵权造成劳动者人身损害，赔偿权利人请求第三人承担民事赔偿责任的，人民法院应予支持。

第四条 无偿提供劳务的帮工人，在从事帮工活动中致人损害的，被帮工人应当承担赔偿责任。被帮工人承担赔偿责任后向有故意或者重大过失的帮工人追偿的，人民法院应予支持。被帮工人明确拒绝帮工的，不承担赔偿责任。

第五条 无偿提供劳务的帮工人因帮工活动遭受人身损害的，根据帮工人和被帮工人各自的过错承担相应的责任；被帮工人明确拒绝帮工的，被帮工人不承担赔偿责任，但可以在受益范围内予以适当补偿。

帮工人在帮工活动中因第三人的行为遭受人身损害的，有权请求第三人承担赔偿责任，也有权请求被帮工人予以适当补偿。被帮工人补偿后，可以向第三人追偿。

第六条 医疗费根据医疗机构出具的医药费、住院费等收款凭证，结合病历和诊断证明等相关证据确定。赔偿义务人对治疗的必要性和合理性有异议的，应当承担相应的举证责任。

医疗费的赔偿数额，按照一审法庭辩论终结前实际发生的数额确定。器官功能恢复训练所必要的康复费、适当的整容费以及其他后续治疗费，赔偿权利人可以待实际发生后另行起诉。但根据医疗证明或者鉴定结论确定必然发生的费用，可以与已经发生的医疗费一并予以赔偿。

第七条　误工费根据受害人的误工时间和收入状况确定。

误工时间根据受害人接受治疗的医疗机构出具的证明确定。受害人因伤致残持续误工的，误工时间可以计算至定残日前一天。

受害人有固定收入的，误工费按照实际减少的收入计算。受害人无固定收入的，按照其最近三年的平均收入计算；受害人不能举证证明其最近三年的平均收入状况的，可以参照受诉法院所在地相同或者相近行业上一年度职工的平均工资计算。

第八条　护理费根据护理人员的收入状况和护理人数、护理期限确定。

护理人员有收入的，参照误工费的规定计算；护理人员没有收入或者雇佣护工的，参照当地护工从事同等级别护理的劳务报酬标准计算。护理人员原则上为一人，但医疗机构或者鉴定机构有明确意见的，可以参照确定护理人员人数。

护理期限应计算至受害人恢复生活自理能力时止。受害人因残疾不能恢复生活自理能力的，可以根据其年龄、健康状况等因素确定合理的护理期限，但最长不超过二十年。

受害人定残后的护理，应当根据其护理依赖程度并结合配制残疾辅助器具的情况确定护理级别。

第九条　交通费根据受害人及其必要的陪护人员因就医或者转院治疗实际发生的费用计算。交通费应当以正式票据为凭；有关凭据应当与就医地点、时间、人数、次数相符合。

第十条 住院伙食补助费可以参照当地国家机关一般工作人员的出差伙食补助标准予以确定。

受害人确有必要到外地治疗，因客观原因不能住院，受害人本人及其陪护人员实际发生的住宿费和伙食费，其合理部分应予赔偿。

第十一条 营养费根据受害人伤残情况参照医疗机构的意见确定。

第十二条 残疾赔偿金根据受害人丧失劳动能力程度或者伤残等级，按照受诉法院所在地上一年度城镇居民人均可支配收入标准，自定残之日起按二十年计算。但六十周岁以上的，年龄每增加一岁减少一年；七十五周岁以上的，按五年计算。

受害人因伤致残但实际收入没有减少，或者伤残等级较轻但造成职业妨害严重影响其劳动就业的，可以对残疾赔偿金作相应调整。

第十三条 残疾辅助器具费按照普通适用器具的合理费用标准计算。伤情有特殊需要的，可以参照辅助器具配制机构的意见确定相应的合理费用标准。

辅助器具的更换周期和赔偿期限参照配制机构的意见确定。

第十四条 丧葬费按照受诉法院所在地上一年度职工月平均工资标准，以六个月总额计算。

第十五条 死亡赔偿金按照受诉法院所在地上一年度城镇居民人均可支配收入标准，按二十年计算。但六十周岁以上的，年龄每增加一岁减少一年；七十五周岁以上的，按五年计算。

第十六条 被扶养人生活费计入残疾赔偿金或者死亡赔偿金。

第十七条 被扶养人生活费根据扶养人丧失劳动能力程度，按照受诉法院所在地上一年度城镇居民人均消费支出标准计算。被扶养人为未成年人的，计算至十八周岁；被扶养人无劳动能力又无其他生活来源的，计算二十年。但六十周岁以上的，年龄每增加一岁减少一年；七十五周岁以上的，按五年计算。

被扶养人是指受害人依法应当承担扶养义务的未成年人或者丧失劳动能力又无其他生活来源的成年近亲属。被扶养人还有其他扶养人的，赔偿义务人只赔偿受害人依法应当负担的部分。被扶养人有数人的，年赔偿总额累计不超过上一年度城镇居民人均消费支出额。

第十八条　赔偿权利人举证证明其住所地或者经常居住地城镇居民人均可支配收入高于受诉法院所在地标准的，残疾赔偿金或者死亡赔偿金可以按照其住所地或者经常居住地的相关标准计算。

被扶养人生活费的相关计算标准，依照前款原则确定。

第十九条　超过确定的护理期限、辅助器具费给付年限或者残疾赔偿金给付年限，赔偿权利人向人民法院起诉请求继续给付护理费、辅助器具费或者残疾赔偿金的，人民法院应予受理。赔偿权利人确需继续护理、配制辅助器具，或者没有劳动能力和生活来源的，人民法院应当判令赔偿义务人继续给付相关费用五至十年。

第二十条　赔偿义务人请求以定期金方式给付残疾赔偿金、辅助器具费的，应当提供相应的担保。人民法院可以根据赔偿义务人的给付能力和提供担保的情况，确定以定期金方式给付相关费用。但是，一审法庭辩论终结前已经发生的费用、死亡赔偿金以及精神损害抚慰金，应当一次性给付。

第二十一条　人民法院应当在法律文书中明确定期金的给付时间、方式以及每期给付标准。执行期间有关统计数据发生变化的，给付金额应当适时进行相应调整。

定期金按照赔偿权利人的实际生存年限给付，不受本解释有关赔偿期限的限制。

第二十二条　本解释所称“城镇居民人均可支配收入”“城镇居

民人均消费支出”“职工平均工资”，按照政府统计部门公布的各省、自治区、直辖市以及经济特区和计划单列市上一年度相关统计数据确定。

“上一年度”，是指一审法庭辩论终结时的上一统计年度。

第二十三条 精神损害抚慰金适用《最高人民法院关于确定民事侵权精神损害赔偿责任若干问题的解释》予以确定。

第二十四条 本解释自2022年5月1日起施行。施行后发生的侵权行为引起的人身损害赔偿案件适用本解释。

本院以前发布的司法解释与本解释不一致的，以本解释为准。

第二部分　新闻问答

最高人民法院《关于修改〈最高人民法院关于审理人身损害赔偿案件适用法律若干问题的解释〉的决定》新闻发布稿

（2022年4月27日）

各位记者：

大家上午好！今天新闻发布会的主题是向大家通报《最高人民法院关于修改〈最高人民法院关于审理人身损害赔偿案件适用法律若干问题的解释〉的决定》的有关情况。

为深入贯彻落实党中央关于建立健全城乡融合发展体制机制和政策体系的重大决策部署以及“改革人身损害赔偿制度，统一城乡居民赔偿标准”的要求，2022年2月15日，最高人民法院审判委员会第1864次会议讨论通过了《最高人民法院关于修改〈最高人民法院关于审理人身损害赔偿案件适用法律若干问题的解释〉的决定》（以下简称《决定》），并将于2022年5月1日起施行。下面，我对《决定》制定的背景及主要内容作一简要的介绍和说明。

一、《决定》制定的背景

为统一人身损害赔偿纠纷案件相关法律适用问题，我院于2003年12月发布的《最高人民法院关于审理人身损害赔偿案件适用法律若干问题的解释》（以下简称《人身损害赔偿解释》），规定残疾赔偿金、死亡赔偿金按照城镇居民人均可支配收入或者农村居民人均纯收入标准计算，被扶养人生活费按照城镇居民人均消费性支出和农村居民人均年生活消费支出标准计算。该规定是基于当时我国经济社会发展基本国情，在城乡户籍制度和城乡二元结构的背景下制定的。

随着我国户籍制度改革的推进以及经济社会的不断发展，城乡差距逐渐缩小，人身损害赔偿标准问题面临着新情况、新形势。2014年7月24日，国务院印发《关于进一步推进户籍制度改革的意见》，就进一步推进户籍制度改革提出具体政策措施，其中在第三条“创新人口管理”的意见中，提出“建立城乡统一的户口登记制度”，“取消农业户口与非农业户口性质区分和由此衍生的蓝印户口等类型，统一登记为居民户口”。2017年2月9日，公安部召开全国户籍制度改革专题视频培训会，会议指出户籍制度改革的政策框架基本构建完成，城乡统一的户口登记制度全面建立，各地取消了农业户口与非农业户口性质区分。

2019年4月15日，中共中央、国务院公布《关于建立健全城乡融合发展体制机制和政策体系的意见》，明确提出“改革人身损害赔偿制度，统一城乡居民赔偿标准”的要求。为贯彻落实党中央要求，我院于2019年9月2日下发《关于授权开展人身损害赔偿标准城乡统一试点的通知》，授权各高院在辖区内开展人身损害赔偿纠纷案件统一城乡居民赔偿标准试点工作。

为进一步推动城乡居民赔偿标准统一工作，在总结试点工作经验的基础上，最高人民法院启动了《人身损害赔偿解释》修改工作。经过深入调研论证，并向全社会公开征求意见，在反复研究论证的基础上，制定本《决定》。修改《人身损害赔偿解释》，统一城乡居民赔偿标准，是人民法院认真贯彻落实以习近平同志为核心的党中央关于建立健全城乡融合发展体制机制和政策体系的重大决策部署以及“改革人身损害赔偿制度，统一城乡居民赔偿标准”要求的重要举措。

二、《决定》的主要内容

《人身损害赔偿解释》本次修改是为落实党中央关于“改革人身损害赔偿制度，统一城乡居民赔偿标准”的要求，聚焦赔偿标准城乡统一问题。修改共涉及《人身损害赔偿解释》第十二条、第十五条、第十七条、第十八条、第二十二条、第二十四条六个条文，将残疾赔偿金、死亡赔偿金以及被扶养人生活费由原来的城乡区分的赔偿标准修改为统一采用城镇居民标准计算。主要内容是：将残疾赔偿金、死亡赔偿金由原来按照城镇居民人均可支配收入或者农村居民人均纯收入标准计算修改为按照城镇居民人均可支配收入标准计算；将被扶养人生活费由原来按照城镇居民人均消费性支出或者农村居民人均年生活消费支出标准计算修改为按照城镇居民人均消费支出标准计算。残疾赔偿金、死亡赔偿金以及被扶养人生活费不再区分城乡居民分别计算，而是统一按照政府统计部门公布的各省、自治区、直辖市以及经济特区和计划单列市的城镇居民指标计算。主要基于以下考虑：

第一，统一采用城镇居民标准是对试点工作经验的总结。最高人民法院于 2019 年 9 月 2 日下发《关于授权开展人身损害赔偿标准城乡统一试点的通知》，授权各高级人民法院在辖区内开展人身损害赔偿纠纷案件统一城乡居民赔偿标准试点工作。试点过程中，各地法院根据辖区实际情况开展工作，采用了不同的做法，主要有统一到城镇居民标准和统一到全体居民标准两种做法。总体上，全体居民标准高于农村居民标准，但低于城镇居民标准。根据 2021 年上半年统计的情况，26 个省、自治区、直辖市以及新疆生产建设兵团在试点工作中采用了统一到城镇居民标准的做法。2021 年 8 月，最高人民法院又下发《关于进一步推进人身损害赔偿标准城乡统一试点工作的通知》，要求各地法院扩大试点范围，并将赔偿标准统一到城镇居民标准上来。据各地报告的情况看，试点工作运行平稳，总体上效果较好。

第二，统一采用城镇居民标准能够更为充分地保护受害人利益。尤其是受害者为农村居民的，赔偿数额将获得较大幅度的提高。试点过程中，也有地方采用全体居民标准计算。但考虑到如果统一采用全体居民标准，则可能会降低城镇居民受害者现有的赔偿额度。采用城镇居民标准，能够兼顾城镇居民受害者和农村居民受害者的整体情况，更好地保护人民群众合法权益。

第三，统一采用城镇居民标准与当前我国城镇化发展趋势相符。根据第七次全国人口普查公报，当前居住在城镇的人口占总人口的比例达到了63.89%。与2010年第六次全国人口普查相比，城镇人口比重上升了14.21个百分点。随着我国城镇化的进一步推进，可以预见，城镇人口的占比将来会进一步提高。统一为城镇居民标准，符合我国城镇化发展趋势。

下一步，人民法院将进一步发挥审判职能作用，为保护人民群众合法权益和经济社会大局发展提供有力司法服务和保障。

谢谢大家！

最高法民一庭负责人就《最高人民法院关于修改〈最高人民法院关于审理人身损害赔偿案件适用法律若干问题的解释〉的决定》答记者问

为深入贯彻落实党中央关于建立健全城乡融合发展体制机制和政策体系的重大决策部署以及“改革人身损害赔偿制度，统一城乡居民赔偿标准”的要求，2022年2月15日，最高人民法院审判委员会第1864次会议讨论通过了《最高人民法院关于修改〈最高人民法院关于审理人身损害赔偿案件适用法律若干问题的解释〉的决定》（以下简称《决定》），并将于2022年5月1日起施行。最高人民法院民一庭负责人就《决定》回答了记者提问。

问：据了解，最高人民法院2019年印发通知，授权各地开展人身损害赔偿案件统一城乡居民赔偿标准试点的工作，请介绍一下试点工作的开展情况。

答：2019年9月2日，我院印发《关于授权开展人身损害赔偿标准城乡统一试点的通知》（以下简称《通知》），授权各高级人民法院在辖区内开展人身损害赔偿纠纷案件统一城乡居民赔偿标准试点工作。

《通知》印发后，各高级人民法院高度重视，积极部署，稳妥推进。各地根据辖区实际情况开展试点工作，在试点地区范围、试点案件类型、赔偿计算标准方面采用了不同做法。根据我们2021年上半年统计的情况，根据试点地区范围划分，有全辖区开展试点和辖区内部分地区开展试点两种做法；根据试点案件类型划分，有的省、自治区、直辖市在全部人身损害赔偿类民事纠纷案件中开展试点工作，有的是在机动车交通事故责任纠纷等部分类型案件中开展试点工作；在赔偿标准方面，主要有采用城镇居民标准和全体居民标准两种做法，也有部分省市进行了探索，采用了其他标准。其中，26个省、自治区、直辖市以及新疆生产建设兵团在试点工作中采用了统一到城镇居民标准的做法。

试点工作总体运行平稳，效果较好。由于赔偿标准统一，许多纠纷当事人可以自行协商化解纠纷，进入诉讼程序的案件数量减少。比如，2019年河北省法院受理机动车交通事故责任纠纷案件同比下降了21.26%。案件审理难度降低，案件审理时间缩短，上诉率下降，同时也减轻了当事人的诉累。应当说，两年多的试点工作，为司法解释修改和法律适用的进一步统一，积累了比较丰富的实践经验，打下了良好的工作基础。

问：请谈一下此次修改《最高人民法院关于审理人身损害赔偿案件适用法律若干问题的解释》（以下简称《人身损害赔偿解释》），统一城乡居民赔偿标准的重要意义和作用。

答：第一，修改《人身损害赔偿解释》，统一城乡居民赔偿标准，是人民法院贯彻落实党中央重大决策部署的重要举措。建立健全城乡融合发展体制机制和政策体系，是党的十九大作出的重大决策部署。2019年4月15日，中共中央、国务院公布《关于建立健全城乡融合发展体制机制和政策体系的意见》，明确提出“改革人身损害赔偿制度，统一城乡居民赔偿标准”的要求。最高人民法院坚持以人民为中心的发展思想，深刻认识改革人身损害赔偿制度、统一城乡居民赔偿标准的重大意义，充分发挥审判职能作用，落实党中央决策部署。

第二，修改《人身损害赔偿解释》，统一城乡居民赔偿标准，是人民法院为全面推进乡村振兴战略提供司法服务和保障的重要方面。建立健全城乡融合发展体制机制和政策体系是乡村振兴战略的制度保障，统一城乡居民赔偿标准是建立健全城乡融合发展体制机制和政策体系的重要内容。在人身损害赔偿案件中，统一采用城镇居民标准计算残疾赔偿金、死亡赔偿金和被扶养人生活费，使农村居民能够更好地分享到改革的红利，促进城乡融合发展，不断增强人民群众尤其是农村居民的安全感和获得感。

第三，修改《人身损害赔偿解释》，统一城乡居民赔偿标准，能够更为充分地保护受害人利益。统一采用城镇居民标准改变了以前对城乡不同户籍身份的居民认定赔偿数额差距较大的情况。比如，受诉法院地在北京的农村居民受害人死亡，如果按照统计部门公布的2020年度农村居民指标计算，最高可获得死亡赔偿金（被扶养人生活费计入死亡赔偿金）约102万元，而《人身损害赔偿解释》修改后，居住在农村的居民也按照城镇居民指标计算，最高可获得死亡赔偿金（被扶养人生活费计入死亡赔偿金）约234万元，这样可以更充分地保护受害人尤其是农村居民受害人的利益。

第四，修改《人身损害赔偿解释》，统一城乡居民赔偿标准能够极大地减轻当事人诉累，并优化司法资源配置。以往在人身损害赔偿类纠纷案件中，法院通常须结合受害人住所地、经常居住地等因素确定应采用城镇居民标准还是农村居民标准计算赔偿数额，赔偿权利人为证明应当适用城镇居民标准，需要承担较重的举证责任，法院也需要投入较大精力对相关证据进行审查。城乡居民赔偿标准统一后，极大降低了当事人的举证难度，减轻了当事人的诉累。

第三部分　条文理解与适用

第一条 因生命、身体、健康遭受侵害，赔偿权利人起诉请求赔偿义务人赔偿物质损害和精神损害的，人民法院应予受理。

本条所称“赔偿权利人”，是指因侵权行为或者其他致害原因直接遭受人身损害的受害人以及死亡受害人的近亲属。

本条所称“赔偿义务人”，是指因自己或者他人的侵权行为以及其他致害原因依法应当承担民事责任的自然人、法人或者非法人组织。

【条文主旨】

本条是关于人身损害赔偿法律关系的一般规定。

本条分别界定了人身损害赔偿的客体范围、主体范围和内容范围。

本解释在2020年清理修订时对原第一条的三款规定均作了修改。一是第一款将人身损害的客体由“生命、健康、身体”，调整为“生命、身体、健康”；二是第一款将赔偿范围由“财产损失和精神损害”，修改为“物质损害和精神损害”；三是第二款关于赔偿权利人的规定，删除了“依法由受害人承担扶养义务的被扶养人”；四是将第三款赔偿义务人中的“其他组织”修改为“非法人组织”。

【理解与适用】

人身损害赔偿是人民法院受理人格权纠纷和侵权责任纠纷案件

的主要类型。按照2020年12月14日通过的修订后的《民事案件案由规定》，涉及人身损害赔偿的民事案件案由，主要包括人格权纠纷中的“生命权、身体权、健康权纠纷”，但侵权责任纠纷中的“性骚扰损害责任纠纷”“机动车交通事故责任纠纷”“非机动车交通事故责任纠纷”“医疗损害责任纠纷”“产品责任纠纷”“饲养动物损害责任纠纷”等特殊侵权责任纠纷案由，实际也是人身损害赔偿纠纷案件。

从侵害权利的客体来看，人身损害是对物质性人格权的损害；从司法救济角度看，人身损害赔偿体现为一种债的法律关系，即侵权损害赔偿之债。明确其客体范围、主体范围和司法救济的内容范围，有助于正确理解不同权利侵害的请求权基础，有助于正确认定赔偿请求权人，也有助于正确适用法律给受害人以充分的救济。本条规定对人身损害赔偿法律关系从概念上予以规范，目的是保持生活实态与法律关系的一致，从而有助于正确理解与适用法律。

一、人身损害赔偿的客体范围

本条关于人身损害赔偿客体范围的规定，由原解释第一条规定的“生命、健康、身体”，调整为“生命、身体、健康”，与《中华人民共和国民法典》（以下简称《民法典》）的规定保持一致。本条开宗明义明确了人身损害的司法保护范围是以生命、身体、健康为内容的物质性人格权，即生命权、身体权、健康权。

民法理论上，一般将民事权利分为“人身权”和“财产权”两大类。前者系以与权利人之人格或身份不能分离之利益为内容之权利，后者则系以经济利益为内容的权利。人身权又可分为人格权与身份权两类。前者是指与民事主体的人格相伴始终而不能分离之权利，亦即以人格的利益为内容之权利，如生命权、身体权、健康权、肖像权、名誉权等权利；后者则是随人之身份即自然人在亲属法上之地位而发生之权利，如亲属权、配偶权、基于亲子关系的亲权等。我国司法实践中所谓“人身损害赔偿纠纷”的“人身”，与民法理论上的“人身权”并非同一含义，其仅指生命权、身体权、健康权的客体。

司法实践对人身损害赔偿纠纷权利保护范围的认识，存在一个不断发展的过程。《中华人民共和国民法通则》[①]（以下简称《民法通则》）第九十八条规定：“公民享有生命健康权。”法释〔2001〕7号《最高人民法院关于确定民事侵权精神损害赔偿责任若干问题的解释》[②]（以下简称《精神损害赔偿解释》）第一条，将人格权的司法保护范围扩大到了“身体权”“人格尊严权”和“人身自由权”。最高人民法院在制定《关于审理人身损害赔偿案件适用法律若干问题的解释》（以下简称《人身损害赔偿解释》）时，对《精神损害赔偿解释》的精神予以继承和肯定，将以健康和身体为内容的权利从生命权中区分开来，开宗明义地规定人民法院对人身损害的司法保护范围是以生命、健康、身体为内容的物质性人格权，即生命权、健康权、身体权。

此后，《中华人民共和国侵权责任法》[③]（以下简称《侵权责任法》）第二条第二款将生命权、健康权区分为两种不同的权利类型，因为生命权和健康权在权利内容上存在区别，并且生命的丧失不可逆转，但《侵权责任法》未承认单独的身体权。《民法典》延续了《侵权责任法》的规定，区分规定生命权和健康权，同时还将身体权

① 《中华人民共和国民法通则》于2021年1月1日废止。

② 《最高人民法院关于确定民事侵权精神损害赔偿责任若干问题的解释》（法释〔2001〕7号）已于2020年修订。

③ 《中华人民共和国侵权责任法》已于2021年1月1日废止。

从健康权中独立出来，增加规定“身体权”，权利顺序置于“健康权”之前。[①]身体权与生命权、健康权密切相关，侵害自然人的身体往往导致对自然人健康的损害，甚至剥夺自然人的生命。但生命权、健康权和身体权所保护的自然人的具体人格利益有所不同，生命权以保护自然人生命的延续为内容之一，健康权以保护身体各组织及整体功能正常为内容之一；而身体权以保护身体组织的完整为内容之一。当他人侵害自然人的身体已经达到使自然人的组织和功能不正常时，侵害的是自然人的健康权，而非身体权。当他人侵害自然人的身体，但未侵害自然人的组织和影响身体正常功能时，侵害的仅是自然人的身体权，而非健康权。

（一）关于生命权

《民法典》第一千零二条对生命权作出规定：“自然人享有生命权。自然人的生命安全和生命尊严受法律保护。任何组织或者个人不得侵害他人的生命权。”可见，生命权是指自然人享有的以维护生命安全和生命尊严为内容的权利。自然人只有享有生命权，才能作为一个主体在社会中生存并与他人交往，追求自己存在的价值。生命权是自然人最重要的人格权，是其他人格权和其他权利的前提，是从事民事活动和其他一切活动的前提和基本要求。生命权的内容是生命安全和生命尊严。在自然人的生命权遭受侵害或者面临危险时，权利人可以依法采取相应的保护措施，以维护自己的生命安全。生命尊严受法律保护，是指自然人有权基于人格尊严，在消极意义上禁止他人侵害自己作为生命主体者的尊严，在积极意义上要求自己作为生命主体者的尊严获得应有的尊重，提升生命的尊严和品质。

对生命权的侵害，包括直接致人死亡即所谓杀人，也包括伤害

① 参见《民法典》第一百一十条、第一千零二条、第一千零三条、第一千零四条。

致死。伤害与死亡之间虽有时间界限，但两者如存在因果关系，仍成立侵害他人生命权。因此，民事侵权法上的侵害生命权，其含义比刑法上的杀人更广泛，目的是给予受害人近亲属以较为充分的救济。此外，侵害生命权不仅可因作为行为构成，也可因违反义务致人死亡之不作为行为构成。

（二）关于身体权

身体，是指自然人生理组织的整体，即肉体的完整构造。健康为生理机能的完善。由此推理，凡导致他人肉体组织完整性遭到破坏的，应属侵害他人身体权；凡导致他人生理机能的完善性遭到破坏的，应属侵害他人健康权。但从经验上观察，导致他人肉体组织完整性遭到破坏的情形，通常也会导致他人生理机能的完善性遭到破坏。因此，在一些国家的民事立法中，只规定身体权而不规定健康权，即认为身体权足以包括或涵摄健康权，如《日本民法典》第710条就是如此。我国《民法通则》与此相反，只规定健康权而没有明确规定身体权，解释上一般认为，身体只是生命健康权的客体，但两者实有分别，不予区分将会在实务中造成一些障碍。《民法典》总则编中的第一百一十条第一款将身体权作为一项独立的人格权，与生命权、健康权并列予以规定。第一千零三条对身体权作出规定："自然人享有身体权。自然人的身体完整和行动自由受法律保护。任何组织或者个人不得侵害他人的身体权。"

身体权的内容是身体完整和行动自由受法律保护。传统观点认为，身体权，是指不为他人所妨害，而就身体之安全享受利益之权利。健康权，是指不为他人所妨害，而就自己健康享受利益之权利。这种观点的基本出发点是：人格权虽为一种民事权利，但与民事主体所享有的财产权利不同；财产权利体现主体对作为权利客体的财产享有法律范围内完全自主支配的权利，包括事实的和法律的处分权；而人格权的客体即生命、健康、身体，法律只是从消极地禁止他人侵害的意义上认可主体享有其权利，而不认可主体可以根据自由意志任意支配或者处分其权利客体。这是由人格权主体与客体直接同一的特殊性所决定的，也是由现代社会禁止将人格整体作为可以自由支配的权利客体以及禁止将人格整体与其部分相分离而为任意处分的伦理观念和法律制度所决定的。但是，有学者认为，随着科学技术的进步和现代法律伦理的进化，允许公民将属于自己身体组成部分的血液、皮肤甚至个别器官转让给他人。这种转让，正是体现公民对其身体组成部分的器官、组织的支配权。它表明，对于公民身体的上述器官、组织，只有公民本人才享有支配的权利，任何人都无权决定其转让。因此，基于传统观点对身体权所作的定义，就是不全面、不准确的。体现科技进步和伦理进化的准确和完整的定义应当是：身体权，是自然人维护其身体完全并支配其肢体、器官和其他组织的人格权。

从《民法典》第九百九十二条关于“人格权不得放弃、转让或者继承”的规定来看，我们认为，对身体权的概念仍以防止他人不法侵害而给予消极保护的意义界定为宜。尽管科技进步和伦理进化为人体器官的捐赠、生理组织的修补移植以及器官、组织分离在生殖技术和生命科学研究中的运用等提供了可能，但立法在其目的上仍不鼓励将身体及其组成部分为任意处分的积极支配行为。相反，立法和道德趋向是严格限制其自由支配和任意处分的，人体克隆被禁止就是一个著例。

侵害身体权的行为是多样的。身体包括头颈、躯干、四肢、器官以及毛发、指甲等各种人体细胞、人体组织、人体器官等。例如，剪掉头发或者眉毛，构成了对身体权的侵害。对于与身体分离的部分，民法理论认为，身体的部分，如头发、牙齿、血液、器官等与身体分离时，即成为物，并属于动产，其所有权属于其所从分离的身体的权利主体。侵害此种与身体分离的部分，构成对他人所有权的侵害。但此种分离应当是不再与所从分离的身体重新结合的永久性分离。如果身体的部分分割，依作为权利主体当事人的意思系为保持身体功能，或其后再与身体结合时，应当认为此项身体部分在其与身体分离期间，构成功能上的一体性。对此种身体分离部分的侵害，应认为系对身体的侵害。例如，试管婴儿生殖技术中从妇女身体分离的卵细胞，按照所由分离的妇女的愿望完成其受孕生育的功能。此种分离，受权利主体的自主意思所支配，分离的部分与其身体构成功能上的一体性。因此，对卵细胞的侵害，构成对身体的侵害，应承担侵害身体权（人格权）的民事责任，而不应认为系侵害财产权。对于固定于身体成为身体组成部分、与其他组成部分结合在一起发挥功能而不能卸取的人工附加部分，如假肢、义齿、义眼、心脏起搏器等，或者身体的某组成部分脱离身体后仍要与身体结合的身体组成脱离部分，对这些部分的侵害，也可以被认定为构成侵害身体权，造成严重精神损害的，可以依法请求精神损害赔偿。审判实践中还应注意的问题是，自然人死亡之后不再享有身体权，但自然人死亡之后的遗体、遗骨和骨灰应当受到尊重。

侵害身体权的含义，并不仅指受害人肉体组织的完整性遭到破坏，也并不一定要求侵权人有直接接触他人身体的侵害行为。例如，我国台湾地区学者龙显铭先生认为，以下情形属于侵害身体权："（1）身体组织之不疼痛的破坏，例如切断头发是。（2）不破坏身体组织之殴打是。（3）因违反义务之不作为所生侵害身体，例如道路管理人怠于修缮，因而使人负伤；电灯公司就现代技术上系属可能之防止漏电，怠于为设施，因而发生火灾，使人负伤；医师实施手术后，于适当时间，怠于除去绷带，因而使伤口化脓等是。"此外，医师之手术，系为保全生命或身体之重要部分而为较小之牺牲，其目的正当，故欠缺违法性，而不成为身体侵害。但因不合于手术之方法或治疗之目的及施行过度造成伤害的，仍属侵害身体，而为损害赔偿之原因。以上情形，均在严格意义上归属于侵害他人身体权，而不能认为系侵害他人健康权。

（三）关于健康权

《民法典》第一千零四条对健康权作出规定："自然人享有健康权。自然人的身心健康受法律保护。任何组织或者个人不得侵害他人的健康权。"健康是维持人体正常生命活动的基础，健康权是自然人重要的人格权。

在健康的外延方面，理论上存在不同的观点。一是主张健康仅指单纯的生理健康，不包括心理之机能，即健康就是人体生理机能的一般完善状况。二是认为，"不独肉体上健康之侵害，精神上健康之侵害，即引起精神系统之病的状态，亦为健康权之侵害。"三是认为，"健康是指身体的生理机能的正常运转以及心理状态的良好状态，包括生理健康和心理健康。"对此，我国有学者认为，健康包括生理机能健康和心理机能健康的观点是不正确的。所谓心理，是指人的头脑反映客观现实的过程，如感觉、知觉、思维、情绪等，也泛指人的思想、感情等内心活动。它属于精神的范畴。所谓生理，是指人的机体的生命活动和体内各器官的功能。民法学上所说的健康，是物质性人格权之一健康权的客体，只能是指生理健康。对于心理健康这种精神上的活动，依法通过精神损害赔偿的办法进行保护，而不是通过健康权的保护方法予以保护。在现代医学上，确有将心理健康视为人的健康者，但应区分精神性疾病与心理痛苦、精神创伤。精神性疾病属于生理健康范畴，而精神创伤、心理痛苦则是人的头脑在反映客观现实过程中的不良状态，并非本义上的健康损害。如果将心理健康置于健康概念中，将会混淆健康权的损害赔偿和精神痛苦的抚慰金赔偿（即精神损害赔偿的一种形式）之间的区别，造成法律概念的界限不清以至于混同，给适用法律造成障碍。

《民法典》第一千零四条规定的健康权，其内容是身心健康受法律保护。健康，是指一个人在身体和心理等方面都处于良好的状态，身心健康相应地包括身体健康和心理健康，但不包括一个人在社会适应方面的良好状态以及道德健康等。同时，劳动能力的保持也属于健康的内容之一。

对健康权的侵害，通常指对于身体机能以及精神机能之侵害。前者如卖腐肉而使食者中毒；后者如遭遇交通事故的乘客虽未受伤，但因惊愕而导致恐怖性神经衰弱。此外，因不作为行为也可成立侵害健康权。例如，医师怠于采取现代医学上应当采取之当然措施，因而使患者疾病加重。侵害健康权与侵害身体权虽有在外延上交叉重合的情形，但也有畛域分明、各不相属的情形。例如，前述因不作为行为侵害身体权的诸种情形，就难以解释为侵害他人健康权。当事人就所受损害提出起诉或人民法院适用法律对侵权诉讼作出实体处理时，就涉及应以何种“请求权基础”支持当事人诉讼请求的问题。

请求权基础，是指能够据以支持一方当事人向他方当事人有所主张的法律规范。同一侵权事实可能存在几个请求权基础，即同时满足几个法律规范的构成要件，从而发生请求权规范竞合。当事人可以选择其中较为有利的规范行使请求权。但也存在侵权事实只满足特定的请求权规范构成要件的情形，如前述不破坏身体组织之殴打，只能满足侵害身体权的构成要件，不能满足侵害健康权的构成要件；探寻恰当的请求权基础，就成了诉讼请求能否在实体上获得支持的关键。但如前所述，由于《民法通则》没有明确规定身体权，我国早期的理论曾根据《民法通则》第一百一十九条的规定，认为身体只是生命健康权的客体，身体权并非为我国民事法律所认可的独立人格权。审判实务中，对侵害他人身体造成伤害结果或者死亡后果的，按照侵害生命健康权的规定可以获得救济。但对没有造成伤害后果或者死亡后果的，则因为没有相应的请求权基础，难以获得司法保护。例如，强制抽血、强制提取DNA、猥亵、强奸，等等，如果并未造成伤害后果，则难以获得支持受害人诉请的请求权基础。德国法上的储存精子灭失案，更具有典型意义和代表性。该案原告因预见有不能生育的可能性，将其健康精子提取后冷冻储藏于某大学医学院。当其婚后欲提取精子时，获知因医院过失已致其储存的精子灭失。原告遂向法院起诉请求25000马克的慰抚金（即精神损害抚慰金）赔偿。但一、二审法院均驳回其诉讼请求。法院认为，身体的部分与身体相分离后即成为物，是所有权的客体。原告的精子灭失，系财产侵害而非身体侵害，故不得依据《德国民法典》第847条的规定请求慰抚金赔偿。德国联邦法院则认为身体权的保护客体不是物质，而是人格的存在及其自主决定领域，实质化于身体的状态之上，并以人的身体作为人格的基础加以保护。身体的部分与身体相分离，如果权利主体的意思是为了保持身体功能，或其后将再与身体结合，应当认为分离部分与身体本身仍构成功能上的一体性；对分离部分的侵害就构成对身体的侵害。法院据此判决支持原告的诉讼请求。显然，因被告过失致储存精子灭失的事实无法被认定为对健康权的侵害。而该案所显示出来的由于科技发展带来的此类身体侵害，有进一步增长的趋势。因此，探寻其适当的请求权基础就成为对相关权利提供公正司法保护的必要前提。《民法典》明确揭示身体权为一项独立的民事权利，从而为身体权的司法保护提供了相应的请求权基础。

对人身权益的司法保护范围，除了本条规定明确揭示的生命权、健康权、身体权三项物质性人格权外，民法理论上认为，自由权也应当属于人身权益的保护范围。所谓自由权，是指自然人的身体活动与精神活动不受不当拘束或妨碍之权利。生命权、健康权、身体权，可以说是以人的静态利益为标的的人格权，自由权则是以人的动态利益为标的的人格权。通说认为，自由权的内容包括身体行动的自由和精神的自由（亦即意思决定的自由）两个方面。对自由权的侵害，相应地包括对身体自由的侵害以及对精神自由的侵害。前者如非法拘禁、绑架、诬告他人使蒙受冤狱、妨碍相邻关系通行权等；后者如欺诈、胁迫等。修订前的法释〔2001〕7号《精神损害赔偿解释》[①] 第一条列举的人格权中包括人身自由权，2003年《人身损害赔偿解释》第一条规定没有明确列举自由权，主要是制定时有意见认为对自由权的侵害往往与刑事犯罪发生竞合，在涉及精神损害赔偿时问题较为复杂，以暂不规定为宜。《民法典》关于人格权益的列举规定中，未将自由权作为一项法定人格权予以规定，但一般人格权涵盖了人格自由，故在自由权受到侵害的情形下，可以根据《民法典》关于一般人格权的规定请求救济，并以之作为请求权基础。

二、人身损害赔偿的主体范围

本条第二款对人身损害赔偿之债的主体范围进行界定。2003年《人身损害赔偿解释》第一条第二款将“依法由受害人承担扶养义务的被扶养人”作为赔偿权利人，同时又规定“死亡受害人的近亲属”也是赔偿权利人。本解释第一条第二款关于赔偿权利人的规定，删

① 2020年修正《精神损害赔偿解释》（法释〔2001〕7号）时，因《民法典》对人格权益作出列举规定，该司法解释原第一条规定被删除。

除了“依法由受害人承担扶养义务的被扶养人”；第一条第三款关于赔偿义务人的规定，将原规定中的“其他组织”修改为“非法人组织”，与《民法典》的规定保持一致。

本条修改时，有意见提出，应将赔偿权利人的表述修改为《民法典》规定的被侵权人，将“赔偿义务人”修改为“侵权人”，对此意见我们没有采纳。因为“赔偿权利人”包含但不限于“被侵权人”，也包括被侵权人的近亲属；“赔偿义务人”一般是侵权人，但也可能是侵权人的监护人、雇佣人、致害物件的所有人、管理人等。故“赔偿权利人”“赔偿义务人”的概念外延要大于侵权人、被侵权人，旧的司法解释关于“赔偿权利人”“赔偿义务人”的用词是十分准确的，对此我们予以保留。

（一）关于赔偿权利人

赔偿权利人，又称赔偿请求权人，是指基于损害事实，有权请求损害赔偿的权利人。按照2003年《人身损害赔偿解释》第一条第二款的规定，赔偿权利人包括因侵权行为或者其他致害原因直接遭受人身损害的受害人、依法由受害人承担扶养义务的被扶养人以及死亡受害人的近亲属三个层次。修订后的条文，将被扶养人从赔偿权利人中删除，这是因为，《民法典》第一百二十条规定：“民事权益受到侵害的，被侵权人有权请求侵权人承担侵权责任。”第一千一百八十一条规定：“被侵权人死亡的，其近亲属有权请求侵权人承担侵权责任。”根据《民法典》的规定，被侵权人因侵权行为受伤、致残的情况下，赔偿权利人原则上是被侵权人本人，即直接受害人；被侵权人死亡的，因直接受害人死亡而蒙受生活资源损失和精神损害的直接受害人的近亲属，则为“间接受害人”，应为赔偿权利人，故“赔偿权利人”的外延大于“被侵权人”。同时，《民法典》未将受害人承担扶养义务的被扶养人作为间接受害人或者权利继承人而赋予其赔偿请求权。根据《民法典》婚姻家庭编的相关规定，受害人承担法定扶养义务的未成年人和成年近亲属，其范围与《民法典》第一千零四十五条[①]规定的近亲属范围一致。在被侵权人伤残、死亡时，其近亲属作为赔偿权利人实际涵盖了受害人承担法定扶养义务的被扶养人，无须再将被扶养人与死亡受害人的近亲属并列规定为赔偿权利人。而且，本解释增加一条作为第十六条，规定“被扶养人生活费计入残疾赔偿金或者死亡赔偿金”，第十七条第一款规定了被扶养人生活费的计算标准。也就是说，尽管本解释不再将被扶养人规定为赔偿权利人，但将被扶养人基于法定扶养关系享有的利益纳入了赔偿范围。审判实践中应注意，不得随意扩大被扶养人的范围，不得基于法官自由裁量将非近亲属的旁系血亲或者姻亲作为被扶养人，将其生活费计入死亡赔偿金或者残疾赔偿金。

1. 被侵权人（直接受害人）

被侵权人作为直接受害人，原则上应为赔偿权利人。但由于损害后果的不同，直接受害人能否在法律上取得赔偿权利人地位，则需要具体分析。

按照损害后果的形态划分，直接受害人包括生命受侵害之受害人以及身体、健康受侵害之受害人等不同情形。其中，生命受侵害以受害人死亡为成立要件。死亡结果导致受害人权利主体资格消灭，故理论上认为此种情形不发生损害赔偿请求权，死亡受害人亦非赔偿权利人，不能就其生命权受侵害请求损害赔偿。

理论上也有相反的观点，即认为死亡受害人可以因生命权被侵害取得损害赔偿请求权，该请求权并可由其继承人继承。代表性学

---

① 《民法典》第一千零四十五条规定：“亲属包括配偶、血亲和姻亲。配偶、父母、子女、兄弟姐妹、祖父母、外祖父母、孙子女、外孙子女为近亲属。配偶、父母、子女和其他共同生活的近亲属为家庭成员。”

说主要有日本学者提出的“权利能力转化说”与“人格继承说”。

“权利能力转化说”认为，死亡与权利能力丧失，虽然时间上发生于同一点，但死亡现象本身在质量上系由权利能力存在趋向于权利能力不存在的转化过程。受害人的赔偿请求权也可以视为在此权利能力转化过程中发生，再使之移转于继承人。该说的实质是认为死亡赔偿请求权是死亡受害人的固有权利，因生命侵害而原始取得，同时因生命侵害之结果即死亡而移转于其继承人。该说认为，倘不如此观察，而竟将伤害、死亡及权利能力三者平面地列于一条直线上，于其间区别前后，则不能说明因被害人之死亡而生之损害赔偿请求权由继承人取得之理由。

“人格继承说”认为，继承人与被继承人之人格在纵的方向相连接而为同一人格，故被继承人因生命侵害而死亡，即由继承人原始取得损害赔偿请求权。这与侵权人实施侵权行为以后在损害结果发生前死亡的情形，其继承人应当就该损害结果承担赔偿义务是同一道理。如果不承认生命权被侵害的情形下继承人享有损害赔偿请求权，则在致人损害的侵权人于损害结果发生前死亡的情形，其继承人亦不承担赔偿义务，显然这是不合理的。由此反证继承人因被继承人遭受生命侵害而取得其损害赔偿请求权。该说虽主张损害赔偿请求权系继承人原始取得，但其逻辑前提是认为继承人与被继承人人格纵向相连接而为同一人格，故其实质上亦认为死亡受害人享有损害赔偿请求权。

通说认为，“权利能力转化说”与生活实态不符；“人格继承说”与现代继承观念相悖。两说解释死亡受害人享有损害赔偿请求权，均显牵强，与民法权利能力原理相悖，故不足采。

我国民法理论界没有接受上述“权利能力转化说”与“人格继承说”，但在社会生活观念上人们往往习惯于依直觉将损害赔偿请求权与死亡事实相联系，或者说将死亡赔偿与生命侵害相联系，就如同将残疾赔偿与身体侵害相联系一样；从而在逻辑上必然引申出死亡受害人就其生命权受侵害享有损害赔偿请求权，可以作为赔偿权利人，如同残疾受害人可以就其身体权、健康权受侵害享有损害赔偿请求权，并作为赔偿权利人一样。许多误会由此引起，如实务中人们往往直观地认为死亡赔偿金就是对侵害生命的损害赔偿，因生命具有同质性，死亡赔偿金也不应有价值之别。而实际上，死亡赔偿金并非基于对生命价值衡量计算的赔偿。生命是无价的，不能用金钱来计算和评价；赔偿只能就生活实态上可以计算的利益进行填补，因而所谓死亡赔偿金实质是对赔偿权利人收入损失的赔偿。这里的赔偿权利人不是死亡受害人而是其具有民事权利能力的近亲属；死亡赔偿金也不是死亡受害人生前劳动所得的全部收入，而是扣除其个人消费以外的其他可支配收入。如果认为死亡受害人享有赔偿请求权，则在收入损失的计算中不应扣除其个人生活费部分。这说明，死亡受害人就生命丧失本身并不享有赔偿请求权，也非赔偿权利人。因为对于权利能力已经消灭的死亡受害人而言，并不存在生活实态上可以填补的利益损失，因而也不存在针对死亡受害人的死亡赔偿。此时需要填补的利益损失，乃是受害人近亲属因受害人死亡导致的生活资源减少和丧失。“权利之所在即救济之所在”的法律格言在受害人死亡的情形下，就需要恰当地转换为“利益之所在即救济之所在”。因此，立法上所认可的死亡赔偿，赔偿权利人无论在理论上还是在事实上都应当是死亡受害人的近亲属。这是理解本条规定所应当注意的。

当然，在受害人因伤致死的情形，其因抢救治疗支出医药费或者因误工减少收入，受害人本人就是赔偿权利人；受害人虽最终不治身亡，其就抢救治疗所发生财产损失的损害赔偿请求权，可以为其继承人所继承。但应区分的是，此时其作为赔偿权利人，是就其身体权、健康权受侵害主张权利，而非就生命权受侵害主张权利。

2. 间接受害人

被侵权人死亡的，其权利能力消灭，法律主体资格不复存在，死者不可能以权利主体资格请求侵权人承担侵权责任。在这种情况下，损害赔偿请求权人只能是侵害行为直接指向对象以外的因法律关系或者社会关系的媒介作用受到损害的人，即间接受害人。依照《民法典》第一千一百八十一条第一款的规定，被侵权人死亡的，其近亲属有权请求侵权人承担侵权责任。

间接受害人与直接受害人虽同称为"受害人"，但其所受损害的实质意义有所不同。直接受害人所受"损害"，乃是一种复合结构的损害，既有生命、身体、健康等人格利益遭受侵害发生肉体组织、生理机能破坏甚至生命丧失等"直接损害"（又称为"真实损害"），又有因此种直接损害所造成的进一步的财产损失等计算上的相关利益损失，如为恢复健康支出的医疗费、护理费、交通费以及误工损失等。间接受害人的人格利益并未受到来自侵害行为的直接破坏性损害，而仅有财产利益的间接减损和精神利益的反射性损害。因此，间接受害人所受"损害"，是一种以计算上的差额为表现形式的单纯的经济利益损失和反射性精神损害。

在侵权行为法上有一项未经明确规定的基本原则，间接遭受损失之人，就其经济上的损失，原则上不得请求赔偿。例如，某歌女在上班途中遭遇伤害，歌厅因其辍演而遭受的损失，不能向加害人请求赔偿；发生交通事故撞倒公路旁的电线杆，致使工厂停工，其他零售商因此受到损失，亦不能向加害人请求赔偿。此种限制旨在不使赔偿范围过于扩大，漫无边际，难以预计，以免加重行为人的负担，导致利益失衡。但"在不法侵害他人致死的情形，被害人既已死亡，其权利能力即行中止，固无损害赔偿请求权之可言，惟其死亡影响其他人的利益甚大，故被害人以外之人受到损害者，亦得请求赔偿，始合情理。”[①]

（1）近亲属。

直接受害人因侵权损害事故死亡的情形，其近亲属作为间接受害人享有独立的损害赔偿请求权，就其办理丧葬事宜支出的费用以及因受害人死亡导致的收入损失等财产损害和反射性精神损害，有权作为赔偿权利人请求损害赔偿。

关于近亲属的范围。《民法典》第一千零四十五条第二款规定：“配偶、父母、子女、兄弟姐妹、祖父母、外祖父母、孙子女、外孙子女为近亲属。”

关于近亲属享有赔偿请求权的顺位，应区分请求赔偿的客体内容予以确定。①财产赔偿中的死亡赔偿金，因司法解释采取继承丧失说，应当按照《民法典》继承编中的第一千一百二十九条规定的法定继承顺序，由配偶、子女和父母作为第一顺序继承人共同继承。没有第一顺序继承人的，由第二继承顺序的继承人继承。被继承人子女先于被继承人死亡的，依照《民法典》第一千一百二十八条的规定，由被继承人的子女的直系晚辈血亲代位继承。但同一继承顺序中，原则上按照共同生活的紧密程度决定继承份额，即死亡赔偿金原则上应由家庭生活共同体成员共同取得。当事人未请求分割的，人民法院不予分割；当事人请求分割的，在考虑家庭共同生活紧密程度的前提下，还应当同时考虑同一顺序继承人中可否单独请求被扶养人生活费的情况，予以适当平衡。②办理丧葬事宜支出的费用，依照《民法典》第一千一百八十一条“被侵权人死亡的，支付被侵

① 参见王泽鉴：《民法学说与判例研究》（第1册），中国政法大学出版社1998年版，第363~364页。

权人医疗费、丧葬费等合理费用的人有权请求侵权人赔偿费用，但是侵权人已经支付该费用的除外”的规定，实际支出费用的近亲属以及近亲属以外的第三人享有赔偿请求权。[①] ③精神损害抚慰金请求权。《民法典》第一千一百八十三条规定：“侵害自然人人身权益造成严重精神损害的，被侵权人有权请求精神损害赔偿。因故意或者重大过失侵害自然人具有人身意义的特定物造成严重精神损害的，被侵权人有权请求精神损害赔偿。”一般来说，请求精神损害赔偿的主体是直接遭受人身侵害的被害人本人，被侵权人因侵权行为死亡而导致近亲属受到严重精神损害的，此时，《民法典》第一千一百八十三条第一款中规定的“侵害自然人人身权益”中的“自然人”就是被侵权人的近亲属，亦即被侵权人的近亲属遭受精神损害属直接受害人，[②] 故其有权请求精神损害赔偿。

（2）被扶养人。

2003 年《人身损害赔偿解释》所保护的间接受害人，不仅包括死亡受害人的近亲属，还包括其生前依法承担扶养义务的被扶养人、残疾受害人丧失劳动能力前依法承担扶养义务的被扶养人。《民法典》未认可被扶养人享有独立的损害赔偿请求权，修订后的《人身损害赔偿解释》删除了被扶养人的赔偿权利人地位，其原因是《民法典》所规定的被扶养人的范围，已被该法第一千零四十五条所规定的“近亲属”所吸收。修正后的司法解释在残疾赔偿金、死亡赔偿金的计算方面，增加规定将被扶养人生活费计入残疾赔偿金、死

① 我国台湾地区学者认为：无继承权之第三人支出医疗费及其他相关费用的，对于被害人得依无因管理或其他法律关系主张有偿还请求权，并能够代位债务人（被害人之继承人）向加害人请求赔偿。参见曾隆兴：《现代损害赔偿法论》，我国台湾地区译华彩色印刷公司 1988 年修订三版，第 176 页。

② 参见石宏主编：《中华人民共和国民法典释解与适用［人格权编侵权责任编］》，人民法院出版社 2020 年版，第 158 页。

亡赔偿金，保留了被扶养人的反射性损害获得填补的原司法解释精神，使得《民法典》实施后，死亡受害人的近亲属所获得的赔偿不低于《民法典》实施前的标准。

广义的扶养，包括平辈之间的扶养、长辈对晚辈的抚养以及晚辈对长辈的赡养。依照《民法典》第一千零五十九条、第一千零六十七条、第一千零七十四条、第一千零七十五条的规定，法定抚养义务具体包括：（1）夫妻有相互扶养的义务；（2）父母对未成年子女或者不能独立生活的成年子女有抚养义务；（3）成年子女对缺乏劳动能力或者生活困难的父母有赡养义务；（4）有负担能力的祖父母、外祖父母，对于父母已经死亡或者父母无力抚养的未成年孙子女、外孙子女，有抚养的义务；（5）有负担能力的孙子女、外孙子女，对于子女已经死亡或者子女无力赡养的祖父母、外祖父母，有赡养的义务；（6）有负担能力的兄、姐，对于父母已经死亡或者父母无力抚养的未成年弟、妹，有扶养的义务；（7）由兄、姐扶养长大的有负担能力的弟、妹，对于缺乏劳动能力又缺乏生活来源的兄、姐，有扶养的义务。上述法定扶养关系中的被扶养人，与《民法典》第一千零四十五条关于“配偶、父母、子女、兄弟姐妹、祖父母、外祖父母、孙子女、外孙子女为近亲属”的规定一致。

将被扶养人生活费计入残疾赔偿金、死亡赔偿金，使被扶养人的反射性损害获得填补，其前提是被扶养人与直接受害人之间具有法律规定的身份法益，乃被扶养人身份法上专属之权利。因此，被扶养人死亡时，其继承人不能主张继承其身份关系而对赔偿义务人请求赔偿被扶养人死亡之后的扶养费用。[①] 对于直接受害人为未成年人的，其死亡时尚无赡养能力，其法定扶养人如父母能否就未来

① 王泽鉴：《民法学说与判例研究》（第4册），中国政法大学出版社1998年版，第306页。

应受赡养的权利诉请赔偿，我国台湾地区学者持肯定说，大陆审判实务中则持否定说。例如，已失效的《最高人民法院关于审理触电人身损害赔偿案件若干问题的解释》（以下简称《触电损害赔偿解释》）第四条第九项规定，被扶养人生活费“以死者生前或者残者丧失劳动能力前实际扶养的、没有其他生活来源的人为限”；人民法院审理人身损害赔偿案件中普遍参照适用的《道路交通事故处理办法》（已失效）第三十七条第九项也作了完全相同的规定。强调实际扶养，实质就是只承认保护现实的扶养利益，而不承认未来的扶养利益。从发展的观点看，这一立场值得探讨。本条规定未作“实际扶养”的限制，也未明确是否支持未来的扶养请求权，以为案例、学说留下未来的发展空间。损害事故发生后当事人双方已就赔偿权利义务问题协商一致或者诉讼终结的，如果又有新的被扶养人出生，其能否另行主张被扶养人生活费？鉴于该出生事实的不确定性，为侵权人实施侵权行为时所难以预料，原则上对该扶养人出生前发生的损害不享有主张被扶养人生活费的请求权。但损害事故发生时已经受孕的胎儿后来出生且为活体的除外。

（3）未出生的胎儿。

本条规定未涉及未出生的胎儿是否享有赔偿请求权的问题。但审判实务中，未出生的胎儿因侵权行为或者其他损害事故遭受损害的情形，多有存在，不容回避。在法律适用上，其是否享有赔偿请求权的问题，具有重要意义。

依据传统的民法理论，民事主体的资格以有无权利能力为判断标准。而自然人的权利能力，始于出生，终于死亡。因此，传统理论不承认未出生的胎儿为法律主体意义上的“人”，亦即不承认未出生的胎儿为人身损害赔偿的赔偿权利人。对于未出生胎儿的损害，视为其母亲的身体所受损害，仅由胎儿的母亲享有赔偿请求权。但现代民法理论认为，法律意义上之人格因出生而取得，并不足以改变人于出生前在生物体上存在之事实。人之生命于何时开始，自何时起应受法律保护，与其自何时起始得以一个具有个体之人存在，而享有权利能力，系属两事，不可混淆。一个生物有机体于出生前所受之侵害，对此发展中生物体之形成及功能所生不利之影响，于其出生后，仍会继续。于此情形实可认为一个人因受出生前不利影响之作用，致其健康遭受侵害。[①] 民事立法基于这一理论，而对未出生胎儿的权利能力和权益保护作出规定。例如，《瑞士民法典》第31条规定："（1）权利能力自出生开始，死亡结束。（2）子女，只要其出生时尚生存，出生前即具有权利能力。"我国台湾地区"民法"第七条也规定："胎儿以将来非死产者为限，关于其个人权利之保护，视为既已出生。"

上述关于胎儿权利能力之规定，其性质如何，有两种学说。其一为附解除条件说。该说认为胎儿出生前即已取得权利能力，但将来如系死产时，则溯及丧失其权利能力。其二是附停止条件说，认为胎儿须待出生后，始溯及出生前取得权利能力。两说在实务上的区别如下：依前说，则胎儿因他人故意或者过失行为遭受损害，即享有损害赔偿请求权，可由胎儿的父母以法定代理人身份请求损害赔偿。胎儿出生后为死产的，其父母应依不当得利规定，返还以胎儿名义受领的损害赔偿；依后说，则认为须待胎儿出生后未即死亡的（如英国规定为存活48小时以上），方能就其未出生前所受侵害行使赔偿请求权。未出生之前，将来是否死产无从悬揣，其父母亦不能以法定代理人身份请求赔偿。我国台湾地区学者认为，附解除

① 王泽鉴：《民法学说与判例研究》（第4册），中国政法大学出版社1998年版，第264~265页，第272~273页。

条件说对胎儿的保护较为周到，似较可采。[①]我国《民法通则》未就胎儿的人身权益保护问题作出规定，理论上也未形成有影响的学说。《民法典》第十六条对胎儿利益的特殊保护作出规定："涉及遗产继承、接受赠与等胎儿利益保护的，胎儿视为具有民事权利能力。但是，胎儿娩出时为死体的，其民事权利能力自始不存在。"上述规定，为胎儿利益保护提供了一个开放性保护的条款。

就上述不同学说而言，我们倾向于采取附解除条件说。理由是胎儿身体或健康受侵害往往与其母亲遭受人身损害相联系，采取附解除条件说可以对基于同一侵权事实造成的人身损害合并进行审理，有利于胎儿出生后及时得到救济，符合诉讼经济和诉讼效率原则。判决的损害赔偿金可以不立即给付，而向人民法院或者公证机关提存。如胎儿出生时为死体的，因其权利能力溯及于出生前丧失，人民法院或者公证机关可以将提存的损害赔偿金直接返还给赔偿义务人，避免依不当得利返还所可能发生的纠纷。

在胎儿出生后为间接受害人的情形，理论和实务上主要涉及其能否就扶养请求权遭受侵害请求损害赔偿以及其能否主张精神损害抚慰金。按照前述有关胎儿权利能力的附解除条件说，我们倾向于采取肯定说，而在实务上可以与前述胎儿直接受害的情形为相同的处理。

（二）关于赔偿义务人

本解释第一条第三款关于赔偿义务人的规定，将原规定中的"其他组织"修改为"非法人组织"，与《民法典》的规定保持一致。

赔偿义务人是指对造成受害人人身损害的损害事实依法应当承担赔偿责任的自然人、法人或者非法人组织。造成人身损害的损害

---

① 王泽鉴：《民法学说与判例研究》（第4册），中国政法大学出版社1998年版，第264~265页，第272~273页。

事实，其发生原因或为人的行为，或为自然事实。人的行为包括作为和不作为。作为行为，即造成他人人身损害的积极加害行为或者过错行为；不作为行为，指依照法律规定、契约约定或者基于在先行为负有积极作为义务的人消极不履行义务的行为。前者如驾车肇事致人损害，后者如道路施工不设警示标志和防护装置，致骑车人坠入井坑受伤。自然事实造成损害事故，包括动物致人损害和物件致人损害。前者如宠物伤人；后者如建筑物及其附属设施以及建筑物上的悬挂物、搁置物倒塌、脱落、坠落致人损害等。无论损害事故是由人的行为造成或是由自然事实造成，理论上认为，有损害事故则必有行为人即加害人。[①]在由人的行为造成损害事故时，行为人即加害人；在由自然事实造成时，一般观念上虽无行为人，但因法律规范责令一定之人有管束动物或维护工作物之义务，该一定之人违反作为义务消极不作为，在法律上亦将其视同行为人即加害人。但民事责任的承担，并不必然与行为人或者加害人相一致。承担责任主体可以是加害人，也可以是加害人以外的第三人，这与法律所确定的归责原则有关，而与责任人是否即为加害人没有必然联系。加害人及加害人以外之第三人须负损害赔偿责任之人，就是损害赔偿义务人，简称赔偿义务人。[②]具体可分为如下四种类型：

1. 因自己的侵权行为承担自己责任的赔偿义务人

人身损害事故系因人的行为而发生，行为人应当就其过错行为承担民事责任。该原则被称为自己责任原则，是近代民法确立的过错责任原则在确定责任归属主体时的体现。任何独立自主之人，应对其故意或过失损害他人之行为负责，也即负担行为之结果，填补受害人之损害。这一责任观念，与近代社会所倡导的理性主义观念

---

① 曾世雄：《损害赔偿法原理》，中国政法大学出版社 2001 年版，第 30 页。

② 曾世雄：《损害赔偿法原理》，中国政法大学出版社 2001 年版，第 30~31 页。

十分吻合，已成为人们普遍认同的法律意识。作为近代民法典之滥觞的《法国民法典》，对基于过错责任的自己责任原则作了经典表述。该法典第 1382 条规定："任何行为使他人受损害时，因自己的过失而致行为发生之人对该他人负赔偿的责任。"第 1383 条规定："任何人不仅对其行为所致的损害，而且对其过失或懈怠所致的损害，负赔偿的责任。"我国《民法典》第一千一百六十五条，同样确立了基于过错责任的自己责任原则："行为人因过错侵害他人民事权益造成损害的，应当承担侵权责任。依照法律规定推定行为人有过错，其不能证明自己没有过错的，应当承担侵权责任。"因此可以说，基于过错责任的自己责任原则是民事主体承担侵权民事责任的一般原则。因故意、过失侵害他人生命、身体或者健康的，行为人应当就其行为承担损害赔偿责任。在此情况下，行为人即加害人就是赔偿义务人，责任主体与行为主体相一致。

2. 因他人的侵权行为承担替代责任的赔偿义务人

替代责任，即为他人的侵权行为承担赔偿责任。其较为典型的适用领域为用人单位责任；此外，未成年人的监护人就未成年人致他人人身损害的行为承担赔偿责任，其性质上也是一种替代责任。《法国民法典》第 1384 条规定："任何人不仅对其自己行为所致的损害，而且对应由其负责的他人的行为或在其管理之下的物件所致的损害，均应负赔偿责任。父亲，或父死后的母亲，对与其共同生活的未成年子女所致的损害应负赔偿的责任。主人与雇佣人对仆人与受雇人的职务所致的损害，应负赔偿的责任。学校教师与工艺师对学生与学徒在其监督期间所致的损害，应负赔偿的责任。"典型的替代责任即雇主责任，其性质是无过错责任。无论雇主对雇员的选任监督有无过失，均应就雇员在职务范围内的侵权行为承担责任。这在归责原则上与自己责任原则有所不同。传统的民法理论认为："使某人负担损害赔偿责任，并非因有损害，而是由于过失。此项理论，与化学家所谓使燃烧者，并非光，而是空气中之氧，其道理同属浅显易解。”[①] 雇主的替代责任，改变了传统的过错归责原则，其理由何在？通说认为，其主要根据在于公共政策，即危险分担的思想。因为雇主的替代责任，可以通过责任保险乃至社会保险方式向社会分散。监护人之承担替代责任，则基于其监护职责。其责任性质，有认为是无过错责任的，有认为是过错推定即本质上仍是过错责任的。在未成年人致人损害其本身又没有财产的情形中，监护人并不能以已尽监护职责仍不能避免损害结果而主张免责，客观上与无过错责任为同一法律效果。在未成年人被他人侵害的情形中，监护人仍可以举证证明其已尽监护职责且主观上并无过失，对加害人主张监护人与有过失进行抗辩，此时又发生与过错责任相类似之效果。从实际法律效果审视，替代责任原则上系一种无过错归责的严格责任。当然，就替他人的侵权行为承担责任而言，行为人的加害行为本身应当符合侵权构成要件，如系一般侵权行为，其主观上应有过错。但就赔偿义务人而言，其承担责任系基于其与行为人的雇佣关系或者监护关系。此时赔偿义务人与行为人不一致。

3. 因动物致人损害承担赔偿责任的赔偿义务人

动物致人损害，与因人的行为致人损害发生原因不同，前者系属一种自然事实。但理论上认为动物的所有人、管理人或者饲养人，对防止动物致他人损害负有管理的义务。发生损害事故的，所有人、管理人或者饲养人即为加害人，应当承担赔偿责任，即作为赔偿义务人。《法国民法典》第 1385 条规定：“动物的所有人，或使用人在其使用动物期间，对动物所致的损害，不问是否系动物在管束之时

---

① 王泽鉴：《民法学说与判例研究》（第 1 册），中国政法大学出版社 1998 年版，第 4 页。

或在迷失及逃逸之时所发生，均应负赔偿的责任。”我国《民法典》第一千二百四十五条规定：“饲养的动物造成他人损害的，动物饲养人或者管理人应当承担侵权责任；但是，能够证明损害是因被侵权人故意或者重大过失造成的，可以不承担或者减轻责任。”鉴于管理人或者饲养人对防止损害负有法定义务，发生损害事故时，理论上仍将其视为行为人或者加害人。此时，赔偿义务人与加害人一致。

4. 因物件致人损害承担赔偿责任的赔偿义务人

物件，指建筑物、构筑物等土地上的工作物或者所有人、使用人管理、使用、支配下的任何财产。物件致人损害是人身损害事故发生的一项重要原因，立法上通常有一般物件致人损害以及建筑物、构筑物等地上工作物致人损害的专门规定。例如，《法国民法典》第1386条规定：“建筑物的所有人对建筑物因保管或建筑不善而损毁时所致人的损害，应负赔偿的责任。”前述第1384条则对一般物件致人损害作了概括规定。我国《民法典》第十章专章规定建筑物和物件损害责任，在责任承担上，一般采取过错推定确定民事责任。此时，所有人或管理人为加害人即赔偿义务人。另外，因活动致人损害，如堆放物倒塌、滚落或者滑落致害，在公共道路上堆放、倾倒、遗撒妨碍通行的物品造成他人损害等，《民法典》也将其纳入物件损害责任予以规定。

三、人身损害赔偿的内容范围

本条将赔偿范围由“财产损失和精神损害”，修改为“物质损害和精神损害”。生命权、身体权、健康权等物质性人格权遭受损害，既有物质损害，又有精神损害，这里的物质损害是指生命、身体、健康即生命有机体本身的损害，为恢复生命有机体的机能而支出的合理费用即财产损失是物质损害的转化形式，是第二位的损害，无论是生命有机体本身的损害还是精神损害，通过赔偿方式予以救济最终都体现为财产损失赔偿或者以赔偿方式予以抚慰，故本条对损害类型的规定在法理逻辑上进行了调整，将损害区分为“物质损害”和“精神损害”，不再使用“财产损失”的表述。

生命、身体、健康遭受不法侵害，权利人因此遭受不利益，是为损害。有损害则应当有救济。对遭受的不利益予以救济，在侵权法上主要有两种方式：其一是恢复原状；其二是赔偿损失。民法对损害的救济，以恢复原状为原则，不能恢复原状或者恢复原状有明显困难的，则以金钱赔偿填补损害。哪种情形应当以恢复原状的方式进行救济，哪种情形应当用金钱赔偿，取决于所受损害的性质。

（一）“损害”的二重含义

“损害”一词，在司法解释中所称侵害他人生命、身体、健康造成损害的情形，包含两个层次的意义。首先，损害是对生命有机体的侵袭或者破坏，它直接引起肉体组织的破坏、生理机能的毁坏或者功能紊乱，并可能同时造成被害人肉体痛苦或者心理痛苦。对此种损害的救济，首先是治疗和康复；经治疗恢复健康的，即属恢复原状。因治疗、康复等支出费用的，则造成第二位的损害，即财产损失。此种损害的救济只能采取赔偿损失的方式。受害人残疾或者死亡的，系第一位损害不能恢复原状，其因抢救治疗等恢复原状的救济所支出的费用，便转化为第二位的损害。此外，尚有受害人未来收入损失或者因增加生活上需要而支出费用等第二位损害，须以损害赔偿的方式给予救济。在损害赔偿法理论上，将第一位的损害称为“真实损害”或者“直接损害”，而第二位的损害则被视为“利益损害”。[1]但从人身损害赔偿的司法救济方法来看，无论是第一位

① 曾世雄：《损害赔偿法原理》，中国政法大学出版社2001年版，第119页、第124~125页。

的损害还是第二位的损害，最终都转化为对物质损害或者精神损害的赔偿。因此，本解释所称“人身损害”着重于第一位意义上的损害，而从司法救济意义上看，“损害赔偿”之“损害”则是专指第二位的损害。实务中，因伤就医治疗的，须有支出费用的凭据才能获得赔偿，没有支出费用凭据的单纯的损害则不能获得赔偿，既有程序法上证据欠缺的原因，也有实体法上第一位损害需经转化而不能直接填补的理由。

（二）关于物质损害

如前所述，在侵权致人人身损害的情形中，采取恢复原状方法对第一位意义上的“损害”进行救济已超出司法救济的功能和范围。因此，在进入司法救济领域后，第一位意义上的损害已转化为第二位意义上的损害，司法救济的方法也直接表现为对受害人财产上损害的救济，即财产损害赔偿。

1. 财产损害的范围

侵权损害赔偿的基本价值理念是实现平均的正义，按价值交换原理填平损害。因此，损害范围的界定，就是一个必须首先要解决的问题。

民法理论认为，财产上的损害，是指一切财产上不利之变动，包括财产的积极减少和消极的不增加。现有财产的积极减少，称为所受损失，或称积极损失；应增加的财产而未增加，称为所失利益，或称消极损失。支出医疗费、护理费、交通费、营养费，都属于现有财产的积极减少，即是“所受损失”或者“积极损失”；因误工减少收入，或者因丧失劳动能力导致收入减少或者丧失，属于应当增加的财产消极地不增加，即是“所失利益”或者“消极损失”。对侵害他人生命、健康、身体造成的“积极损失”和“消极损失”，具体可界定为三个方面：（1）因治疗损伤支出的费用：如医疗费、护理费、交通费、营养费、后续治疗费、康复费、整容费等；（2）因增加生活上需要支出的费用：如配制残疾用具、长期护理依赖支出的费用等；（3）因误工导致的收入损失以及因全部或者部分丧失劳动能力导致收入丧失或减少，或者因死亡导致未来收入丧失的损失。前两项属于“积极损失”；第三项属于“消极损失”，或称“逸失利益”。无论积极损失或者消极损失，都是侵权导致的直接损失，赔偿义务人均应当予以赔偿。

2. 财产损害赔偿的计算方法

财产损害赔偿的计算方法有差额计算和定型化计算两种方法。差额计算的理论基础是所谓“利益说”。该说认为，损害乃财产或法益所受之不利益，表现为被害人总财产状况在发生损害事故前后的算术差额，利益说因此又称为“差额说”。[①] 按照利益说，受害人的财产状况被区分为具体财产状况和假设财产状况，前者为损害事故发生后的财产额，后者为假设损害事故不发生之条件下受害人应有的财产状况。两者的差额就是应予赔偿的实际损害额。“定型化赔偿”则不考虑具体受害人个人财产损失的算术差额，而是从损害赔偿的社会妥当性和社会公正性出发，为损害确定固定标准的赔偿原则。传统损害赔偿理论采用差额赔偿，但由于其过分与个人的收入状况相联系，客观上导致损害赔偿的两极分化和贫富差距，在现代损害赔偿理论中受到批判。但是，差额说本身并未被彻底否定，因为在根本上，差额说符合填平损害的损害赔偿价值理念。有鉴于此，本解释采取了折中的原则，即具体损失采取“差额赔偿”，抽象损失采取“定型化赔偿”。所谓具体损失，就是根据受害人的具体情况和特点等主观利益损失量化计算后的损失，如医疗费、误工费、交通

① 曾世雄：《损害赔偿法原理》，中国政法大学出版社 2001 年版，第 119 页。

费、营养费等；所谓“抽象损失”，就是因劳动能力丧失或受害人死亡等因素只能抽象评价的未来收入损失。本解释对残疾赔偿金和死亡赔偿金即采取定型化赔偿，设置有固定的赔偿标准和期限；对医疗费、误工费等则采取差额赔偿，实际支出或者损失多少就赔多少，体现了折中的原则。

（三）关于精神损害

精神损害，民法理论上称为“非财产上损害”，相对于财产上损害而言，指没有直接财产内容或者不具有财产上价值的损害。关于非财产损害，需要明确以下几个方面：

1. 概念。广义的非财产损害，是指财产损害以外的其他一切形态的损害，包括生理、心理以及超出生理、心理范围的无形损害，如肉体痛苦、精神痛苦以及丧失既有的公众信誉等。在此意义上的非财产损害，不限于自然人的精神损害，法人商誉贬损，通常也被包括在其中，被认为是一种无形损害。狭义的观点认为，非财产损害指肉体痛苦和精神痛苦，须以自然人生理和心理的感受性为基础，故其主体范围限于自然人，且不包括精神病人和植物人等心神丧失或者知觉丧失的无民事行为能力人。我们采取修正的狭义说，即认为精神损害包括积极意义和消极意义两个方面，前者为积极感受的肉体痛苦和精神痛苦即积极的精神损害；后者为因侵害行为导致受害人丧失生理、心理感受性的消极精神损害。①

2. 范围。根据《民法典》第一千一百八十三条的规定，侵害自然人人身权益造成严重精神损害的，被侵权人有权请求精神损害赔偿。本条第一款亦明确规定因生命、身体、健康遭受侵害，赔偿权利人有权请求精神损害赔偿。实务中有一种观点，即认为人身权益

① 唐德华主编：《最高人民法院关于确定民事侵权精神损害赔偿责任若干问题的解释理解与适用》，人民法院出版社 2001 年版，第 20~21 页。

遭受侵害，必须造成受害人残疾等严重后果的，才能请求赔偿精神损害。此种理解是不正确的。故意侵害他人人身的行为，本质上是对他人人格尊严的严重侵害。例如，故意殴打他人，无论伤害后果是否严重，受害人人格尊严均遭侮辱，与过失致人损害有本质上的不同。因此，在故意侵害他人人身的情形下，受害人均得请求精神损害赔偿。过失致人损害的，则以有严重后果为要件，始得请求精神损害赔偿。

3. 计算。精神损害没有直接的财产内容，故其计算不能像财产损害一样，实行差额计算。精神损害的计算应当按照《精神损害赔偿解释》的规定，根据侵权人的过错程度，侵害的手段、场合、行为方式等具体情节、损害后果、侵权人的获利情况、侵权人承担赔偿责任的能力以及受诉法院所在地的平均生活水平等因素综合予以确定。

由于本解释对残疾赔偿和死亡赔偿分别采取“劳动能力丧失说”和“继承丧失说”，故以人均可支配收入为标准计算的残疾赔偿金和死亡赔偿金具有财产损害赔偿的性质，而非属精神损害抚慰金。2001 年公布的《精神损害赔偿解释》关于残疾赔偿金和死亡赔偿金属于精神损害抚慰金的规定，已被删除。因此，在受害人因伤致残或者死亡的情形中，赔偿权利人请求在残疾赔偿金与死亡赔偿金以外给付精神损害抚慰金的，人民法院应当予以支持，抚慰金的数额，可斟酌案件具体情形，结合修正后的《精神损害赔偿解释》的规定确定。

【案例】

董某某诉王某某、张某某人身损害赔偿责任纠纷案

一、简要案情

王某某、董某某均租住在张某某家中。2020年10月5日14时左右，王某某正在充电的电动三轮车发出异响，张某某拔下电动车充电插头后电动车失去控制将董某某撞倒在地，导致董某某受伤。因赔偿事宜产生纠纷，董某某到法院起诉，要求王某某和张某某赔偿医疗费、伙食补助费、交通费等合计33175.73元。

二、法院裁判

江苏省张家港市人民法院经审理认为：第一，公民应当将电动车停放在安全地点，充电时应当确保安全。被告王某某作为肇事的电动车所有权人疏于管理车辆，未能及时发现车子电线连线的情况。众所周知，电动车连线后会造成线路短路，在线路短路的情况下电动车充电可能会产生车辆起火甚至爆炸的危险，故被告王某某应对原告董某某的损失承担主要赔偿责任，法院酌情认定被告王某某承担80%的赔偿责任；第二，原告董某某在本案中无任何过错，其不应承担任何责任；第三，被告张某某作为房屋出租人，为租户提供安全的租赁环境是出租人的基本义务，在其了解到电动车存在危险后前去拔掉充电插头的行为属于履行房东的安全防范义务，其拔掉充电插头的处置行为并无不当，况且也不能苛求其能预见到电动车电线短路导致车辆能够在没有钥匙的情况下发生电力驱动的情况。但是，通过现场情况来看，王某某电动车停放的位置为一个有

轻微斜度的斜坡，电动车车头朝向斜坡下方，该位置停放本身即存在一定安全隐患，况且被告王某某私自拉电线充电的行为亦存在一定安全隐患，被告张某某作为和被告王某某住在同一个大院的出租人没有尽到相应的管理义务，其应承担相应的管理责任，法院酌情认定被告张某某对原告董某某的损失承担20%的赔偿责任。经计算，董某某因本起事故造成的损失合计为33131.73元。故判决：一、被告王某某应赔偿给原告董某某因董某某受伤造成的各项损失共计26505.38元。限于本判决生效后10日内履行。二、被告张某某应赔偿给原告董某某因董某某受伤造成的各项损失共计6626.35元。限于本判决生效后10日内履行。三、驳回原告董某某的其他诉讼请求。

被告王某某、张某某不服一审判决，向江苏省苏州市中级人民法院提起上诉，苏州市中级人民法院判决：驳回上诉，维持原判。

第二条 赔偿权利人起诉部分共同侵权人的，人民法院应当追加其他共同侵权人作为共同被告。赔偿权利人在诉讼中放弃对部分共同侵权人的诉讼请求的，其他共同侵权人对被放弃诉讼请求的被告应当承担的赔偿份额不承担连带责任。责任范围难以确定的，推定各共同侵权人承担同等责任。

人民法院应当将放弃诉讼请求的法律后果告知赔偿权利人，并将放弃诉讼请求的情况在法律文书中叙明。

【条文主旨】

本条是关于共同侵权的诉讼形式及对部分共同侵权人免责的效力的规定。

2020 年修正《人身损害赔偿解释》时，对此条规定的合理性有一些质疑的声音。经研究并征得立法机关同意，本条保留了原司法解释第五条规定的原文，将条文序号调整为第二条。

本条主要规定和解决了以下四个问题：（1）对共同侵权人提起的损害赔偿诉讼的性质问题。本解释采纳《中华人民共和国民事诉讼法》[①]（以下简称《民事诉讼法》）第五十五条以及民事诉讼法理论界的立场和观点，将此种诉讼界定为必要的共同诉讼。根据《民事诉讼法》第一百三十五条之规定，必须共同进行诉讼的当事人没有参加诉讼的，人民法院应当通知其参加诉讼。由

① 《全国人民代表大会常务委员会关于修改〈中华人民共和国民事诉讼法〉的决定》已由中华人民共和国第十三届全国人民代表大会常务委员会第三十二次会议于 2021 年 12 月 24 日通过，自 2022 年 1 月 1 日起施行。本文所述《中华人民共和国民事诉讼法》，均指 2022 年 1 月 1 日起施行的《中华人民共和国民事诉讼法》。

此，赔偿权利人起诉部分共同侵权人的，人民法院应当追加其他共同侵权人作为共同被告。（2）关于赔偿权利人仅免除部分共同侵权人责任的效力问题。本解释综合审判实践和国内民法、民事诉讼法学者的多数意见，借鉴其他大陆法系国家和地区的立法经验，对此种免责采纳相对效力说的观点，以充分尊重赔偿权利人对自己权利的处分自由，并平衡共同侵权人之间的利益。（3）共同侵权人之间具体赔偿份额的确定问题。本解释采纳了以数个行为人按照过错程度或者原因力大小确定按份责任为原则，以承担同等责任为例外的立场。（4）关于人民法院就赔偿权利人放弃对部分侵权人的诉讼请求的释明问题。对此，本条第二款规定，人民法院应当就该后果对赔偿权利人进行释明并在法律文书中阐述清楚。

【理解与适用】

一、条文修改背景

《民法典》承继了《侵权责任法》的规定，在第一千一百六十八条规定了共同侵权的内涵与责任形态："二人以上共同实施侵权行为，造成他人损害的，应当承担连带责任。"尽管《人身损害赔偿解释》在最初制定时，《民法通则》尚未规定"连带责任"，仅在"债权"一节中规定了连带债权和连带债务，但 2003 年《人身损害赔偿解释》在第三条规定了共同侵权的认定标准及责任形态，明确了共同侵权的侵权人承担连带责任。关于连带责任的诉讼形式，2003 年《人身损害赔偿解释》第五条明确了对共同侵权人提起的损害赔偿之诉属于必要的、不可分的共同诉讼，如果赔偿权利人仅起诉部分共同侵权人，人民法院应当依职权追加其余的共同侵权人为共同被告。由于《民法典》第五百一十八条第一款规定，连带债务的债权人可以请求部分或者全部债务人履行全部债务，即明确了连带债务的债权人对债务人追责的选择权，故有观点提出2003年《人身损害赔偿解释》第五条的规定与《民法典》的规定冲突，应予删除。经研究并报经立法机关同意，修订后的司法解释仍保留了2003年《人身损害赔偿解释》第五条的内容，作为修订后司法解释第二条予以规定。主要考虑的是，关于债权人对连带债务的债务人的追责问题，实体法与程序法的规定并不完全一致。按照现行《民事诉讼法》第五十五条、第一百三十五条的规定，当事人一方或者双方为二人以上，其诉讼标的是共同的，构成必要共同诉讼。必须共同进行诉讼的当事人没有参加诉讼的，人民法院应当通知其参加诉讼。共同侵权产生的连带责任主体为二人以上，被侵权人与侵权人之间争议的并要求法院裁决的法律关系同一，故对共同侵权人提起的损害赔偿之诉属于必要共同诉讼，按照程序法的规定当事人必须一同起诉或者应诉，人民法院应当合并审理。如从处分原则的角度出发，允许债权人选择被告，人民法院为查明共同过错、因果关系等案件事实的需要，往往会将未被债权人追责的共同侵权人追加为第三人，这就面临对第三人的范围进行扩张的问题，与现行《民事诉讼法》第五十九条的规定存在冲突。考虑到将共同侵权人追加为共同被告，并不会损害债权人利益，亦符合《民事诉讼法》关于必要共同诉讼的规定，且有利于查明事实、一次性解决纠纷，避免出现分开起诉侵权人作出的裁判相互抵触等问题，2003年《人身损害赔偿解释》第五条的规定仍然具有法律适用价值，在协调实体法和程序法方面具有重要意义，故对其内容予以保留。

关于赔偿权利人仅免除部分共同侵权人责任的效力问题。有观点认为，连带之债中，原告免除一部分即应等同于免除全部。亦即，此种免除具有消灭整个连带之债的绝对效力。另一种观点认为，连带之债中债权人对一部分债务人的免除只具有相对效力。

关于共同侵权人之间具体赔偿份额的确定问题。一种观点认为，应当以平均分担为原则；另一种观点认为，应以数个行为人按照过错程度或者原因力大小确定按份责任为原则，以平均分担为例外。有关人民法院对赔偿权利人放弃对某一部分共同侵权人的诉讼请求后果的释明问题同样在实务中存在争议。原司法解释第五条对上述种种问题，在规范层面进行了统一，本条亦予以保留。

二、对共同侵权人提起的损害赔偿诉讼的性质问题

共同诉讼系一种特殊的民事诉讼形态，依照《民事诉讼法》第五十五条第一款的规定，“当事人一方或者双方为二人以上，其诉讼标的是共同的，或者诉讼标的是同一种类、人民法院认为可以合并审理并经当事人同意的，为共同诉讼。”上述规定将共同诉讼区分为必要共同诉讼和普通共同诉讼两种形态。诉讼法承认这种诉讼形态的目的在于，通过数个当事人同时收集诉讼资料并同时进行审理，可以节省法院与当事人的时间和劳动，而且可以避免出现不同法院作出的裁判相互抵触的情形。尤其是在同一事件或者同类事件之上。

共同诉讼是诉的合并的一种形式，它属于诉的主体合并的范畴。共同诉讼的概念和制度起源于德国。从普通法时代中期开始，德国逐渐形成了必要的共同诉讼和普通的共同诉讼两种基本的共同诉讼形态。在前者，各个争议的诉讼标的是同一的；在后者，各个争议的诉讼标的属于同一种类。必要的共同诉讼又分为两类，即固有的必要共同诉讼和类似的必要共同诉讼。在德国民事诉讼法学理上，亦称之为程序性的必要共同诉讼（《德国联邦民事诉讼法》第 62 条

第1款第1项）与实体法上的必要共同诉讼（该法第1款第2项）。在固有的必要共同诉讼当中，所有的利害关系人必须一同起诉或者一同被起诉，否则当事人即为不适格。在类似的必要共同诉讼当中，当事人可以选择一同或者分别起诉或者应诉。一旦选择了一同起诉或者应诉，就必须对共同诉讼人的诉讼标的予以合一确定，由法院对其作出统一的裁判。当事人不能够单独实施诉讼行为，必须统一行动。

大陆法系诉的合并制度对英美法系产生了重大影响。以《美国联邦民事诉讼规则》为例，其第19条、第20条规定，在某些特定的情况下可以合并多数当事人进行诉讼。合并的形式包括强制合并与任意合并。强制合并又视被合并的当事人与本案联系的密切程度不同，分为必要的和必不可缺的强制合并。所谓必要的当事人（necessary party），是指为了全面、正确地解决纠纷而有必要被合并为当事人的人。对于此类人，若符合法定的条件，法院最好将他们合并进入诉讼。而必不可缺的当事人（indispensable party）是指为了全面、正确地解决纠纷，在任何情况下法院都必须将其合并为当事人的人。对于此类人，在任何情况下，法院都必须将其合并。

按照我国现行《民事诉讼法》第五十五条的规定，共同诉讼依复数主体之诉讼标的是同一的还是同一种类的不同而划分为两种形式。当诉讼标的同一的时候，就属于必要的共同诉讼。对此类诉讼，人民法院必须合并审理和判决。共同侵权情形中，数个行为人是基于同一事实或者法律上的原因而具有共同的权利义务关系，在民事诉讼法理论上属于必要的共同诉讼当中的一种类型。从《民事诉讼法》第五十五条、第一百三十五条规定可以得知，必要的共同诉讼在总体上类似于德国法中的固有的必要共同诉讼以及美国法中的必不可缺的强制合并。其构成要件有两个：（1）当事人一方或者双方为两人以上，即诉讼主体的复数性；（2）诉讼标的的同一，亦即，当事人产生争议并要求人民法院裁判的民事法律关系是同一的。由本解释第二条对共同侵权构成要件的立场可以得知，因共同侵权纠纷产生的诉讼在诉讼主体的复数性方面是完全符合必要的共同诉讼的要求的。在诉讼标的的同一性方面，无论属于何种形式的共同侵权纠纷，受害人与共同侵权人之间所争议的，并要求法院裁决的法律关系都是同一的。因此，对共同侵权人提起的损害赔偿诉讼属于必要的共同诉讼没有什么问题。必要的共同诉讼中，当事人必须一同起诉或者应诉，人民法院必须合并审理。因为这种诉讼是不可分之诉。如果赔偿权利人仅起诉了部分共同侵权人，必要的共同诉讼的不可分之诉的性质就要求人民法院应当追加其他共同侵权人作为共同被告。

三、关于赔偿权利人仅免除部分共同侵权人责任的效力问题

在罗马法中，免除连带债务的意思表示（契约）发生绝对效力，不论此种免除是针对全体连带债务人还是部分连带债务人作出的。英美法当中所谓“释放一部等于释放全部”说的就是这种绝对效力。《法国民法典》基本上沿袭了该绝对效力，但又有所不同。其第1285条第1款规定：债权人为连带债务人之一人的利益，以契约约定免除或者解除该债务人的债务，亦告解除其他连带债务人的债务，但如债权人明示保留对其他债务人的权利，不在此限。由此可知，法国法仍然是以“绝对效力”的发生为“免除”的一般原则。“绝对效力”的观点在贯彻连带债务的一体性方面有其合理性，但连带债务的债权人所享有的连带债权毕竟还是属于民事权益。连带债务的整体性更主要体现在各连带债务人向债权人为清偿时的整体性，也就是说，连带债务的整体性是从保护债权人的角度设立的。这种整体

性的设计不应该成为约束和限制债权人私权处分自由的理由，否则与连带之债的设立目的就会产生些许不和谐了。有鉴于此，《德国民法典》没有采纳法国法的立场，而是认为债权人对连带债务人之一人之债务免除，原则惟发生相对的效力。此后的《瑞士债务法》第147条、《日本民法典》第437条以及我国台湾地区“民法”第二百七十六条均采纳了以“相对效力”为原则的立场。“相对效力”立场认为，连带之债的债权人对一部分连带债务人免责的意思表示原则上只有免除相对人债务份额的效果（除非债权人有免除全部债务的意思表示），其他债务人就被免除的债务份额之外的剩余债务仍应承担连带责任。应当说“相对效力”学说已经成为一个发展潮流，英美普通法传统的“释放一部等于释放全部”的立场已经是比较过时的观点。现代法院通常要求原告在释放协议书上明确指出他是否释放其他被告的责任，如果没提，便意味着原告还可以继续向其他被告寻求赔偿。本解释采纳“相对效力”的立场，对赔偿权利人免除部分共同侵权人责任的意思表示的相对效力予以确认。本条虽表述为“赔偿权利人在诉讼中放弃对部分共同侵权人的诉讼请求”，但不意味着赔偿权利人只能在诉讼中以放弃诉讼请求的方式免除部分共同侵权人的责任。只要这种意思表示真实、明确和具体，在连带债务被全部清偿之前，其意思表示均可产生“相对效力”。该意思表示的“明确具体”是指受领该意思表示的相对方和免除内容等方面的确定。理论上讲，关于连带债务的免除有三种类型：（1）免除全部连带债务；（2）仅免除部分连带债务人的债务；（3）仅免除各债务人之间对全部债务的“连带之责”。本解释只规定了第（2）种情形，因为情形（1）（3）若发生，赔偿权利人提起共同侵权之诉的目的就显得有些荒唐了。

本条在征求意见时，有专家提出，赔偿权利人不能（无法）免除部分人的责任。因为在共同侵权责任的连带责任当中，各个侵权人没有份额的问题。在判决确定之前，每个侵权人的份额没有确定。因此，对于受害人来说，可以免除所有侵权人的一个总额的责任，但要免除某个人的份额是说不过去的。本解释认为，赔偿权利人免除部分共同侵权人的责任是他有权作出的一个意思表示，只要这种意思表示是确定的，即应对连带债务产生相对效力。至于放弃的具体份额，当然取决于最后的裁判。

四、共同侵权人之间具体赔偿份额的确定问题

本解释制定时，《民法通则》对于连带债务债务人的内部追偿问题规定得十分笼统，仅规定“负有连带义务的每个债务人，都有义务清偿全部债务，履行了义务的，有权要求其他负有连带义务的人偿付他应当承担的份额”。据此，民法理论一致认为，连带债务人内部之间承担的是按份责任，但对此按份责任的划定标准却有不同的看法，各国立法例及理论界的立场也是不尽相同的。

1. 过错程度说。该说认为，在受害人起诉后先将共同加害人全部传讯并列为共同被告，然后根据其过错程度分别确定不同加害人的赔偿份额。过错大、行为重的按比例多分担；反之则少分担。其主要理由在于，侵权行为的责任承担在于过错。

2. 平均分担说。该说认为，共同侵权的各加害人最终原则上应当平均承担损害赔偿，并按照这一原则进行最终的追偿。除非法律有特别规定或者共同加害人存在特别约定。比如，《最高人民法院关于贯彻执行〈中华人民共和国民法通则〉若干问题的意见（试行）》[①]（以下简称《民法通则意见》）第一百四十八条规定，教唆、帮助限

① 《最高人民法院关于贯彻执行〈中华人民共和国民法通则〉若干问题的意见（试行）》已被废止。

制民事行为能力人实施侵权行为的人，为共同侵权人，应当承担主要民事责任。前述《美国关于共同侵权人共同分担责任的统一法律》第2条规定，在决定共同加害人对全部侵权责任应承担的份额时，其相关的过错程度将不予考虑。《瑞士债务法》第148条第1款规定，除非连带债务人另有约定，债务人应当平均承担对债权人的债务。我国台湾地区“民法”第二百八十条规定，除法律另有规定或者契约另有约定外，连带债务人相互间应平均分担义务。

2003年《人身损害赔偿解释》没有采纳平均分担说的立场。原因在于以下几个方面：

1.2003年《人身损害赔偿解释》第三条对共同侵权行为之成立采纳的立场是共同过错说与有限制的客观说。既然行为人的过错不是绝对不予考虑的情节，那么在共同侵权人内部的责任承担份额上亦应有所体现。以过错承担作为共同侵权人责任承担份额确定的标准并不损害该连带责任对受害人的外部效力，因为这只不过是连带债务人内部分配义务的问题。

2. 不考虑各行为人的主观过错程度，在那些可以通过此标准确定一个公平的责任承担份额的案件中，会使共同侵权人内部之间的利益失衡。比如，美国特拉华州高等法院关于Bierczynski v. Rogers，239 A. 2d 218（Del. 1968）超速赛车案判例的情形。甲乙两个被告人超速赛车的共同行为是造成车祸的直接原因并须共同对丙的损害后果负责，但是该案中，甲常常跨越黄线并造成丙的重大伤害，而乙一直在正确的车道内行驶，车祸发生时尚距案发地点35英尺远。甲乙两个人的过错程度显然有轻重之分，不依此确定责任的份额对乙而言属于利益失衡。

同时，旧的解释也没有完全采纳过错程度说的立场。原因主要是：

1. 在一些适用无过错责任归责原则的案件当中，虽然行为人的主观过错会在法官的内心评判当中起到一定作用，但这毕竟不能够堂而皇之地成为责任承担份额确定的理由。另外，在一些共同侵权案件中，各行为人的过错程度的确很难分得清。因此，原因力比例的大小往往可能在确定分担份额的时候较之过错程度更具判断的可行性。这同样符合连带债务人之间应当承担按份责任的法理。

2. 如果以上两个评价方法的使用，仍然不能得出较为有力的分担比例，只能说各共同侵权人的过错程度与原因力大小是相当的。此时各共同侵权人应当在内部平均分担连带债务的做法就是共同侵权人之间利益达到平衡的最佳途径。但这不是基于“平均分担”说的立场和方法论，而是因为其过错程度与原因力大小是相当的。

对照《民法典》的规定，上述司法解释的精神与《民法典》的法律规定基本吻合。《民法典》总则编中的第一百七十八条第二款规定：“连带责任人的责任份额根据各自责任大小确定；难以确定责任大小的，平均承担责任。实际承担责任超过自己责任份额的连带责任人，有权向其他连带责任人追偿。”同时，《民法典》合同编中的第四百六十八条规定了非因合同关系产生的债权债务关系的法律适用，依据该条规定，“非因合同产生的债权债务，适用有关该债权债务关系的法律规定；没有规定的，适用本编通则的有关规定，但是依据其性质不能适用的除外。”按照该条指引性规定，《民法典》合同编中的第五百一十九条关于“连带债务人的份额确定及追偿权”的规定，可以作为共同侵权人之间具体赔偿份额的确定依据，该条第一款规定：“连带债务人之间的份额难以确定的，视为份额相同。”第二款规定：“实际承担债务超过自己份额的连带债务人，有权就超出部分在其他连带债务人未履行的份额范围内向其追偿，并相应地享有债权人的权利，但是不得损害债权人的利益。其他连带债务人对债权人的抗辩，可以向该债务人主张。”第三款规定：“被追偿的连带债务人不能履行其应分担份额的，其他连带债务人应当在相应范围内按比例分担。”

综上，本解释对共同侵权人之间具体赔偿份额的确定问题所采纳的立场，即以各行为人的过错程度或者原因力比例的大小确定责任承担份额为原则，与现行法律规定一致，故本解释在修订时对此问题的条文规定予以保留。当然，如果法律、司法解释另有规定或者连带债务人之间另有契约约定的，自应依其规定或者约定。对于赔偿权利人明确放弃的一个或者部分共同侵权人的责任份额，人民法院在判决时应当从赔偿总额中予以扣除。剩余部分由应当承担责任的共同侵权人承担连带责任。

五、关于人民法院就赔偿权利人放弃对部分侵权人诉讼请求的释明问题

本条第二款规定，人民法院应当将放弃诉讼请求的法律后果告知赔偿权利人，并将放弃诉讼请求的情况在法律文书中叙明。该规定实际上基于人民法院在审理共同侵权案件过程中，如果出现赔偿权利人放弃对部分共同侵权人的诉讼请求的情形时所应尽到的释明义务。

法官的释明义务，也有人称为释明权、阐明权。大陆法系国家民事诉讼法普遍就法官的释明问题作出规定。在其他大陆法系国家和地区，法官“释明”的概念由来已久。1877 年的《德国民事诉讼法》就规定了“释明”（Aufklaerung）的内容。日本、法国民事诉讼法及我国台湾地区民事诉讼相关规则也均对此作出了规定。释明义务的主体是法院，它是法院的一项职责，属于法院诉讼指挥权的范畴。但履行释明义务的主体则是法官，法院只有通过法官的具体释

明行为才能使释明义务得以履行。在我国的民事诉讼当中，原来并没有“释明”的概念和制度。一般认为，2001年发布的《最高人民法院关于民事诉讼证据的若干规定》[①]第三十五条，初步对人民法院的“释明”问题作出规定。但不容否认的是，释明制度在我国仍然很不完善，现有规定也尚未形成体系。无论是理论上还是制度建设上，都需要不断地探索。因此，本解释试图在规范层面对人民法院的释明问题作出规定。

关于释明内容的范围，一般认为包括：（1）当事人的主张或陈述不明确、不清楚、不充分的时候，法官应当释明；（2）当事人陈述不当或自相矛盾时，法官应当释明；（3）当事人提出的证据材料不够或有瑕疵时，法官应当释明；（4）当事人对相关法律术语或法律制度不明白时，法官应当释明。我们认为，本条关于赔偿权利人可以依其意愿放弃对部分共同侵权人的诉讼请求的规定，实际上确立了一种新的制度。赔偿权利人受到各种原因的制约，未必都能够很好地理解并行使其权利，而如何行使此项权利对其权利保护而言又事关重大。因此，人民法院应当负有此项释明义务，法官应当履行此项释明义务。

关于履行释明义务的期间。法官只能在审判阶段进行释明，包括：（1）起诉和受理阶段。（2）开庭审理阶段。此阶段是法官履行释明义务最主要、最集中的阶段，不过在审理后合议庭评议时法官就不得再进行释明了。（3）二审阶段。二审程序以开庭审理为原则，不开庭审理径行判决、裁定为例外，因而法官也是应当履行释明义务的。（4）再审阶段。我国《民事诉讼法》规定，法院按照审判监督程序对案件进行再审时，依照发生法律效力的判决、裁定是由不

---

① 2001年发布的《最高人民法院关于民事诉讼证据的若干规定》已于2019年修正。

同审级的法院作出的，分别适用一审程序和二审程序，如前所述，法官亦须在此阶段向当事人进行释明。关于履行释明义务的方式。法官应对赔偿权利人使用发问和正面阐述的方式，使赔偿权利人知晓放弃对部分共同侵权人的诉讼请求的法律后果，并将其记入笔录。在案件的裁判文书中对释明的过程（简要即可）以及赔偿权利人放弃相应诉讼请求的情况叙述清楚。

六、本条在裁判文书既判力方面的意义

本条规定："赔偿权利人起诉部分共同侵权人的，人民法院应当追加其他共同侵权人作为共同被告"以及"人民法院应当将放弃诉讼请求的法律后果告知赔偿权利人，并将放弃诉讼请求的情况在法律文书中叙明"。

既判力是大陆法系民事诉讼法学的基本理论。它指民事判决实质上的确定力，即形成确定的终局判决内容的判决，具有基准性和不可争性的效果。既判力理论从其发端至今，在民事诉讼理论中占据了极其重要的地位。"既判力可以说是关于诉讼终结点的理论。"本条作上述规定的意义体现在既判力理论的功能方面。被纳入既判力主体范围的当事人与人民法院一道，对于判决所确认的权利义务关系或者法律关系必须尊重，不得提出相异的主张或者作出相矛盾的判决。借此可以达到限制当事人滥诉，以获得不当的诉讼利益的目的。

七、应当注意的几个问题

（一）赔偿权利人未起诉的其他共同侵权人应当列为共同被告还是第三人

本解释征求意见稿中曾规定：在裁判文书中，只列被诉的共同

侵权人为被告，被放弃诉讼请求的其他共同侵权人则列为第三人。当时主要的考虑是从当事人处分原则出发，坚持民事诉讼“不告不理”的制度特征。未被起诉的共同侵权人往往又是其放弃诉讼请求的人，所以这些人并非赔偿权利人实体权利义务争议所指向的人，因而不宜列为被告。另外的考虑是，借此合理扩张第三人的范围。有些民事诉讼法学者提出，此时追加未被诉的共同侵权人的目的仍是便于查清案件事实。共同侵权案件作为必要的共同诉讼，《民事诉讼法》第一百三十五条已明确规定必须通知必须共同进行诉讼而没有参加诉讼的当事人参加诉讼。若将其表述为“第三人”反倒不能体现出必要的共同诉讼的制度特征。至于我国目前民事诉讼中第三人制度存在的问题，学理上的比较研究工作尚在进行过程之中，司法解释不宜对此进行“节”上的探索。比较稳妥的做法仍是在现有民事诉讼法规定的框架内进行设计。本解释最终采纳了上述观点。

（二）必要的共同诉讼与当事人的处分权是否相矛盾的问题

这涉及处分原则的内涵及其与人民法院的诉讼指挥权的关系问题。处分原则在大陆法系国家的民事诉讼理论中一般以处分权主义加以表述。它是指在民事诉讼中，当事人有权按照自己的意志支配、决定自己的实体权利和诉讼权利。日本学者三月章认为，在民事诉讼何时开始、有何限度、持续至何时（即何时终结）方面，承认当事人有主导权的主义称为处分权主义。按照我国《民事诉讼法》的相关规定和理论上的共识，处分原则包括以下内容：（1）享有处分权的主体之当事人。（2）处分权行使的范围包括对实体权利的处分和诉讼权利的处分。（3）当事人行使处分权必须依法进行。当事人行使处分权并不是绝对的，法院在一定程度上应当“干预”当事人处分权的行使。两者之间应当形成一种合理的制约关系。这种“合理”表现在：（1）法院不得无法律依据随意干涉当事人处分权的行使。(2)当事人在法律许可范围内的处分权行使具有“绝对性”，对法院具有约束力。由以上可知，必要的共同诉讼制度所要求的对“未被诉被告的追加”有民事诉讼法的依据，属于法院对当事人处分权的合理干预，且不会对当事人的实体权利与诉讼权利构成损害。因而，两者是不矛盾的。

(三)连带债务理论与必要的共同诉讼理论是否存在冲突

连带债务理论认为，连带之债的整体性设计不应该成为约束和限制债权人私权处分自由的理由，否则与连带之债的设立目的就会产生矛盾。亦即，债权人有权就其债权向全体或者部分债务人请求清偿。必要的共同诉讼理论认为，如果债权人仅起诉部分连带债务人，法院应当追加其余的连带债务人为共同被告。但我们认为，两者之间并不存在矛盾。法院将其余连带债务人追加为共同被告并不会影响债权人在实体审理或者执行阶段行使该种选择权。本条规定既遵循了必要的共同诉讼的制度要求，也兼顾了赔偿权利人的选择权，使民事诉讼法的规定与赔偿权利人的权利行使达到了统一。因为对未被诉共同侵权人的追加正是为案件实体审理以及赔偿权利人“选择权”的切实行使奠定了诉讼基础。

(四)未被诉的共同侵权人如果无法确定如何处理

如果未被诉的共同侵权人无法确定，根据《民事诉讼法》第一百二十二条第二项关于被告必须明确的规定，该纠纷可以在原告与业已确定的被告之间进行。但应当注意的是，这种无法确定是指该人的自然情况以及为民事诉讼进行所必需的联系地址的不明。比如，共同侵权人之一仅有一个绰号，至于其住所地等情况均为不明。如果其住所地是确定的，只是无法查找，则应当根据具体情况采用不同的送达方式解决之。不能仅以可能会造成“诉讼拖延”为由，简单处理并损害当事人的实体权利或者诉讼权利。

（五）何人可以对人民法院就免除债务的份额不服并提起上诉

根据本条规定，赔偿权利人放弃对部分共同侵权人之诉讼请求的意思表示一经确定，人民法院在判决时就应当从赔偿总额中对赔偿权利人放弃部分予以扣除。剩余部分由应当承担责任的共同侵权人承担连带责任。对人民法院确定的共同侵权人各自应当承担的赔偿份额，赔偿权利人如果认为判决确定的被放弃的共同侵权人所应担的份额过重，可以上诉。未被放弃诉讼请求的共同侵权人若认为判决确定的被放弃诉讼请求的共同侵权人的责任承担份额过轻，可以提起上诉。因为对上述当事人而言，该判决确定的内容关涉他们的实体权利。对此不服的，理应享有上诉权。

（六）上诉审中当事人的设置问题

关于在二审程序当中的当事人诉讼地位问题，应当以《最高人民法院关于适用〈中华人民共和国民事诉讼法〉的解释》（以下简称《民事诉讼法司法解释》）第三百一十九条的规定予以确定。该条规定，必要共同诉讼人中的一人或者部分人提出上诉的，按下列情形分别处理：（1）上诉仅对与对方当事人之间权利义务分担有意见，不涉及其他共同诉讼人利益的，对方当事人为被上诉人，未上诉的同一方当事人依原审诉讼地位列明。（2）上诉仅对共同诉讼人之间权利义务分担有意见，不涉及对方当事人利益的，未上诉的同一方当事人为被上诉人，对方当事人依原审诉讼地位列明。（3）上诉对双方当事人之间以及共同诉讼人之间权利义务承担有意见的，未提出上诉的其他当事人均为被上诉人。

如果被一审判决承担责任的共同侵权人仅认为该判决免除债务的侵权人责任份额过轻而不服，被免除民事责任的共同侵权人为被上诉人。若其上诉请求不仅限于前述而且包括对赔偿权利人的部分（如对混合过错的相抵确定不当），其余未上诉的当事人均为被上诉人。如果赔偿权利人认为判决确定的被放弃的共同侵权人所应承担的份额过重而提起上诉，其权利义务争议实际指向的是承担民事责任的共同侵权人所承担连带责任范围过轻，因此被判决承担民事责任的共同侵权人为被上诉人。

（七）赔偿权利人向共同侵权人之一人表示免除全部债务的效果

这个问题涉及赔偿权利人免除债务之意思表示的问题。连带债务理论通说认为，债权人不以向债务人全体为意思表示为必要，债权人对债务人之一人，为免除债务之意思表示时，也不以其曾有其他债务人之授权为必要。如果债权人向连带债务人之一人，表示消灭全部连带责任之债之意思时，不仅该债务人之债务归于消灭，对其他债务人亦生免除之效力。因此，赔偿权利人若作出免除连带债务之一部分的意思表示时，要格外注意该意思表示内容的明确性，以防己方权利受到损害。

（八）被判决承担连带责任的共同侵权人不能承担的份额应当如何处理

如果被判决承担连带责任的共同侵权人之一或者一部分因为种种原因不能或者无法分担其应分担的份额，其他连带债务人应当根据判决确定的责任分担比例承担该部分责任。当然，此问题主要涉及连带债务人内部的责任承担问题。如《瑞士债务法》第 148 条第 3 项的规定即采此立场，“一连带债务人不能承担的份额，应当由其他债务人按比例承担。”

【案例】

丁诉甲、乙、丙人身损害赔偿责任纠纷案

甲、乙、丙共谋飞车抢夺，甲驾驶摩托驶过丁身旁，乘坐在后座的乙抢走丁的钱包，顺手拽下丁的耳环，致丁耳垂撕裂。乙趁丁不注意将抢夺的物品交给丙，丙驾驶另一辆摩托逃离，甲乙引导丁追赶，便于丙逃离。丁起诉甲、乙赔偿耳垂撕裂的治疗损失 3 万元，后因得知乙为父母双亡的未成年人，丁明确表示放弃对乙的赔偿请求。法院审理中，追加丙为共同被告。

法院经审理认为，甲、乙、丙共谋且分工合作实施了飞车抢夺，造成了丁的人身损害。尽管甲、丙对乙抢夺丁耳环造成丁耳垂撕裂的后果没有预见，但此行为及其损害后果并未逸出共谋抢夺的目的范围之外，故甲、乙、丙构成共同侵权，应承担连带责任。丁放弃对乙的赔偿请求，则甲、丙对被放弃诉讼请求的被告乙应当承担的赔偿份额不承担连带责任。甲、乙、丙三人共谋抢夺的过错相当，应各自承担三分之一的赔偿份额，故甲、丙对丁放弃的乙承担的三分之一赔偿份额不承担连带责任，则甲、丙应在 2 万元的范围内承担连带赔偿责任。

第三条 依法应当参加工伤保险统筹的用人单位的劳动者，因工伤事故遭受人身损害，劳动者或者其近亲属向人民法院起诉请求用人单位承担民事赔偿责任的，告知其按《工伤保险条例》的规定处理。

因用人单位以外的第三人侵权造成劳动者人身损害，赔偿权利人请求第三人承担民事赔偿责任的，人民法院应予支持。

【条文主旨】

本条是关于工伤事故赔偿责任问题的规定。

具体有以下几层含义：（1）劳动关系中的劳动者因工伤事故遭受人身损害，应当按照国务院《工伤保险条例》的相关规定请求工伤保险赔偿，不能直接对用人单位提起人身损害赔偿的民事诉讼。（2）即使用人单位没有为劳动者建立工伤保险关系，只要该单位依法应当参加工伤保险统筹，也适用《工伤保险条例》予以赔偿。（3）如果劳动者或者其近亲属对工伤保险赔偿有异议，属于劳动争议案件，不属于普通的民事侵权赔偿案件，应当先向劳动争议仲裁委员会申请仲裁，对仲裁决定不服的，才可以向人民法院起诉。（4）用人单位以外的第三人侵权造成劳动者人身伤害，可以直接向第三人请求民事损害赔偿，属于普通的民事侵权赔偿案件。

【理解与适用】

一、本条解释的背景

现代化的工业生产给人类带来了丰富的物质生活，但随之也带来了产业危害——工伤。据统计，全世界每年发生的工伤事故达10万起以上，死伤2000多万人，这一数字高于一场大规模的世界性战争的伤亡人数。我国企业每年工伤死亡人数超过2万人，残疾人数超过10万人，已经确诊的职业病40多万人。新中国成立以来尚存活的完全丧失劳动能力的职工和工伤死亡职工供养的直系亲属人数超过200万人。

为了解决工伤赔偿问题，《中华人民共和国劳动法》(以下简称《劳动法》)第七十三条规定："劳动者在下列情形下，依法享受社会保险待遇：(一)退休；(二)患病、负伤；(三)因工伤残或者患职业病；(四)失业；(五)生育。劳动者死亡后，其遗属依法享受遗属津贴。劳动者享受社会保险待遇的条件和标准由法律、法规规定。劳动者享受的社会保险金必须按时足额支付。"根据《劳动法》的规定，1996年8月12日，劳动部颁发了《企业职工工伤保险试行办法》(现已失效)，规定：为了保障劳动者在工作中遭受事故伤害和患职业病后获得医疗救治、经济补偿和职业康复的权利，分散工伤风险，促进工伤预防，中华人民共和国境内的企业及其职工必须参加实行社会统筹的工伤保险，设立工伤保险基金，对工伤职工提供经济补偿和实行社会化管理服务。县级以上各级人民政府劳动行政部门主管本行政区域内的企业职工工伤保险工作。县级以上社会保险基金经办机构经办工伤保险业务，负责工伤保险基金的筹集、管理和待遇支付，以及工伤职工的管理服务等工作。根据形势发展需要，2003年4月16日，国务院第5次常务会议讨论通过了《工伤保险条例》，自2004年1月1日起施行。2003年的《工伤保险条例》规定，中华人民共和国境内的各类企业、有雇工的个体工商户应当依照本条例规定参加工伤保险，为本单位全部职工或者雇工缴纳工伤保险费。中华人民共和国境内的各类企业的职工和个体工商户的雇工，均有依照本条例的规定享受工伤保险待遇的权利。有雇工的个体工商户参加工伤保险的具体步骤和实施办法，由省、自治区、直辖市人民政府规定。劳动保障行政部门按照国务院有关规定设立的社会保险经办机构具体承办工伤保险事务。因此，从2004年1月1日以后，工伤赔偿问题要从行政立法上建立一个强制的、统一的保险制度，改变工伤赔偿按普通民事侵权赔偿案件处理的思路，即工伤保险赔偿纠纷变成了劳动争议案件。这是一个重大的变化。按照国务院的行政法规，对因工伤事故遭受人身损害，劳动者或者其近亲属仍然直接向人民法院起诉用人单位承担民事损害赔偿责任的，人民法院应如何处理？本条就是对此作出的规定。

二、工伤保险赔偿的基本内容

所谓工伤保险赔偿，一般是指用人单位应当为其职工建立工伤保险关系，一旦发生工伤事故则由保险机构对受害人予以赔偿，用人单位不再承担工伤事故的民事赔偿责任。建立工伤保险制度的目的就是使劳动者的权利能够得到更有效的保护，减少劳资对抗，和谐劳动关系，促进经济发展，维护社会稳定。

在我国，《工伤保险条例》规定的工伤保险的基本内容有：

（一）适用范围

中华人民共和国境内的各类企业、有雇工的个体工商户均应当参加工伤保险，为本单位全部职工或者雇工缴纳工伤保险费。中华人民共和国境内的各类企业的职工和个体工商户的雇工，均有依照规定享受工伤保险待遇的权利。即使是无营业执照或者未经依法登记、备案的单位以及被依法吊销营业执照或者撤销登记、备案的单位的职工受到事故伤害或者患职业病的，也适用该条例给予一次性工伤赔偿。

（二）工伤保险费的征缴

按照《社会保险费征缴暂行条例》关于基本养老保险费、基本医疗保险费、失业保险费的征缴规定执行。社会保险行政部门等部门制定工伤保险的政策、标准。用人单位应当按时缴纳工伤保险费。职工个人不缴纳工伤保险费。

（三）工伤认定

职工有下列情形之一的，应当认定为工伤：（1）在工作时间和工作场所内，因工作原因受到事故伤害的；（2）工作时间前后在工作场所内，从事与工作有关的预备性或者收尾性工作受到事故伤害的；（3）在工作时间和工作场所内，因履行工作职责受到暴力等意外伤害的；（4）患职业病的；（5）因工外出期间，由于工作原因受到伤害或者发生事故下落不明的；（6）在上下班途中，受到非本人主要责任的交通事故或者城市轨道交通、客运轮渡、火车事故伤害的；（7）法律、行政法规规定应当认定为工伤的其他情形。

职工有下列情形之一的，视同工伤：（1）在工作时间和工作岗位，突发疾病死亡或者在48小时之内经抢救无效死亡的；（2）在抢险救灾等维护国家利益、公共利益活动中受到伤害的；（3）职工原在军队服役，因战、因公负伤致残，已取得革命伤残军人证，到用人单位后旧伤复发的。

职工有下列情形之一的，不得认定为工伤或者视同工伤：（1）故意犯罪的；（2）醉酒或者吸毒的；（3）自残或者自杀的。

劳动保障行政部门应当自受理工伤认定申请之日起60日内作出工伤认定的决定，并书面通知申请工伤认定的职工或者其直系亲属和该职工所在单位。

（四）劳动能力鉴定

（1）职工发生工伤，经治疗伤情相对稳定后存在残疾、影响劳动能力的，应当进行劳动能力鉴定。（2）劳动能力鉴定是指劳动功能障碍程度和生活自理障碍程度的等级鉴定。劳动功能障碍分为十个伤残等级，最重的为一级，最轻的为十级。生活自理障碍分为三个等级：生活完全不能自理、生活大部分不能自理和生活部分不能自理。（3）劳动能力鉴定标准由国务院劳动保障行政部门会同国务院卫生行政等部门制定。劳动能力鉴定委员会由劳动保障行政部门、人事行政部门、卫生行政部门、工会组织、经办机构代表以及用人单位代表组成。（4）申请鉴定的单位或者个人对设区的市级劳动能力鉴定委员会作出的鉴定结论不服的，可以在收到该鉴定结论之日起15日内向省、自治区、直辖市劳动能力鉴定委员会提出再次鉴定申请。省、自治区、直辖市劳动能力鉴定委员会作出的劳动能力鉴定结论为最终结论。

（五）工伤保险待遇

包括工伤医疗和护理费、住院伙食补助费、就医交通费和住宿费、康复治疗费、辅助器具费、伤残补助金、伤残就业补助金、丧葬补助金、供养亲属补助金、一次性工亡补助金等。

（六）法律救济

（1）职工与用人单位发生工伤待遇方面的争议，属于劳动争议案件，按照处理劳动争议的有关规定处理。（2）有下列情形之一的，可以申请行政复议；对复议决定不服的，可以提起行政诉讼：①申请工伤认定的职工或者其直系亲属、该职工所在单位对工伤认定结论不服的；②用人单位对经办机构确定的单位缴费率不服的；③签订服务协议的医疗机构、辅助器具配置机构认为经办机构未履行有关协议或者规定的；④工伤职工或者其直系亲属对经办机构核定的工伤保险待遇有异议的。

三、国外有关工伤保险和民事损害赔偿机制的适用关系

在工伤赔偿问题上，世界各国经历了由传统侵权行为法一元调整机制向多元调整机制的演变。多种损害填补制度的并存产生了一种特殊现象，即就同一损害可能有多种赔偿或补偿来源，那么，这些不同的损害赔偿或补偿制度之间，尤其是工伤保险与民事赔偿之间到底是何种适用关系？相关国家在处理这一问题上主要有四种基本模式：

（一）择一选择模式

择一选择模式是指工伤事故发生以后，受害雇员在侵权损害赔偿与工伤保险赔偿之间，只能选择其一，即要么选择侵权损害赔偿，要么选择工伤保险赔偿。两种赔偿方式的适用相互排除，即一旦选择其中一种方式，就排除另一种方式的适用，不存在两种方式同时适用的可能。这一模式最大的优点就是从表面上看对受害雇员十分有利，赋予了雇员充分选择的自由。一般而言，雇员若能证明雇主对工伤的发生有过错，可选择主张侵权法上的损害赔偿；雇员若无法证明雇主有过错，则可选择接受工伤保险待遇给付。总之，受害雇员可以选择对自己有利的方式获得赔偿。然而从深层次分析，这种模式存在很多缺点，对受害雇员十分不利，主要表现在：（1）从实施结果上看，该模式实质上限制了受害雇员选择的自由。虽然受伤害雇员可在侵权赔偿与工伤保险之间任选其一，但是由于侵权法上的救济通常是不确定的，虽然可能比工伤保险赔偿数额高，但

要经过漫长的诉讼，还要取决于被告的赔偿能力。相比之下，工伤保险赔偿数额可能较低，但给付却是稳固和直接的，它可以快速地帮助受害雇员获得及时的补偿，渡过难关。选择模式将受害人置于两难选择的境地，故有很多人认为它不存在任何合理的社会正义。（2）从实务操作上看，该模式存在诸多困难。例如，受害雇员应在多长的期间内行使选择权，受害雇员能否撤回先前的选择以及如何撤回等，这些问题在实务上滋生诸多困难。英国和其他英联邦国家早期的雇员赔偿法曾一度采用此种模式，但后来均已废止。

（二）取代模式

取代模式，即以工伤保险取代侵权赔偿。也就是说，雇员遭受工伤事故后，只能请求工伤保险给付，而不能依侵权行为法的规定向加害人请求损害赔偿。采用这一模式的国家主要有德国、法国、瑞士、挪威等国，其中以德国最为典型。根据《德国国家保险条例》第636条规定，因工伤事故而受损害者，仅得请领工伤保险给付，不得向雇主依侵权行为法的规定请求损害赔偿。

取代模式之所以为许多发达国家所采用，在于其具有其他模式所无可比拟的优越性：（1）该模式的最大优点在于免除了雇主侵权法上的赔偿责任，使雇主的责任减轻。在取代模式下，雇主对工伤事故应负的责任仅限于支付工伤保险金，破除了在单个雇主与雇员之间进行损失分配的传统格局，将损失分散于社会，进而消化于无形，符合现代社会实现损失承担社会化的理想。（2）该模式可以减少诉讼，避免劳资对抗，符合促进劳资关系协调发展的目的。（3）该模式能节约社会资源，提高效率。工伤事故发生后，受害雇员直接向有关机构申领工伤保险待遇，无须经过繁杂漫长的诉讼程序；处理工伤保险事务的机构具有很高的专业性，工作效率高。以下两个数据的对比可以说明这个事实。据英国的皮尔森委员会

(Pearson Commission)估计，将1美元转化为受害人的赔偿金，通过侵权行为法要花费85美分，而通过社会保险计划只需要不到10美分。因此，以工伤保险完全取代侵权损害赔偿来解决所有因工伤引起的赔偿问题的做法，将大大地减少成本，节约社会资源。

然而，取代模式也有很多缺陷，以致遭致广泛的批评和质疑。其缺陷主要表现在：(1)它剥夺了受害雇员获得完全赔偿的权利，对受害雇员利益的保障不利。这是取代模式最重大的缺陷，也是理论界提出批评的主要理由。由于现代工伤保险以保障雇员的生存和劳动力的再生产为宗旨，赔偿数额通常低于侵权损害赔偿。在这种“以保险保护取代侵权责任”模式下，受害雇员得到的保险给付，通常低于依侵权行为法所请求的损害赔偿，尤其是对非财产上损害的抚慰金，受害雇员不得请求。由于这一模式剥夺了受害雇员获得完全赔偿的权利，传统侵权法的支持者痛斥这种取代导致对人身价值的贬损。(2)这种模式功能单一，不利于对工伤事故的制裁和预防。由于雇主对工伤所负的责任仅限于支付保险金，发生工伤事故后，不考虑造成损害的事件或行为是否应受到道德上的评价，从而丧失了制裁的功能；同时，雇主承担的工伤责任（支付保险金）与其在预防工伤事故方面是否有积极作为无关，使其丧失了一般的预防功能，“将不可避免地招致事故的进一步上升”。因此，这种模式只具备损害填补和分散损失的功能，而无法充分地维持对加害行为的制裁和事故预防功能。

(三)兼得模式

兼得模式系指允许受害雇员接受侵权行为法上的赔偿救济，同时接受工伤保险给付，即获得“双份利益”。采用此种模式的国家甚少，最具代表性的是英国。依该国1948年实施的国民保险法，受害雇员除可以获得侵权行为损害赔偿外，还可请领5年内伤害及残废给付的50%。此项规定乃是基于英国工会对政府施加强大压力而制定的，而其主要理由是劳工本身须负担几近半数之保险费。这种模式与其他模式相比，最大的优越性体现在对受害职工极为有利，即雇员因工伤事故可以同时获得工伤保险给付和侵权赔偿的双重救济，尤其是在工伤保险待遇和民事赔偿标准均偏低的情形下，对受害雇员权益的保障极为有利。

这种模式的缺点主要表现在：（1）违背了工伤保险创设的目的，加重了雇主的负担。工伤保险的建立，在某种意义上是为了减轻雇主的责任并使其责任社会化。在兼得模式下，雇主不仅要承担工伤保险费的缴纳义务，而且还可能因侵权行为支付损害赔偿。雇主的工伤责任不仅没有因工伤保险制度的建立而减弱，反而比工伤保险制度建立前进一步加重，这与创设工伤保险制度的目的严重背离。（2）违背了“不应获得意外收益”的基本原则。在兼得模式下，受害雇员获得的工伤保险给付和侵权损害赔偿的总和可能会超过其所受的实际损害，即获得超额赔偿或补偿，受害雇员因此而增加额外收益，与“受害人不应因遭受侵害获得意外收益”这一公认的基本准则相违背。尽管使受害雇员获得意外收益要比使雇主逃避侵权法责任好，但它与国际惯例和传统观念相抵触，因而，该模式仅在极少数国家推行，大多数国家的立法和司法实践原则上不允许受害雇员获得以上双重利益。

（四）补充模式

补充模式系指发生工伤事故以后，受害雇员可同时主张侵权行为损害赔偿和工伤保险给付，但其最终所获得的赔偿或补偿，不得超过其实际遭受之损害。一般而言，接受赔偿按以下程序进行：工伤事故发生后，受害雇员首先受领工伤保险给付，然后依侵权行为法规定主张侵权行为损害赔偿，但应当扣除其已领得的工伤保险补偿。换言之，受害雇员接受工伤保险给付之后，有权就侵权行为法上的救济与工伤保险赔偿的差额部分，提起侵权行为之诉。目前，采用这一模式的国家有日本、智利及北欧等国。

有人评价，补充模式是工伤赔偿的现代规则，已经为众多国家的立法和理论所接受。建立补充模式的目的在于一方面避免受害人获得双份利益，减轻雇主的工伤负担，节约有限的社会资源；另一方面又可以保证受害人获得完全的赔偿，维持相关法律制度的惩戒和预防功能。它是现代侵权责任制度与工伤保险制度长期磨合的产物，相对前述三种模式逻辑更为严密，也更符合社会公平正义的观念。

四、我国现行工伤赔偿模式

我国虽然自1951年起就建立了工伤保险制度，但适用范围一直十分狭窄，实施对象仅限于国有企业和集体企业的职工。1969年以后，因保险资金落实不了，工伤保险制度实际上变成了企业自行负担的工伤赔偿制度。改革开放以后，工伤保险制度虽然得到恢复，但我国的现状是一部分职工纳入了工伤保险实施范围内，其遭遇工伤或患职业病后，可获得工伤保险待遇；另一部分未纳入工伤保险的职工遭遇工伤后，只能请求用人单位参照有关标准给予赔偿或通过民事诉讼进行索赔。比如，《最高人民法院关于雇工合同应当严格执行劳动保护法规问题的批复》就是将工伤事故认定为侵权行为，实践中也据此判决了大量的案件。而1996年劳动部颁布的《企业职工工伤保险试行办法》则规定，我国境内的企业必须按照该办法建立工伤保险制度，职工发生工伤或者患职业病以后，依照该办法实行工伤保险赔偿。根据该办法第二十八条的规定，实践中有不少同志认为我国的工伤保险赔偿与民事损害赔偿是选择模式，即工伤保险赔偿和民事损害赔偿不能兼容，只能二者取其一。但是，由于《企业职工工伤保险试行办法》只是一个部门规章，效力层次较低，与此同时，一些地方立法则有与该办法规定不一致的情况。比如，广东省的规定是补充模式，而深圳市的规定是兼得模式。

不仅如此，2002年颁布的《中华人民共和国安全生产法》（以下简称《安全生产法》）和《中华人民共和国职业病防治法》（以下简称《职业病防治法》）又作出了与《企业职工工伤保险试行办法》不同的规定。《安全生产法》（2021年6月10日修正）第五十六条第二款规定："因生产安全事故受到损害的从业人员，除依法享有工伤社会保险外，依照有关民事法律尚有获得赔偿的权利的，有权提出赔偿要求。"《职业病防治法》（2018年12月29日修正）第五十八条规定："职业病病人除依法享有工伤保险外，依照有关民事法律，尚有获得赔偿的权利的，有权向用人单位提出赔偿要求。"对上述两法相关规定的理解有两种分歧意见：一种观点认为，发生生产安全事故或者职工患职业病以后，劳动者首先依照劳动合同和工伤社会保险合同的约定，享有相应的赔付金。如果工伤保险金不足以补偿受害人的人身损害及经济损失的，依照有关民事法律应当给予赔偿的，劳动者或其近亲属有要求生产经营单位给付赔偿的权利。另一种观点认为，工伤社会保险和民事赔偿不能互相取代，劳动者可以享受双重的保障。可见，两种观点对工伤保险与民事侵权赔偿之间关系的理解分别是上述补充模式和兼得模式。应当看到，不管采取补充模式还是兼得模式，与我国长期以来形成的工伤职工在保险给付以外几乎没有获得民事赔偿的状况相比较，都要进步很多，表明《安全生产法》和《职业病防治法》对这一问题的处理确实迈出了一大步。但是，由于这一问题涉及工伤职工和用人单位的巨大利益，实践中的争议似乎刚刚开始。

一般认为，我国民事侵权行为法的发展和工伤保险立法的滞后使工伤保险与工伤民事赔偿的数额差距逐渐增大。尤其是2001年3月10日最高人民法院颁布实施的《精神损害赔偿解释》，使人身伤害的受害人能够获得更多的损害赔偿。这样就出现了同样的工伤事故，没有参加工伤保险的职工反而比参加了工伤保险的职工可以获得更多赔偿的情形，特别是最近几年的案例显示，未参加工伤保险的工伤职工通过民事诉讼获得远远高于工伤保险赔偿的巨额侵权损害赔偿，相差2~3倍，造成已参加工伤保险和未参加工伤保险的职工在获得救济上的巨大差距，引起社会不公。实践中，已经开始出现在工伤补偿外提起精神损害赔偿的类似案例。有人预计，随着我国工伤社会保险全面实施和侵权损害赔偿制度的进一步完善，于工伤保险给付之外请求侵权损害赔偿的工伤案件将会出现并逐渐增多，解决工伤保险与工伤侵权赔偿的适用关系已成为当务之急。

五、本条解释在征求意见过程中的反馈意见

本条解释在原网上征求意见稿第十三条的表述是："因侵权行为遭受人身损害，经劳动行政部门确认为工伤，如果侵权人是用人单位或者受雇于同一用人单位的其他劳动者的，受害人应当申请工伤保险赔偿；受害人请求民事损害赔偿的，人民法院不予受理。前款情形，侵权人是用人单位以外的第三人的，应当由该第三人承担侵权损害赔偿责任；侵权损害赔偿低于工伤保险赔偿的，其差额部分由工伤保险赔偿予以补足。工伤保险机构先行支付工伤保险赔偿的，在赔偿金额范围内对实施侵权行为的第三人享有代位求偿权，但以不超过民事损害赔偿额为限。"该解释的本意是采用"取代模式"和"清偿代位"学说，但招致了颇多批评。

第一种意见认为：工伤保险赔偿不能代替侵权损害赔偿，以工

伤保险赔偿为借口剥夺职工要求侵权损害赔偿的诉权，是对职工权益的侵犯。工伤保险赔偿与侵权损害赔偿的正当关系是：属于侵权的，职工有权要求用人单位进行侵权损害赔偿，履行完侵权损害赔偿责任后，用人单位再向工伤保险机构要求工伤保险赔偿，工伤保险赔偿金归投保单位所有。如果剥夺职工要求侵权损害赔偿的诉权，继续允许以工伤保险赔偿代替侵权损害赔偿弊端的存在，发生侵权行为时，势必造成一种明显不公的情况：参加工伤保险单位的职工得到的赔偿额（来自工伤保险赔偿）大大低于未参加工伤保险单位的职工得到的赔偿额（来自侵权损害赔偿）。因此，建议本解释不要剥夺职工要求侵权损害赔偿的诉权，最好是给予职工要求侵权损害赔偿的诉权，如果不能给予职工要求侵权损害赔偿的诉权，请将此问题回避，让时间来解决，让执法实践来解决。总之，法院不能给参加工伤保险单位的职工帮倒忙。

第二种意见认为：第十三条规定不符合中国的国情。当前，我国的社会保障制度尚不健全，有很多私营企业单位并没有给职工办理工伤保险，如果发生工伤纠纷，法院又不受理的话，受害人的权利则无法得到保障。再有，本条中的“受雇”一词似乎不能包含有些非雇佣制的用人情况。

第三种意见认为：（1）征求意见稿第十三条与第三十七条自相矛盾。第三十七条规定：“法律、行政法规对具体侵权行为类型的损害赔偿有专门规定的，依照其规定。”据此，发生工伤事故（包括职业病），就应依照《安全生产法》和《职业病防治法》处理。《安全生产法》第五十六条和《职业病防治法》第五十八条都规定：因生产安全事故受到损害的从业人员（包括患职业病），除依法享有工伤保险外，依照有关民事法律尚有获得赔偿的权利的，有权向用人单位提出赔偿要求。但征求意见稿第十三条却只许受害人申请工伤保险赔偿，不准受害人请求民事侵权损害赔偿，不但与全国人大的立法相违背，也造成适用法律上的混乱。（2）第十三条规定侵权人“内外有别”的赔偿。如果侵权人是用人单位或者受雇于同一用人单位的其他劳动者，受害人应当申请工伤保险，不得请求侵权损害赔偿。侵权人是用人单位以外的第三人，应当由该第三人承担侵权损害赔偿责任。这显然对受害人极不公正，同样受到侵权损害，同一单位的却不能依法请求侵权损害赔偿，违背了《宪法》赋予公民的法律面前人人平等的原则，违反了《民法典》的相关规定，是对公民人身权利的剥夺与侵犯。“内外有别”的赔偿早已被劳动部否定，1997年6月6日劳动部办公厅《对〈关于工伤确认等问题的请示〉的复函》中规定，除道路交通事故外，职工工伤涉及其他民事伤害赔偿的，例如，《企业职工工伤保险试行办法》第八条第五项所规定的“因履行职责遭致人身伤害的”情形，其民事损害赔偿和工伤保险待遇的处理问题，也应参照《企业职工工伤保险试行办法》第二十八条的规定办理（即先民事损害赔偿后享受工伤保险）。这里的民事赔偿并没有规定“内外有别”。

第四种意见认为：第二款应当规定当事人可以选择工伤赔偿或者民事诉讼。因为实际案例中由于第三人逃逸或无支付能力，经常使受害人无法获得及时、有效的补偿。因此，建议该条款补充规定工伤保险机构或用人单位对第三人的侵权责任有先行给付的义务，受害人可选择侵权人或支付工伤保险的义务人作为被告，如选择后者作被告时，法院应追加侵权人为第三人，并在判决书中明确各自的赔偿范围以及先行给付后的追偿权。

第五种意见认为：第二款不切实际，“清偿代位”没有依据。一是现实情况就是工伤保险赔偿不可能超过民事赔偿，故规定“侵权损害赔偿低于工伤保险赔偿的，……”，缺乏事实来源。二是“代位权”必须有立法根据，工伤保险机构只与受害人的单位有保险合同关系，受害人获偿只是基于保险合同的受益人地位，受害人对第三人侵权有独立的赔偿请求权，是基于侵权关系，而保险机构的清偿代位没有任何依据。

根据广大读者和社会各界的意见，本条内容最后作了重大修改。

六、适用本条应注意的问题

1. 在工伤保险赔偿和民事损害赔偿如何协调的问题上，没有采纳“择一选择”的模式。而是区分侵权类型分别采取了“取代模式”和“兼得模式”。具体而言，在用人单位作为侵权人时，采取工伤保险取代侵权损害赔偿的模式。受害人主张用人单位承担侵权损害赔偿责任的，人民法院不予受理，并告知其按照《工伤保险条例》的规定处理。当第三人是侵权人时，采取“兼得模式”，受害人既有权向侵权人主张侵权损害赔偿责任，也有权按照《工伤保险条例》的规定申请工伤保险。

2. 本条第一款采取“取代模式”的主要原因是减轻用人单位的负担。因为按照我国《社会保险法》第三十三条的规定，工伤保险由用人单位缴纳，职工不缴纳工伤保险费。既然用人单位已经缴纳了保险费用，如果再让其承担民事赔偿责任，将导致过于加重用人单位的负担，也降低了用人单位缴纳工伤保险的积极性。但是，需要注意的是，本条第一款是基于我国国情作出的政策性规定，致力于解决工伤保险赔偿和民事赔偿的关系。其政策目的在于避免用人单位同时承担工伤保险责任和民事赔偿责任。但本条并非请求权消灭规范，不能以本条第一款为由，认为受害人不再享有侵权损害赔偿请求权。当用人单位的民事赔偿责任并非由其自身实际承担时（例如，可以由保险公司代为赔偿时），受害人同时主张工伤保险责任和民事赔偿责任，并未加重用人单位的实际负担，不仅未违反本条第一款的规范目的，而且更有利于保护受害人的权益，应当予以支持。

3. 对因工伤事故遭受人身损害，劳动者或者其近亲属向人民法院起诉请求用人单位承担民事损害赔偿责任的，告知其按《工伤保险条例》的规定处理，体现法院的人文关怀和司法亲民的思想，具体的告知内容，人民法院应根据《工伤保险条例》的规定予以指引。

4. 鉴于有关部门和学者对于工伤保险赔偿和民事赔偿的协调机制尚有分歧意见，一时难以统一，而工伤保险赔偿纠纷又属于劳动争议案件，故在本解释中暂时不作规定，留待日后再作解释。

5. 本条第二款肯定了受害人（赔偿权利人）对于侵权第三人有独立的赔偿请求权，未再规定保险机构的代位求偿权。用人单位以外的第三人侵权损害，最典型的就是交通事故，基于相关法律规定，人民法院应当支持当事人合法的诉讼请求。当然，因第三人侵权赔偿与工伤赔偿机制目前在法律上是并行不悖的，故从学理上理解，受害人有可能得到双重赔偿。因人身损害不能简单比照财产损失，基于人的伦理价值，人身损害赔偿并不受“填平原则”的限制，受害人即使得到双重赔偿也不能认为适用法律错误。

6. 本条使用了“劳动者”“用人单位”“近亲属”“赔偿权利人”等概念，应按照《劳动法》及本解释第一条所使用的相关概念理解。

【案例】

陈某诉某公司、某保险公司交通事故责任纠纷案

一、裁判要旨

用人单位投保了交强险和商业第三者责任险的车辆与劳动者发生交通事故构成工亡，受害人近亲属申请工伤保险赔偿后，要求保险公司承担人身损害赔偿的保险责任，保险公司以受害人已获得工伤保险赔偿为由主张免责的，人民法院不予支持。

二、案情

2017年3月19日17时许，许某驾驶车牌号为苏JX85××的大型普通客车（该车向保险公司投保了交强险和100万元限额的商业第三者责任险）由南向北行驶至东台市廉广线11KM+22M路段时，与同向行驶驾驶电动自行车的曹某剐擦，致曹某倒地被苏JX85××号大型普通客车右后轮挤压。曹某受伤后经医院抢救无效于2017年4月10日死亡。事故发生后，茉织华公司已向受害方垫付45万余元。本起交通事故发生时，许某驾驶上述客车系履行茉织华公司的职务行为，曹某亦为茉织华公司职工，在从茉织华公司下班的途中发生本起事故。曹某儿子陈某于2017年11月21日以茉织华公司为用人单位向东台市人力资源和社会保障局申请对曹某的工伤进行认定，该局于2017年12月29日作出东人社工认字〔2017〕第1052号认定工伤决定书，认定曹某于2017年3月19日17时左右，驾驶电动自行车从公司下班回家途中受到交通事故伤害，符合《工伤保险条例》第十四条第六项认定工伤的情形，现予以认定为工伤。后

陈某向东台市劳动人事争议仲裁委员会就工伤保险待遇问题申请仲裁。该仲裁委员会于2019年3月15日作出东劳人仲案字〔2019〕第48号仲裁裁决书，裁决苿织华公司一次性给付申请人丧葬补助金28422元、一次性工亡补助金672320元、交通费500元，合计701242元。后陈某等以机动车交通事故为由提起诉讼，要求苿织华公司和保险公司赔偿各项费用共计995717.72元。保险公司以该事故系工伤，陈某等已取得工伤保险赔偿为由，主张不承担保险责任。

三、法院裁判

从《人身损害赔偿解释》第三条的规范目的分析，法律如何处理人身损害赔偿请求权和工伤保险待遇请求权的关系，取决于立法者采取何种法政策。从比较法来看，世界各国在该问题上主要存在“择一选择模式”“取代模式”“兼得模式”“补充模式”四种模式。其中，“取代模式”和“补充模式”是主流模式。《人身损害赔偿解释》第三条规定：“依法应当参加工伤保险统筹的用人单位的劳动者，因工伤事故遭受人身损害，劳动者或者其近亲属向人民法院起诉请求用人单位承担民事赔偿责任的，告知其按《工伤保险条例》的规定处理。”从该规定不难看出，除法律另有规定外，我国选择的是“取代模式”，即以工伤保险取代侵权赔偿。劳动者遭受工伤事故后，一般只能请求工伤保险给付，而不能依《民法典》侵权责任编的规定向用人单位请求损害赔偿。然而，任何一种法政策必然有其特定的规范目的，包含特殊的制度利益。对法政策规范目的的探求和对制度利益的考察是准确理解和处理该类纠纷的关键。采取“取代模式”的优点在于，“取代模式”有利于减轻用人单位责任、节约社会资源、和谐劳资关系、维护社会稳定。可见，《人身损害赔偿解释》第三条规定的主要目的在于避免用人单位因侵权行为（实际）承担损害赔偿责任。对用人单位的责任限制是该规定的核心制度利益。同时，每一种特定的法律制度都存在相应的合理边界，对保险公司的责任限制（免除）并不属于该规定保护的利益范围。该规定只强调用人单位免于实际支付相应的赔偿款，但无论是通过文义解释还是目的解释，均不能得出该规定意味着受害人的损害赔偿请求权已经消灭的结论，受害人有权依据有关法律规定主张人身损害赔偿。既然由保险公司承担损害赔偿责任与《人身损害赔偿解释》第三条的规定并不冲突，则保险公司以该规定为由主张免责不能成立。故判令保险公司赔偿陈某等各项费用共计 587866.76 元。

第四条 无偿提供劳务的帮工人，在从事帮工活动中致人损害的，被帮工人应当承担赔偿责任。被帮工人承担赔偿责任后向有故意或者重大过失的帮工人追偿的，人民法院应予支持。被帮工人明确拒绝帮工的，不承担赔偿责任。

【条文主旨】

本条是关于帮工人在帮工过程中致人损害应如何承担民事责任的规定。

本条包含三层意思：第一，一般情况而言，帮工人在帮工活动中致人损害的，由被帮工人承担赔偿责任。这主要是考虑帮工人是为被帮工人无偿提供劳务的人，帮工人是不取报酬的，被帮工人是受益人，帮工活动的结果是被帮工人获得利益。据此，帮工人在帮工活动中致人损害的，原则上应当由被帮工人承担赔偿责任。第二，帮工人存在故意或重大过失的，被帮工人有权向帮工人追偿。被帮工人在帮工活动中的受益是有限的，不能要求被帮工人对帮工人的所有侵权行为都承担赔偿责任，如帮工人自身对侵权行为存在故意或重大过失的，最终的责任应由其自身承担。第三，被帮工人明确拒绝帮工的，不承担责任。一般情况而言，帮工人是应被帮工人的请求参加帮工活动，或虽然被帮工人没有邀请帮工人参加帮工活动，但帮工人基于中华民族的善良风俗，主动帮忙的，被帮工人接受，只要被帮工人没有明确拒绝的，适用本条第一层意思。只有被帮工人明确拒绝帮工的，帮工人仍坚持参加帮工活动，被帮工人才不承担责任。

【理解与适用】

相较于原规定，本解释第四条的规定主要有三处修改：第一，规范文字表述，将“为他人无偿提供劳务的帮工人”修改为“无偿提供劳务的帮工人”。第二，增加规定被帮工人承担赔偿责任后依法享有追偿权。第三，删除了帮工人和被帮工人承担连带责任的规定。第二处和第三处修改是实质性修改。

一、关于帮工人与被帮工人称谓的问题

在本解释制定过程中，曾出现过义工和义工使用人的称谓，义工与帮工人对应，义工使用人与被帮工人对应。一般认为，义工是指自愿无偿为他人提供劳务的人员。依法应当为他人提供劳务的人以及受用人单位指派从事无偿劳动的情况除外。义工是一个特定的概念，既包括自愿的义工也包括不自愿的义工，像刑法中对行为人所犯轻罪可以在一定条件下回归社会做义工，以社区改造的方式教育感化罪犯，社区矫正是一种刑罚执行方法，与本解释中的帮工有本质区别。本解释调整的是无偿自愿提供劳务的自愿帮工活动，主要是指民间存在的助人为乐的义务帮工活动，而不是其他的已有相关法律规范调整的义工活动。据此，本条规定的相关主体称谓明确为帮工人、被帮工人。

二、被帮工人承担赔偿责任的理论基础

侵权责任形态解决侵权责任在不同的当事人之间分配的问题。在侵权责任形态体系中，根据侵权行为实施主体与责任承担主体是否具有同一性为划分标准，可以将侵权责任分为直接责任和替代责任。直接责任就是行为人对自己实施的行为所造成的损害自己承担

侵权责任的侵权责任形态；替代责任是责任人为他人实施的行为所导致的损害承担侵权责任的侵权责任形态。替代责任这一概念源于普通法，普通法上的替代责任具有以下特征：第一，替代责任的责任人与行为人并非同一，也即责任人之所以承担替代责任并不是因为其自身具有过错，而是因为其与侵权行为人之间存在着法律上的特定关系；第二，替代责任的承担并不考虑责任人在主观上是否有过错，而是考虑其与行为人之间是否存在法律所规定的特定关系；第三，替代责任的适用范围具有法律上的明确限制。一般只有在行为人与责任人之间具有法律所规定的特定关系（如雇佣关系、代理关系等）的场合，才会发生替代责任的问题。[①] 替代责任原理和规则基本上形成于18世纪，其反映了这一时期正在发展的工业化和正在进行的政治变革。[②] 雇主责任是一种典型的替代责任。与雇员相比，雇主的经济实力、赔偿能力都明显更有优势，雇主承担赔偿责任能够更加迅速地实现对受害人的救济，同时也能激励雇主加强管理，避免风险发生。因此，替代责任体现了保护受害人的价值取向。随着时代的发展和社会的变革，传统的替代责任理论已不能满足现代化生产的需要，为适应现实需要，20世纪中后期以来，在替代责任的基础上又发展出了英美法上的企业责任理论和德国法上的组织过错理论。企业责任理论与替代责任理论的显著不同在于，在替代责任中，原告（受害人）要证明雇员的行为存在过错，而企业责任理论不要求原告（受害人）证明企业具有过错，因此其责任构成更加简单，受害人据此能够更加便捷地请求企业承担赔偿责任。企业责

---

① 参见郑晓剑：《揭开雇主“替代责任”的面纱——兼论〈侵权责任法〉第34条之解释论基础》，载《比较法研究》2014年第2期。

② Jason W.Neyers，Erika Chamberlain & Stephen G.A.Pitel，Emerging Issues in Tort Law 427（Hart Publishing 2007）.

任理论目前在普通法国家主要适用于产品责任领域和医疗损害赔偿领域，而尚未在所有雇佣关系领域（或劳动关系领域）全面推行。[①]组织过错理论是指企业经营者对企业的监管、安排，通常需要达到能够保证企业处于井然有序的运行状态，如其监管、安排未达到这种程度和要求，就推定其存在组织缺陷，企业经营者就需要为其过失监管行为所产生的损害承担赔偿责任。[②]组织过错理论中的归责原则是过错推定责任，只要受害人能够证明损害发生在企业活动的范围内，就可以推定企业违反了组织义务从而认定企业应当承担赔偿责任。从替代责任理论的发展情况看，替代责任往往与侵权责任的归责原则密不可分。因此，替代责任的核心和关键问题就是责任人承担责任是否以过错为要件。[③]从比较法上看，各国对于替代责任的归责原则存在不同的设计，有些规定为过错推定责任，有些规定为严格责任；就我国《侵权责任法》[④]的立法情况来看，对替代责任采取的是严格责任的立场。[⑤]《民法典》编纂过程中，立法机关认为，我国对用人单位采取的是无过错责任，只要工作人员实施了侵权行为造成他人损害，用人单位就要首先承担赔偿责任。用人单位不能通过证明自己在选任或者监督方面尽到了相应的义务来免除自己的责任。[⑥]由此可见，《民法典》延续了《侵权责任法》中关于替代责任系无过错责任的精神。

---

① 参见郑晓剑：《揭开雇主“替代责任”的面纱——兼论〈侵权责任法〉第34条之解释论基础》，载《比较法研究》2014年第2期。

② Hein K tz & Gerhard Wagner，Deliktsrecht，11.Aufl.，2010，S.119.

③ 参见李永军：《中国民法典争鸣（李永军卷）》，厦门大学出版社2017年版，第274页。

④ 《中华人民共和国侵权责任法》已于2021年1月1日废止。

⑤ 参见王利明、周友军、高圣平：《中国侵权责任法教程》，人民法院出版社2010年版，第31页。

⑥ 参见黄薇主编：《中华人民共和国民法典释义及适用指南（下）》，中国民主法制出版社2020年版，第1817页。

为搞清义务帮工侵权责任的性质，需要将义务帮工责任与用人单位责任作一个比较。《民法典》第一千一百九十一条第一款规定了用人单位责任，第一千一百九十二条规定了个人之间提供劳务造成损害的赔偿责任。立法机关认为，上述责任在理论上被称为替代责任。[①]根据上述法律规定，由用人单位或者接受劳务一方承担侵权责任，这是因为用人单位的工作人员或者提供劳务一方按照用人单位或者接受劳务一方的意志实施行为，受用人单位或者接受劳务一方意志的支配和制约，用人单位或者接受劳务一方从中获取一定利益，因此用人单位的工作人员或提供劳务一方因工作产生的风险，应由用人单位或接受劳务一方承担。义务帮工责任中，一般情况下，帮工人也是按照被帮工人的意志实施一定行为，被帮工人是受益人。与用人单位责任或接受劳务一方的赔偿责任相比，义务帮工活动是无偿的，因此，在确定帮工活动中的侵权责任承担时，应当充分考虑我国的经济发展条件、民族文化传统以及司法实践的实际情况，应尽可能平衡各方当事人利益。根据上述原则，本解释作出了符合现行法和侵权法法理并适合我国国情的规定，即义务帮工人在帮工活动中致人损害的，由被帮工人承担侵权赔偿责任，这与《民法典》第一千一百九十一条、第一千一百九十二条的规定精神一致。

三、被帮工人的赔偿范围

一种观点认为：被帮工人接受帮工后所受利益是有限的，如帮工人致人损害造成严重后果，全部由被帮工人承担责任似不公平，被帮工人只能在受益范围内承担侵权赔偿责任，而不应承担全责。另一种观点认为：帮工是无偿的，被帮工人无偿使用他人劳动并获

---

① 参见黄薇主编：《中华人民共和国民法典释义及适用指南（下）》，中国民主法制出版社 2020 年版，第 1816 页。

得利益，帮工人在帮工活动中致人损害，应由被帮工人承担全责。本条确立的基本原则为替代责任，即由被帮工人对侵权后果承担赔偿责任，未确定被帮工人只在受益范围内承担有限责任的原则，主要考虑的是首先应当保护的是受害人的利益，然后再解决侵权责任人的内部关系，本条在充分保护受害人权益的同时，通过设置追偿权的方式合理划分内部（帮工人与被帮工人）的责任分担。

四、被帮工人的追偿权

追偿权的问题，主要解决数个侵权人之间的内部责任分配。替代责任中，用人单位或者接受劳务一方在承担赔偿责任后，是否享有追偿权的问题是一个争议较大的问题。罗马法中，替代责任最早的形态是罗马法的准私犯规则。在罗马法中，马厩的主人要为其雇工造成的损害承担赔偿责任，家父要对家子造成他人的损害承担赔偿责任。[①] 罗马法的准私犯不享有追偿权。近代的替代责任与罗马法不同，雇主承担了替代责任后，对造成损害有过错的雇员享有追偿权。[②] 关于追偿权的问题，《侵权责任法》第三十四条、第三十五条没有作出规定，《民法典》第一千一百九十一条、第一千一百九十二条增加规定了用人单位以及接受劳务一方的追偿权，即用人单位或者接受劳务一方承担侵权责任后，可以向有故意或者重大过失的工作人员追偿。是否规定追偿权，在侵权责任法立法过程中一直存在很大争议，当时研究认为，在侵权责任法中规定追偿权是一把“双刃剑”。虽然后来《侵权责任法》对追偿权没有作出规定，但是不影响用人单位依照法律规定，或者根据双方的约定来行使追偿权。《民

① 参见彼得罗·彭梵得：《罗马法教科书》（2017 年校订版），黄风译，中国政法大学出版社 2017 年版，第 115 页。

② 参见杨立新：《侵权责任追偿权的“背锅”理论及法律关系展开——对〈民法典〉规定的侵权责任追偿权规则的整理》，载《求是学刊》2021 年第 1 期。

法典》侵权责任编编纂过程中，有不少意见提出，建议增加规定用人单位的追偿权。因为根据诚信原则，劳动者对用人单位负有忠实和勤勉义务，当劳动者未尽到基本的注意义务造成用人单位损害的，应当承担适当的责任。[①]《民法典》侵权责任编最终采纳了规定追偿权的意见。

由于《民法典》第一千一百九十一条、第一千一百九十二条规定采无过错责任立场，即对承担责任主体是否具有过错在所不问，因此，设置追偿权能够让有过错的行为人最终承担损害赔偿责任，符合侵权责任法的法理。同时，在内部关系的认定上，以行为人有故意或者重大过失为判断追偿权能否获得支持的标准，能够合理强化工作人员或者提供劳务一方的注意和防范义务，以及在内部双方当事人之间公平分配责任。被帮工人责任与用人单位责任及个人之间劳务损害赔偿责任的性质均为替代责任，因此，被帮工人承担赔偿责任后，亦有权向有故意或者重大过失的帮工人追偿。当然，追偿权作为一种权利，被帮工人可以行使，也可以放弃。

需要说明的是，根据《民法典》第一百七十八条第三款的规定，连带责任必须由法律规定或者当事人明确约定。旧的司法解释规定帮工人存在故意或者重大过失的，帮工人和被帮工人承担连带责任，失去了法律依据。为了与《民法典》第一百七十八条第三款、第一千一百九十一条、第一千一百九十二条规定的精神保持一致，本次司法解释修改过程中删除了关于帮工人和被帮工人承担连带责任的规定，增加了被帮工人追偿权的规定。

五、被帮工人不承担责任的情形

替代责任的理论基础包括利益归属理论，即义务帮工人是为被

---

① 参见黄薇主编：《中华人民共和国民法典释义及适用指南（下）》，中国民主法制出版社 2020 年版，第 1816 页。

帮工人创造利益，如果被帮工人明确拒绝帮工，再让其承担适用无过错责任的侵权赔偿责任，就意味着若使被帮工人在任何情况下均对帮工人的侵权行为承担侵权赔偿责任，不仅有失公平，而且缺乏理论根基。因此，本解释明确，被帮工人明确拒绝帮工的，不承担赔偿责任。

值得讨论的是，被帮工人明确拒绝帮工人的帮工请求后，帮工人仍实际从事了帮工活动，是否构成无因管理?《民法典》第九百七十九条规定:“管理人没有法定的或者约定的义务，为避免他人利益受损失而管理他人事务的，可以请求受益人偿还因管理事务而支出的必要费用；管理人因管理事务受到损失的，可以请求受益人给予适当补偿。”依据上述法律规定，可以看出成立无因管理的前提是“为避免他人利益受损失进行管理和服务”。帮工与无因管理是两个性质不同的法律关系，帮工不能适用无因管理规定。

【案例】

王某英、黄某一与梁某冬、梁某会等生命权、健康权、身体权纠纷案

一、裁判要旨

帮工活动中，帮工人自愿、无偿提供帮工活动，其为被帮工人的利益而行为，应当由被帮工人对其活动造成的风险承担责任。

二、案情

王某英、黄某一起诉请求:（1）被帮工人梁某冬、梁某会给

付死亡赔偿金、丧葬费、交通费、精神损害抚慰金等各项损失共计1026498元;(2)负担本案诉讼费用。

一审法院认定事实:2019年4月12日13时许,梁某冬联系耿某银帮忙拖车,耿某银后驾驶报废蓝色货车在邳州市龙湖警务室东侧小新河南堰上,自西向东倒车。在倒车过程中,将乘坐电动轮椅在该堰自东向西行走的被害人黄某二撞倒碾压,致使被害人黄某二当场身亡。经邳州市公安局交巡警大队成因分析,耿某银的过错行为是造成事故的直接原因。

死者黄某二父母均已去世,王某英系其妻子,二人育有黄某一。2019年12月28日,王某英、黄某一和耿某银达成《刑事和解协议书》,约定耿某银因就其致黄某二死亡一事,一次性赔偿王某英、黄某一损失共计12万元,王某英、黄某一对耿某银行为表示谅解,不再向耿某银个人主张民事赔偿要求,保留就耿某银赔偿未尽部分向被帮工人追索全部赔偿款的权利。

三、法院裁判

一审法院认为:为他人无偿提供劳务的帮工人,在从事帮工活动中致人损害的,被帮工人应当承担赔偿责任。现有证据证明梁某冬、梁某会系被帮工人,应由梁某冬、梁某会承担赔偿责任。因梁某冬、梁某会并非直接侵权人,且耿某银已被刑事处罚,故王某英、黄某一主张的精神损害抚慰金,不予支持。对于本案涉及的损失,扣除耿某银已支付的12万元,余额976498元,由梁某冬、梁某会承担。

一审法院判决:一、梁某冬、梁某会于判决生效之日起10日内赔偿王某英、黄某一各项损失共计976498元;二、驳回王某英、黄某一的其他诉讼请求。

梁某冬、梁某会不服一审判决，提起上诉。

二审法院认为，关于本案责任如何认定问题。《人身损害赔偿解释》（2020 年修正）第四条规定："无偿提供劳务的帮工人，在从事帮工活动中致人损害的，被帮工人应当承担赔偿责任。被帮工人承担赔偿责任后向有故意或者重大过失的帮工人追偿的，人民法院应予支持。被帮工人明确拒绝帮工的，不承担赔偿责任。"本案中，梁某冬联系耿某银帮忙拖车，耿某银在帮忙拖车过程中致黄某二死亡，梁某冬、梁某会为合伙关系。一审法院综合双方当事人的陈述、涉案损害发生时客观情况认定梁某冬、梁某会为被帮工人，应依法承担赔偿责任符合本案事实和法律规定，并无不当。梁某冬、梁某会认为与耿某银双方之间不存在帮工关系，其不应承担责任的上诉理由，与查明的事实和法律规定不符，不予采信。

综上，上诉人梁某冬、梁某会的上诉请求不能成立，应予驳回；一审判决认定事实清楚，适用法律正确，应予维持。根据《民事诉讼法》第一百七十条[①]第一款第一项之规定，判决如下：驳回上诉，维持原判。

① 该法已于 2021 年修正，本条现已修改为第一百七十七条。

第五条 无偿提供劳务的帮工人因帮工活动遭受人身损害的，根据帮工人和被帮工人各自的过错承担相应的责任；被帮工人明确拒绝帮工的，被帮工人不承担赔偿责任，但可以在受益范围内予以适当补偿。

帮工人在帮工活动中因第三人的行为遭受人身损害的，有权请求第三人承担赔偿责任，也有权请求被帮工人予以适当补偿。被帮工人补偿后，可以向第三人追偿。

【条文主旨】

本条是关于帮工人因帮工活动受到损害的责任的规定。

本规定第一款规定了三层意思。第一层意思是帮工人在帮工活动中遭受人身损害的，由帮工人和被帮工人根据自身过错承担相应的责任。这种情况常常是指帮工人遭遇的人身伤害是在帮工活动中造成的，由于帮工人对被帮工人的隶属性较弱，自主性较强，根据帮工人与被帮工人的过错分担责任，对双方更为公允。第二层意思是被帮工人已经明确表示拒绝帮工人帮工，帮工人坚持帮工，这种情况下，帮工人在帮工活动中遭受人身伤害，被帮工人不承担赔偿责任。侵权赔偿责任原则上是过错责任，只有在法律有明确规定的情形下，才实行无过错责任原则。本条规定中，被帮工人已经明确拒绝了帮工人的帮工请求，帮工人在帮工活动中发生意外造成人身损害结果超出了被帮工人的主观意志，被帮工人在主观上不存在过错，不构成侵权行为，不应承担侵权损害的赔偿责任。第三层意思是虽然被帮工人对帮工人遭受的人身损害不承担侵权赔偿责任，但不等于说在帮工活动中帮工人受到的损害与其无关。由于帮工人参加帮工活动使被帮工人受益了，根据公平分担损失规则，被帮工人可以在受益范围内对帮工人予以补偿。

本规定第二款规定了两层意思。第一层意思是，帮工人在帮工活动中因第三人的行为遭受人身损害的，既可以请求侵权人承担侵权赔偿责任，也可以请求被帮工人予以适当补偿。受害人的人身损害由侵权人赔偿是天经地义的道理，毋庸赘述。此外，由于帮工人是义务为被帮工人提供劳务，被帮工人因帮工活动获益，如果不考虑公平分担损失规则，与中华民族的善良风俗相悖。据此，本条司法解释还规定帮工人在请求第三人承担侵权责任时，有权请求被帮工人予以适当补偿。第二层意思是，被帮工人给予适当补偿后，有权向第三人追偿。因为损害是由第三人造成，被帮工人并非侵权行为人，因此，被帮工人在给予适当补偿之后，亦有权向侵权行为人追偿。

【理解与适用】

一、修改的主要内容

为与《民法典》第一千一百九十二条规定精神保持一致，本规定共修改三处：一是将帮工人因帮工活动遭受人身损害的，由“被帮工人承担责任”修改为“根据帮工人和被帮工人各自的过错承担相应的责任”；二是帮工人在帮工活动中因第三人的行为遭受人身损害的，赋予帮工人向第三人请求赔偿或者请求被帮工人补偿的选择权；三是增加规定被帮工人补偿后有权向第三人追偿。

二、侵权法理论上的依据

特殊侵权行为在具体分类时，一般认为应当包括：（1）对人的替代赔偿责任，即国家机关及其工作人员职务侵权责任、法人的工作人员致害责任、雇佣人的侵权责任、法定代理人的侵权责任、定作人指示过失的致害责任；（2）物件致损的赔偿责任，即产品侵权责任、动物致害责任、地下工作物致害责任、建筑物及其他地上物致害责任；（3）危险行业致害侵权责任，即高度危险致害侵权责任、环境污染致害责任；（4）事故责任，即交通事故责任、医疗事故责任、工伤事故责任。从特殊侵权具体类型划分标准上看，《民法典》第一千一百九十一条、第一千一百九十二条规定的用人单位责任和接受劳务一方承担的侵权责任和本解释第四条规定的被帮工人责任应同属同一个类型。本规定第一款的帮工事故责任和《民法典》第一千一百九十二条规定的因提供劳务受到损害的责任同属一个类型。

（一）帮工事故责任与工伤事故责任的异同

根据《工伤保险条例》第二条第一款的规定，中华人民共和国境内的企业、事业单位、社会团体、民办非企业单位、基金会、律师事务所、会计师事务所等组织和有雇工的个体工商户应当依照本条例规定参加工伤保险，为本单位全部职工或者雇工缴纳工伤保险费。由此可见，工伤事故是指《工伤保险条例》规定的用人单位职工在工作时间、工作场所内，因工作原因遭受伤害，以及罹患职业病的意外事故。关于工伤事故责任的性质认识存在分歧，一种意见认为这是一种劳动保险关系，另一种意见认为这是侵权损害赔偿关系，还有的意见认为，这种事故责任兼具上述两种法律关系的特征，既可以适用劳动保险的法律，也可以适用侵权法。[①] 工伤事故责任与

① 参见杨立新：《侵权法论（下）》，人民法院出版社 2013 年版，第 789 页。

帮工事故责任二者的相同之处为：第一，发生损害赔偿的基础都是事故。事故造成人身伤害，给用人单位职工或者帮工人造成人身损害，进而由此产生了事故责任。第二，承担责任的结果都是损害赔偿。二者的不同之处为：第一，受害人与赔偿主体关系不同。帮工一般是指无偿自愿为他人提供劳务的人，帮工是无偿的，属无偿合同性质；工伤事故损害赔偿责任中受害人与责任人是劳动合同关系或者雇佣合同关系。第二，工伤事故责任与帮工事故责任适用的法律规范不同。工伤事故责任适用《工伤保险条例》，帮工事故责任适用侵权责任民事损害赔偿。第三，归责原则不同。从《工伤保险条例》的规定来看，用人单位的职工受到工伤损害，用人单位原则上承担的是无过错责任；义务帮工关系，不属于依法应当参加工伤保险统筹的情形，不适用《工伤保险条例》。义务帮工法律关系中，帮工人与被帮工人之间的关系较劳动关系中职工与用人单位的关系而言，隶属性较弱、自主性较强，因此适用无过错责任对被帮工人而言责任太重。本规定参照《民法典》第一千一百九十二条规定的精神，帮工人因义务帮工受到损害的，根据帮工人与被帮工人的过错分担责任，对双方更为公允。

（二）公平原则的适用

本条第一款规定："被帮工人明确拒绝帮工的，不承担赔偿责任，但可以在受益范围内予以适当补偿。"第二款规定："帮工人在帮工活动中因第三人的行为遭受人身损害的，有权请求第三人承担赔偿责任，也有权请求被帮工人予以适当补偿。"上述规定中，被帮工人向帮工人适当补偿适用的是公平原则。《民法典》第六条规定："民事主体从事民事活动，应当遵循公平原则，合理确定各方的权利和义务。"上述现行法规定是制定本规定的法源。大陆法系的侵权法立法例中也有类似规定。比如，《瑞士债务法》第 43 条和第 44

条规定："在确定赔偿的性质和范围时，法官必须考虑案件的情节以及加害人的过错程度；债务人造成损害，既非故意也非过失，如果由于支付金钱赔偿将使债务人陷入困境，则法官可以减轻赔偿责任。"《德国民法典》第829条规定："【出于合理原因的赔偿义务】（专指未成年人）受害人在不能向有监督义务的第三人请求赔偿损害时，仍应赔偿损害，但可以按照情形，特别是按照当事人之间的关系，合理要求损害赔偿，而不剥夺其为维持适当生计或履行其法定扶养义务所必需的资金为限。"此外，其他一些国家的侵权法立法例中对公平原则也有体现。公平原则出现在侵权责任法的司法解释中，它的性质如何呢？一种观点认为公平原则属于归责原则，另一种观点认为公平原则是侵权赔偿原则。对于公平责任原则究竟是不是一个归责原则，是有争议的。有学者主张其是一种归责原则，也有很多学者不认同。从实际情况考察，公平责任原则只是调整当事人对造成损害都没有过错时的损失分担问题，并不是一个适用范围较为宽泛的归责原则。在起草《民法典》的时候，这个争议也一直存在。立法机关认为，《民法典》保留了公平分担的规定，但将《民法通则》规定的"分担民事责任"修改为"分担损失"。该修改主要基于理论和实践两方面的考虑：从理论层面上，无过错即无责任是承担侵权责任的基本原则，既然双方当事人对损害的发生都没有过错，就不应该承担责任，而只能是分担损失。由此可见，《民法典》没有将公平分担损失规定为一项侵权责任的归责原则。[①]

本条规定中，被帮工人已经明确拒绝帮工人帮工，在主观上无过错，理应不承担侵权的损害赔偿责任。本解释第四条规定"被帮工人明确拒绝帮工的，不承担赔偿责任"，即是此理。但是，帮工人

---

① 参见黄薇主编：《中华人民共和国民法典释义及实用指南（下）》，中国民主法制出版社2020年版，第1808页。

为被帮工人的利益，在从事帮工活动中遭受人身损害，如果没有人管，不利于弘扬助人为乐的良好风气，况且，即使被帮工人已经拒绝其帮工请求，帮工人仍然参加帮工活动客观上使得被帮工人获得利益。这种情况下，帮工人因义务帮工受到损害，由被帮工人在其受益范围内给予适当的补偿，符合公平原则，也有利于弘扬社会主义核心价值观。

在第三人对帮工人实施了侵权行为时，因为损害是由第三人造成的，因此第三人应当承担侵权责任。由于被帮工人并非行为人，况且义务帮工关系中一般不购买工伤保险，因此原规定被帮工人为补偿责任而非赔偿责任，与《民法典》第一千一百九十二条第二款规定的精神一致，只是原规定在被帮工人不享有追偿权的情况下，设置了被帮工人给予补偿的前提条件，即实施侵权行为的第三人不能确定或者没有赔偿能力，目的是公平分担责任，平衡各方利益。《民法典》第一千一百九十二条第二款规定了接受劳务一方向第三人的追偿权，从体系解释上考虑，被帮工人在给予适当补偿之后，亦应享有追偿权。据此，在被帮工人享有追偿权的情况下，如果仍然按照原规定设置被帮工人补偿的前提条件，反而不利于受害人合法权益的保护。故本规定参照《民法典》第一千一百九十二条规定精神进行修改，赋予帮工人选择救济路径的权利，即其既可以向第三人请求侵权损害赔偿，也可以向被帮工人主张适当补偿。同时，明确被帮工人给予适当补偿后，有权向第三人追偿。

（三）第三人侵权赔偿的原则

帮工人在帮工活动中因第三人的行为遭受人身损害的，有权请求第三人承担赔偿责任。第三人承担的赔偿责任一般适用过错责任原则，或者依法适用过错推定、无过错责任原则。在适用过错责任原则的场合，一般侵权责任的特点是：第一，一般侵权行为实行普通的举证责任，即采取“谁主张，谁举证”原则，受害人必须就加害人的过错问题举证，否则不能获得赔偿，对过错既不能采取推定形式确定，也不能实行举证责任倒置。第二，由于一般侵权行为适用过错责任原则，因此，这种形式的侵权责任充分体现了民事责任的教育和预防作用，而不像特殊侵权行为责任那样对受害人损害单纯补偿。在本条“帮工人在帮工活动中因第三人的行为遭受人身损害”的情形中，第三人是指帮工人和被帮工人以外的第三人。第三人可能是一人，也可能是数人，可能是单一侵权行为，也可能是共同侵权行为；不论是哪一种形式的侵权行为，致害人是帮工法律关系以外的人，受害人是帮工人，是外部人实施侵权造成了内部人损害的侵权行为。人民法院在适用本条规定时，应当按照侵权责任的构成要件，依法认定侵权行为人承担何种侵权责任。

确定补偿数额的考虑因素。确定被帮工人补偿数额应当着重考虑如下因素：一是受害人的损害程度；二是被帮工人的经济状况；三是被帮工人的受益程度。同时，对这类案件的处理应当注重调解。因为帮工活动本身就是一种带有感情色彩的活动，现实生活中常常发生在亲朋好友之间，以过分刚性的判决方式审结此类案件社会效果未必好，而以调解这种较为柔和的方式结案，社会效果更好些。

【案例】

陈某春等与伟博公司义务帮工人受害责任纠纷案

一、裁判要旨

帮工人因帮工活动遭受人身损害的，被帮工人应当承担责任。

帮工人在帮工过程中对自身安全疏于防范，存在重大过失的，依法可减轻被帮工人的赔偿责任。

二、案情

陈某春、朱某巾、陈某一、陈某二起诉请求：（1）依法判决伟博公司赔偿陈某春、朱某巾、陈某一、陈某二经济损失1970057.25元（其中医疗费224452.25元，丧葬费29161元，死亡赔偿金1117248元，精神损害抚慰金5万元，被扶养人生活费549196元）；（2）诉讼费、保全费等由伟博公司负担。

一审查明：陈某荣生前系富龙公司法定代表人。2020年4月27日，富龙公司向伟博公司订购废电路板回收生产线设备一批，并签订了《设备买卖合同》。同年8月12日上午，伟博公司安排员工林某明至富龙公司租用的厂房车间负责烟囱设备安装，因人手不够，富龙公司的两个股东吴某、陈某荣帮忙安装。当日晚上9时许，在车间内用行车吊装烟囱与室内设备连接时，陈某荣站在近3米高的脚手架上，吊装的连接管突然脱落碰到脚手架后，导致陈某荣从脚手架上摔下来受伤，后陈某荣因该次事故死亡。陈某春、朱某巾、陈某一、陈某二系陈某荣第一顺序继承人。

另查明，案涉烟囱伟博公司未单独收取富龙公司的安装费用。

三、法院裁判

一审法院认为，公民的生命健康权受法律保护。陈某荣在安装烟囱连接管过程中摔落死亡，其第一顺序继承人有权就其死亡造成的损失向相关责任主体主张权利。

关于本案基础法律关系的界定。本案中，按照《设备买卖合同》的约定，设备的安装、调试应由伟博公司负责并承担费用。伟博公司虽从多方面考虑未单独收取富龙公司安装费用，但富龙公司向伟博公司购买的是整套废电路板回收生产线，烟囱也是整套设备不可或缺的一部分，烟囱的安装、调试也应视为伟博公司的合同义务。故在现场人手不够的情况下，陈某荣为烟囱设备的安装无偿提供劳务，上述情形符合义务帮工的构成要件。综上，应认定本案基础法律关系为义务帮工人受害责任纠纷，其中被帮工人为伟博公司。帮工人因帮工活动遭受人身损害的，被帮工人应当承担赔偿责任。据此，本案陈某荣在帮工过程中摔落死亡，作为被帮工人的伟博公司应承担赔偿责任。同时，陈某荣在帮工过程中对自身安全疏于防范，站在近3米多高的脚手架上不采取任何保护措施，存在重大过失，依法可减轻伟博公司的赔偿责任。综合本案具体情况，确定对陈某荣死亡的损失，由伟博公司承担40%的赔偿责任。

伟博公司不服一审判决，提起上诉。

二审法院认为，公民的生命健康权受法律保护。无偿提供劳务的帮工人因帮工活动遭受人身损害的，根据帮工人和被帮工人各自的过错承担相应的责任。伟博公司上诉称烟囱安装并非伟博公司的义务，但按照《设备买卖合同》的约定，设备的安装、调试应由伟博公司负责并承担费用。伟博公司所称的微信聊天记录仅系陈某荣向其询问烟囱安装事宜，不能证明双方就设备的安装另行达成协议由富龙公司安装。在现场人手不够的情况下，陈某荣为烟囱设备的安装无偿提供劳务，上述情形符合义务帮工的构成要件，故对伟博公司要求富龙公司承担工伤事故责任的上诉意见不予采纳。本案陈某荣在帮工过程中摔落死亡，作为被帮工人的伟博公司未能提供安全的施工环境，未能提醒陈某荣注意自身安全，其对陈某荣的死亡应承担赔偿责任。同时，陈某荣在帮工过程中对自身安全疏于防范，站在近3米高的脚手架上不采取任何保护措施，存在重大过失。一审综合本案具体情况，确定对陈某荣死亡的损失，由伟博公司承担40%的赔偿责任，并无不当。

综上，二审法院判决：驳回上诉，维持原判。

第六条 医疗费根据医疗机构出具的医药费、住院费等收款凭证，结合病历和诊断证明等相关证据确定。赔偿义务人对治疗的必要性和合理性有异议的，应当承担相应的举证责任。

医疗费的赔偿数额，按照一审法庭辩论终结前实际发生的数额确定。器官功能恢复训练所必要的康复费、适当的整容费以及其他后续治疗费，赔偿权利人可以待实际发生后另行起诉。但根据医疗证明或者鉴定结论确定必然发生的费用，可以与已经发生的医疗费一并予以赔偿。

【条文主旨】

本条是关于医疗费的赔偿原则、赔偿标准、赔偿数额的计算、举证责任规则等的规定。

赔偿原则是赔偿义务人赔偿受害人在遭受不法侵害时实际支出的医疗费，人民法院应当按照医疗机构出具的医药费、住院费等收款凭证并结合病历和诊断证明等相关证据确定医疗费的数额。采取“差额赔偿”的方法作为赔偿的标准，既包括已经支出的医疗费，还包括器官功能恢复训练所必需的康复费、适当的整容费以及将来可能发生的后续治疗费等。赔偿数额包括已经发生的费用，也包括将来发生的费用，采取“差额赔偿”与“定型化赔偿”的折中方案计算损失数额。已经发生的费用计算到一审法庭辩论终结前，将来发生的费用待实际发生后，由权利人另行起诉。举证责任实行一般举证原则，实行“谁主张，谁举证”原则，即赔偿义务人对治疗的必要性和合理性有异议的，应当承担相应的举证责任。

【理解与适用】

一、医疗费赔偿的原则

民事责任所具之功能，有预防之功能、复原之功能及惩罚之功能。三种功能中，以复原功能最有代表性。从本质上讲，强化侵权责任损害填补功能的立法思想是法律社会化的一种表现，即法律在特定领域规定将责任更多地分配给一方当事人承担，从而达到对另一方当事人（往往是弱势一方）的保护。① 从侵权的理论和实务看，人身损害赔偿与民事合同不同，民事合同讲究的是等价有偿，公平交易。损害赔偿与买东西不一样，侵权行为发生后，受害人受到了加害人的不法侵害，仅仅填充受害人遭受的财产损失是远远不够的，还应当体现出惩戒作用，进而达到维护社会整体利益的目标。

赔偿权利人受到不法侵害后，所遭受的损失包括物质损失和精神损失两部分。一般讲，物质损失的赔偿规则包括：全部赔偿、财产赔偿、损益相抵、过失相抵、衡平原则。全部赔偿就是赔偿以所造成的实际损害为限，损失多少，赔偿多少。财产赔偿是指无论是造成财产损害、人身损害，还是精神损害，均以财产赔偿作为唯一方法，不能以其他方法为之。损益相抵是指赔偿权利人基于发生损害的同一原因受有利益者，应由损害额内扣除利益，而由赔偿义务人就差额予以赔偿的确定赔偿责任范围的规则。过失相抵是指在损害赔偿之债中，由于混合过错的成立，而减轻加害人赔偿责任的规

① 参见曾世雄：《损害赔偿法原理》，中国政法大学出版社 2001 年版。

则。侵权行为的混合过错同时适用过失相抵原则。[①] 在对财产损失的分类上有一种分法，将损失分为积极损失和消极损失两部分。积极损失又称为所受损失，是指现有财产的减少或支出。医疗费属于积极损失。消极损失又称为所失利益，是指丧失本应获得的利益。在赔偿的标准上，有差额赔偿和定型化赔偿的区分。差额赔偿是指以受害人发生损害的前后费用增加或财产减少的算术差值作为赔偿依据的赔偿原则。定型化赔偿则不考虑具体受害人个人财产损失的算术差额，而是从损害赔偿的社会妥当性和社会公正性出发，为损害确定固定标准的赔偿原则。传统损害赔偿理论采用差额赔偿，但由于其过分与个人的收入相联系，客观上导致损害赔偿的两极分化和贫富差距，在现代损害赔偿理论中受到批判。本条款在医药费等具体损失上采取差额赔偿方式，即实际支出多少即赔偿多少的原则。对后续治疗费采取定型化赔偿的标准，体现了折中的原则。

二、医疗费的范围和认定

（一）医疗费的范围

实践中，医疗费主要包括挂号费、检查费、医药费、治疗费、住院费及其他必要的医疗费用。（1）挂号费一般包括医院门诊挂号、专家门诊挂号和法医验伤门诊挂号。凡为治疗所需而向医院等支付的挂号费用，均应列入赔偿范围。在农村乡医务室和个人诊所的挂号费，凡收费合理又为治疗所需要的，也应列入赔偿范围。（2）医药费应以医疗机构出具的收款凭证，结合病历和诊断证明等相关证据确定。实践中，对于证据力较低的收款收据、白条等证据，应结合其他证据进行判断，如各个证据之间已形成完整的证据链让法官

① 杨立新：《侵权法论》，吉林人民出版社 1998 年版。

内心形成足够的确信，可以认定该证据的效力，不能简单地一概否定。（3）治疗费包括通常的打针、换药、针灸、理疗、手术、化学疗法、激光疗法、骨折固定、骨牵引、矫形、消除疤痕、整容等一系列与治疗有关的费用。（4）检查费包括所必需的各种医疗检查所需的费用，如X光透视、CT检查、B超检查等费用。（5）住院费以医疗机构出具的收款凭证，结合病历和诊断证明等相关证据确定。不同地区、不同医院甚至不同受害人的住院费可能是不同的。如农村医院与城市医院不同、小医院与大医院不同等，但只要符合有关规章制度规定，经医院同意的，均应予以赔偿。（6）其他医疗费用。如必要和可能施行的器官移植费、聘请院外专家的会诊费等，应列入赔偿范围。

（二）医疗费的认定

医疗费赔偿请求在诉讼上当然属于“主张”，根据“谁主张，谁举证”的举证责任分配规则，赔偿权利人应就医疗费损失提出证据，对于该证据，应经赔偿义务人质证，才能作为医疗费赔偿的依据。因此，对于医疗费，并不是赔偿权利人主张多少就赔偿多少。一般先由赔偿权利人对自己因遭受侵害而支出的医疗费提供证据。当事人主张医疗费的，应提交医疗费票据及处方、诊断证明、病历、费用清单等一系列证据。医药费、住院费等收款凭证包括转院前后的收费凭证，也应包括因受侵害而引发的其他并发症的治疗凭证、病情特殊需要的医药费等方面的证据。人民法院应当结合案情全面客观地审查各个证据的真实性、合法性和关联性。如审查赔偿权利人用药、转院是否合理，总体花费与病情是否相符等，并应当结合病历和诊断证明等相关证据予以确认。如果赔偿义务人对治疗的必要性和合理性有异议的，应当依照《民事诉讼法司法解释》第九十条：“当事人对自己提出的诉讼请求所依据的事实或者反驳对方诉讼请求所依据的事实，应当提供证据加以证明，但法律另有规定的除外。在作出判决前，当事人未能提供证据或者证据不足以证明其事实主张的，由负有举证证明责任的当事人承担不利的后果”的规定承担相应的举证责任。同时本条第二款规定，医疗费的赔偿数额，按照一审法庭辩论终结前实际发生的数额确定，确认发生的医疗费数额截至一审法庭辩论终结前。

（三）必要性与合理性的审查

实践中，赔偿义务人通常对某项医疗费凭证或整体医疗费用提出合理性、必要性异议并提供相应的证据。此时，人民法院需要认定相关医疗费凭证是否具有合理性与必要性。主要指医疗机构在治疗过程中手段是否必要，有无小伤大医、久医，过度检查用药、搭车开药等不合理医疗行为；支出的医疗费用是否合理，有无故意选用高价进口药品、器械等不合理高消费支出等。由于这涉及医疗行为专业性和特殊性问题，是司法实践中的一个难点。一般可以结合受害人病情、一般治疗规范、适当参考医疗保险的标准进行判断。同时，可以允许当事人邀请有相关专业知识的专家提供专家意见以供参考。如果赔偿义务人有初步的证据证明治疗费用可能存在不合理、不必要的情形时，可以在举证期限届满前申请鉴定，由人民法院结合案件实际判断是否进行司法鉴定。但考虑到司法鉴定周期长，费用高，不利于保护受害人利益，一般不轻易通过司法鉴定方式。

三、后续治疗费的赔偿

本条第二款规定器官功能恢复训练所必要的康复费、适当的整容费以及其他后续治疗费，赔偿权利人可以待这些费用实际发生后另行起诉。但根据医疗证明或者鉴定结论确定必然发生的费用，可以与已经发生的医疗费一并予以赔偿。由此可见，司法解释采取了

"差额赔偿"的方法作为赔偿的标准，既包括已经支出的医疗费，还包括器官功能恢复训练所必需的康复费、适当的整容费以及将来可能发生的后续治疗费等。赔偿数额包括已经发生的费用，也包括将来发生的费用，采取"差额赔偿"与"定型化赔偿"的折中方案计算损失数额。已经发生的费用计算到一审法庭辩论终结前，将来发生的费用待实际发生后，由权利人另行起诉。后续治疗费是指对损伤经治疗后体征固定而遗留功能障碍确需再次治疗的，或伤情尚未恢复需二次治疗所需要的费用。对此，可以采取以下方法：(1) 待后续治疗费实际发生后，由赔偿权利人另行起诉。(2) 采用定型化赔偿方法，其前提是"根据医疗证明或者鉴定结论确定必然发生"。应当注意的是，这里的后续治疗费包括器官功能恢复训练所必要的康复费、适当的整容费以及其他后续治疗费用。其中，"器官功能恢复训练费"不包括心理治疗费，受害人受到不法侵害，精神也会受到伤害，同样需要心理治疗；精神损害的情况非常复杂，哪些需要心理治疗，哪些不需要，很难界定。不赔偿心理治疗费，并未剥夺受害人的相应权利，受害人可以依据相关法律、司法解释的规定主张精神损害赔偿。

四、适用中应注意的问题

赔偿义务人应否赔偿社会保险机构已支付的医疗费？

司法实践中，通常受害人医疗费的一部分已通过社会保险机构实时报销。此时，赔偿义务人是否还应赔偿已报销的部分医疗费尚有不同认识。一种意见认为，基于损害填补原则，赔偿权利人已经获得了社会保险报销的费用，不能再次从侵权人处获得赔偿，否则受害人即获得双份赔偿，即赔偿义务人只赔偿尚未报销部分的医疗费；还有一种意见认为，赔偿权利人的社会保险和人身损害赔偿分属不同的法律关系，受害人虽然已从社会保险机构获得部分医疗费用，但不妨碍其基于人身损害赔偿关系获得赔偿。我们认为，社会保险制度是对受害人的一种基本社会保障，没有分散侵权人侵权责任的功能，第三人的侵权责任不能因为受害人获得社会保险的给付而减轻或者免除。根据《社会保险法》第三十条的规定："下列医疗费用不纳入基本医疗保险基金支付范围：……（二）应当由第三人负担的；……医疗费用依法应当由第三人负担，第三人不支付或者无法确定第三人的，由基本医疗保险基金先行支付。基本医疗保险基金先行支付后，有权向第三人追偿。"如果社会保险管理机构向受害人先行垫付了部分医疗费的，其有权向侵权人追偿。

第七条 误工费根据受害人的误工时间和收入状况确定。

误工时间根据受害人接受治疗的医疗机构出具的证明确定。受害人因伤致残持续误工的，误工时间可以计算至定残日前一天。

受害人有固定收入的，误工费按照实际减少的收入计算。受害人无固定收入的，按照其最近三年的平均收入计算；受害人不能举证证明其最近三年的平均收入状况的，可以参照受诉法院所在地相同或者相近行业上一年度职工的平均工资计算。

【条文主旨】

本条是关于误工费的赔偿的规定。

本条主要规定了三个问题：（1）误工费的计算标准。误工费的计算应当以其收入状况乘以误工时间。（2）误工时间的确定。误工的时间应当根据受害人自接受治疗起到康复所需的时间确定，其标准以相应医疗机构出具的证明为依据。受害人因伤致残或者死亡的，误工时间应当计算至定残之日的前一日或者按照实际误工时间计算。（3）受害人收入状况的确定。根据受害人有无固定收入的不同情况，有固定收入的，以其实际减少的收入计算；没有固定收入的，以其最近三年的平均收入确定；受害人无法证明其最近三年的平均收入状况的，参照受诉法院所在地相同或者相近行业上一年度职工的平均工资计算。

【理解与适用】

一、制定背景

在人身侵权案件中，误工费的计算往往成为当事人争议的焦点以及人民法院确定的难点之一。若计算的时间过长、标准过高，会对致害人不公平；反之则对受害人不利。关于受害人收入状况的确定，实践中存在着标准不一、“政出多门”以及标准过低的问题。既有规定或者存在理论依据不足的问题，或者存在适用范围过窄的问题，集中起来看表现为对受害人保护的力度不够。因此，有必要采纳一种更为科学、合理和公平的计算方法。基于此，2003年《人身损害赔偿解释》规定了本条，在2020年修正和本次修正过程中，均予以保留。

二、制定依据

对于人身侵权损害赔偿金的计算，2003年《人身损害赔偿解释》第十七条确立了积极损害、消极损害全面赔偿原则，差额赔偿与定型化赔偿相结合原则，以及主观计算（具体计算）与客观计算（抽象计算）相结合三项原则。误工费属于受害人如未遭受人身侵害而本应获得却因侵权人的侵害行为无法得到或者无法完满得到的利益。在学理上亦可归为消极损失或者逸失利益。从另一个角度讲，误工费是可以根据受害人的具体情况和特点等主观利益损失量化计算的损失，因此它亦属于具体损失。误工费是受害人实际发生的损失，但依据受害人是否具有固定收入的不同，本解释采纳区分的赔偿标准和计算方法。受害人有固定收入的，应当以受害人发生损害前后，财产减少的差额作为赔偿标准，这就是差额赔偿原则。受害人无固定收入的，则无法确切计算其误工损失的算术差额，只能从损害赔偿的社会妥当性和社会公正性出发，为受害人之损害确定一个相对固定的标准。比如，本条第二款规定的“受害人无固定收入的，按照其最近三年的平均收入计算；受害人不能举证证明其最近三年的平均收入状况的，可以参照受诉法院所在地相同或者相近行业上一年度职工的平均工资计算”即定型化赔偿。在计算方法上，前者表现为主观计算，后者表现为客观计算。

三、应当注意的几个问题

（一）为何没有对误工费计算标准中实际收入作“最高倍数”限制

《道路交通事故处理办法》[①]第三十七条第二项规定：“误工费：当事人有固定收入的，按照本人因误工减少的固定收入计算，对收入高于交通事故发生地平均生活费三倍以上的，按照三倍计算……”之所以在本解释中没有规定对受害人实际收入的最高倍数限制，主要基于两方面考虑：（1）受害人如果有固定收入，只要侵权人的侵害行为导致其无法继续获得或者全部获得该固定收入，就已经构成了实际损害。侵权法最重要的功能就是填补损害。对该损害人为设定一个最高倍数的限额，与侵权法的制定目的不符，对受害人的保护失之不利。（2）受害人有固定收入的，该损失属于具体损失应当采用主观计算的方法进行差额赔偿，为其设限的做法与法理不合。正是基于以上两点考虑，本条修改了媒体征求意见稿中“五倍”的限制。虽然《触电损害赔偿解释》[②]第四条第二项已规定，“误工费：有固定收入的，按实际减少的收入计算”，但该解释的适用不具有普遍性。由此，本条规定具有对整个人身损害赔偿案件的统辖指导性。

---

① 《道路交通事故处理办法》已于2004年5月1日废止。

② 《触电损害赔偿解释》已于2013年4月8日废止。

（二）如何理解“实际减少的收入”

受害人有固定收入的，赔偿数额按照实际减少的收入计算。这里有两个问题需明确：（1）该固定收入须有合法证明。原来的征求意见稿曾对该固定收入的认定附加了“实际收入超出个人所得税起征点部分，没有完税证明的人民法院不予支持”。之所以最后定稿没有采纳，是因为个人所得税征缴体制在我国尚不完善，有些受害人的收入虽没有完税证明，但并不能说其彻底丧失合法性。另外，采纳“合法证明”标准，并不否认要求一些高收入而主张误工费者须提供“完税证明”。两者不相矛盾。因固定收入主要体现在有固定工作的人员之上，所以，受害人能够提供供职单位的证明就可以了。（2）该固定收入必须是受害人实际减少的。也就是说，必须是受害人的实际损失。有些受害人受到损害后，其供职单位并不会扣发或者全部扣发其（工资）收入。对这部分受害人而言，实质上不存在或者不存在全部的误工损失。如同样对其进行“误工费”赔偿，势必使其获得法外利益，这与侵权法填补损害的功能不符。另外，企业经营者的经营利益损失不属于误工损失的范围。这一点在理解与适用本条规定的时候，应当格外予以注意。

（三）如何理解“受诉法院所在地”

本解释所称的受诉法院所在地是指受诉法院所在的省、自治区、直辖市。主要的考虑是：（1）我国不同地区的发展水平存在较大差异，尤其体现在各个具体的市县乡镇。也就是说，该“所在地”的行政区划级别越低，这种差异就越大。为避免同类案件在不同地域的裁判结果出现太大的落差，有必要统一到省、自治区、直辖市一级。因为在这一级行政区域内，全国的差异没有前者那么大。（2）在受害人无法证明其最近三年的平均收入状况的时候，本条确定了“相同或者相近行业上一年度职工的平均工资”标准，目前在有些地市县尚没有该统计指标。而省、自治区、直辖市一级的行政区域内都有这一指标。关于《触电损害赔偿解释》使用的“事故发生地”一词，因各国民法对侵权损害赔偿标准的确定一般都是采纳“受诉法院所在地”标准，因此本解释没有使用“事故发生地”的表述。

（四）为何没有使用“平均生活费”的表述

误工损失是受害人应增加但因侵权人之侵权行为而没有增加的损失。《道路交通事故处理办法》在有关误工费的规定中（尽管是在最高倍数限制当中）使用的“平均生活费”与误工费的消极损失性质的法理特征不符。另外，平均生活费是在平均收入中支出的用于日常生活的费用，采纳这一较低标准对受害人也是不利的。

（五）为何要规定“最近三年的平均收入”

《触电损害赔偿解释》第四条第二项规定：“没有固定收入或者无收入的，按事故发生地上年度职工平均年工资标准计算。”我们认为，受害人自己提供的平均收入标准最接近其实际损害结果，因此应当尽可能确定受害人的平均收入标准。有的受害人对上一年度的平均收入无法举证证明，但如果给他一个适当的较长的期间去确定其平均收入的话，对其损害的填补无疑是有利的。

（六）如何理解“相同或者相近行业”

相同或者相近行业的判断标准原则上有两个：（1）产业分类标准。比如一、二、三产业。（2）同一产业内的社会评价标准。这个标准掌握起来具有很强的主观色彩，但在比照的时候应当建立在较高的公众认同度之上。法官的判断结果不能与一般评价出现明显的“与众不同”，不论是高或者低都会对当事人的权利义务产生较大的影响。

（七）关于无收入人员的误工费问题

《道路交通事故处理办法》第四十八条第三项规定“无固定收入的”，是指有街道办事处、乡镇人民政府证明或者有关凭证，在交通事故发生前从事某种劳动，其收入能维持本人正常生活的，包括城乡个体工商户、家庭劳动服务人员等。第四项规定“无收入的”，是指本人生活来源主要或者全部依靠他人供给，或者偶然有少量收入，但不足以维持本人正常生活的。由上述规定可知，“无固定收入”与“无收入的”存在一定区别。本条对无固定收入的受害人作出了规定，即按照受害人最近三年的平均收入计算；对于“无收入的”未作规定。但需要注意的是，误工费的赔偿应当以有劳动能力人为限。如受害人为无劳动能力人，误工费的损失无考虑之必要。但对于具有劳动能力的无收入人员则可根据具体情况，进行误工费的赔偿。有劳动能力但无收入的人主要有两类：（1）家庭主妇。（2）无业人员。对前者的误工费赔偿的理由主要是其虽无收入，但其所承担的家务对其他家庭成员的正常务工收入而言，无疑具有支持和保障作用。其受害后，整个家庭的收入和开支势必受到影响。如果仅以其无“收入”而对其不予赔偿，显失公平。对于后者，其虽暂时无收入，但仍有机会就业并获得收入，因侵权人侵权行为所导致的损害结果，这种利益获得的可能性在一定时期内将无法实现。所以，对其赔偿符合利益丧失说的立场，也较为公平合理。对具有劳动能力的无收入人员进行误工费的赔偿，符合公平的价值观。

【案例】

吴某周诉董某营、董某松、人保某营业部意外伤害保险合同纠纷案

一、裁判要旨

在确定已达退休年龄的人员是否有权要求支付误工费时，应首先确定其是否有实际劳动、是否因受伤而导致收入减少这一事实。然后根据相关法律规定，误工费是原告收入减少的直接损失，若原告在其劳动能力范围内有正式工作或单位，应根据其实际收入减少情况，支持原告的误工费损失。

二、案情

2012年2月12日下午4时许，被告董某营驾驶车辆所有人为董某松的京PS7××7号轿车在项城市朱滩至范集公路范集粮管所处将在该段骑电动三轮车回家的原告吴某周撞伤，原告受伤后分别在范集医院和项城市第一人民医院住院治疗73天，花去治疗费用8852.89元。治疗期间，被告董某营、董某松已支付1600元，被告中国人民财产保险股份有限公司某分公司某营业部（以下简称人保某营业部）先予支付1万元。该事故经河南省项城市公安局交警大队事故处理认定被告董某营负主要责任，原告负次要责任。原告治疗终结后经司法技术鉴定其身体受损程度构成十级伤残。被告董某松的京PS7××7号车在被告人保某营业部投保了机动车交强险，事故发生时保险合同尚在有效期内。另查：原告吴某周于2010年9月28日受雇于项城市园艺科技开发公司看大门，每月工资1000元。为

此，原告诉请三被告赔偿治疗费 8852.89 元、误工费 4000 元、护理费 21000 元、住院伙食补助费 2190 元、营养费 1800 元、交通费 2261.5 元、鉴定费 700 元、残疾赔偿金 23653.24 元、气垫床 700 元、电动车损失费 2680 元、精神损害抚慰金 1 万元，共计 77836.74 元，由被告承担诉讼费用。

三、法院裁判

法院认为：公民的生命健康权受法律保护，原、被告对本事故发生的事实客观存在及公安机关对事故处理的责任认定没有异议。原告因事故致其身心受到损害应当获得赔偿。被告董某营、董某松要求原告返还先期垫付给原告的治疗费用 1600 元一并处理符合相关法律规定，应予采信。

本案的争议焦点在于原告已达法定退休年龄，是否支持其索要误工费的请求。误工费是指赔偿义务人应当向赔偿权利人支付的受害人从遭受伤害到完全治愈这一期间内（即误工时间），因无法从事正常的工作或劳动而失去或减少的工作、劳动收入的赔偿费用。实践中，对已达法定退休年龄的人员要求赔偿误工费的诉讼请求是否应当支持，存在两种观点：一种观点是原告已达到国家法定退休年龄，视为已丧失劳动能力，不应产生误工损失，故对原告主张的误工费不予支持；另一种观点是原告虽达到国家法定退休年龄，但不等于其已完全丧失劳动能力。根据相关法律规定，误工费是原告收入减少的直接损失，若原告在其劳动能力范围内有正式工作或单位，应根据其实际收入减少的情况，支持原告的误工费损失。

首先，根据 2003 年《人身损害赔偿解释》第二十条规定，我国误工费的赔偿采取的是劳动能力丧失说，赔偿的是受害人因侵权行为受到伤害而就医治疗或休养期间，无法进行正常劳动所产生的实际损失。所以，产生误工费的前提条件应该是受害人必须有劳动能力且造成了收入损失。再者，劳动能力与年龄没有绝对必然的联系，超过退休年龄并不意味着必然丧失劳动能力，实践中，大量已达退休年龄的人员继续劳动并获得劳动报酬也是一个不争的事实，对此，法律并不禁止。在法律规定中，亦未排除超过法定退休年龄就不认可其实际劳动能力的规定。

综上，在确定已达退休年龄的人员是否有权要求支付误工费时，应首先确定其是否有实际劳动、是否因受伤而导致收入减少这一事实。本案中，原告吴某周虽然已超过法律规定的退休年龄，但并未丧失劳动能力，在项城市园艺科技开发公司担任门卫，每月工资1000元，因其受伤，四个月内无法继续从事门卫工作，自然也无法得到相应的酬劳，实际利益遭受损失。因此，其索要治疗和休养期间误工费的诉讼请求应当获得法院支持。

第八条 护理费根据护理人员的收入状况和护理人数、护理期限确定。

护理人员有收入的，参照误工费的规定计算；护理人员没有收入或者雇佣护工的，参照当地护工从事同等级别护理的劳务报酬标准计算。护理人员原则上为一人，但医疗机构或者鉴定机构有明确意见的，可以参照确定护理人员人数。

护理期限应计算至受害人恢复生活自理能力时止。受害人因残疾不能恢复生活自理能力的，可以根据其年龄、健康状况等因素确定合理的护理期限，但最长不超过二十年。

受害人定残后的护理，应当根据其护理依赖程度并结合配制残疾辅助器具的情况确定护理级别。

【条文主旨】

本条是关于护理费的给付标准的规定。

本条分四款，分别讲述四层意思：（1）护理费数额原则上应按照护理人员的花费确定。护理人员的花费包括：护理人员的收入状况、护理人数、护理期限。（2）护理费的具体计算。护理人员有收入的，参照误工费的标准计算护理费。护理人员没有收入或雇佣护工的，参照当地标准计算护理费。护理人员原则上为一人，有特殊情况的，可参照医疗机构或鉴定机构意见，确定的护理人数可在两人或两人以上。（3）护理期限的确定。护理期限应自受害人受到损害至恢复生活自理能力时止。因侵权致残不能恢复生活自理能力的，应根据受害人年龄、健康状况等因素确定合理的护理期限，但最长不能超过20年。（4）护理级别的确定。护理级别应当根据护理依赖程度、配制残疾辅助器具的具体情况确定。

【理解与适用】

护理费，是指受害人因为受到人身损害而导致生活不能自理，需要他人护理而支出的费用。[①] 本条明确了护理费的给付标准，即护理费应根据护理人员的收入状况和护理人数、护理期限确定，并进一步明确了护理人员的收入状况、护理人数、护理期限和护理级别应如何确定。

在我国，将护理费纳入人身损害赔偿范围并明确其给付标准，是一个逐步发展的过程。《民法通则》第一百一十九条关于侵害公民身体造成伤害或者死亡的赔偿范围中，并不包括护理费，但包括“因误工减少的收入”。关于误工补助费的给付标准，《民法通则意见》[②] 第一百四十五条规定：“经医院批准专事护理的人，其误工补助费可以按收入的实际损失计算。应得奖金一般可以计算在应赔偿的数额内。本人没有工资收入的，其补偿标准应以当地的一般临时工的工资标准为限。”该条首次规定“误工补助费”也应计入人身损害赔偿数额，具有重要意义，但其缺陷也较为明显：一是“误工补助费”以“经医院批准专事护理”为前提，并非必然纳入人身损害赔偿范围。二是在严格意义上，护理人员的误工补助费与护理费的性质并不相同，专事护理人员的工资通常并不能等同于护理费。三是对受害人保护力度较为有限。实践中“专事护理的人”（护工）从

---

① 张新宝：《侵权责任构成要件研究》，法律出版社2007年版，第227页。

② 《民法通则意见》已于2021年1月1日废止。

事的工作技术含量相对较高，劳动强度往往也相对较大，故护工工资通常高于当地一般临时工的工资。当护理人员没有工资收入时，仅以当地一般临时工的工资标准为限计算误工补助费，难免保护不周，并不能完全实现侵权损害赔偿填补损失的功能。1991 年国务院颁布的《道路交通事故处理办法》[①] 第三十六条首次明确交通事故损害赔偿责任范围包括护理费，并在第三十七条第四项明确了护理费的计算标准，即："护理费：伤者住院期间，护理人员有收入的，按照误工费的规定计算；无收入的，按照交通事故发生地平均生活费计算。"需要注意的是，该法第三十七条第二项规定了误工费计算标准的上限，即"对收入高于交通事故发生地平均生活费三倍以上的，按照三倍计算"。显然，这一规定对部分高收入受害人而言并不公平。在侵权法理论上，损害赔偿的基本理念是要实现平均的正义或者矫正的正义，赔偿的目的是要使受害人的状况如损害没有发生过一样，即采取赔偿受害人全部损失的完全赔偿原则，前述规定与传统侵权法理论的赔偿原则并不完全契合。与《道路交通事故处理办法》的规定相比，2001 年 1 月施行的《触电损害赔偿解释》第四条第四项对于护理费标准的规定相对更为合理、明确[②]：受害人住院期间，护理人员有收入的，护理费按照误工费的规定计算；无收入的，按照事故发生地平均生活费计算。也可以参照护工市场价格计算。关于护理期间，也开始区分住院期间和出院后两个阶段；对于出院后的护理，凭治疗医院证明，按照伤残等级确定，残疾用具费也应一并考虑。但该司法解释没有把护理人数、护理等级等作为确定护理费时应考虑的因素。在前述司法解释的基础上，2003 年《人身损害赔偿解释》增加了护理人数、一般护理期限、最长护理期限、

① 《道路交通事故处理办法》已于 2004 年 4 月废止。

② 参见《触电损害赔偿解释》（已废止）第四条。

护理等级等方面的内容，使司法解释中有关护理费的规定趋于完善，在审判实践中反响很好，故一直沿用至今。

一、护理费的计算方法

被害人被侵害而发生人身损害时，对其进行护理，既是恢复健康的需要，也是人之常情。护理费的意义在于保障受害人的护理需求，以使其应有的生活状况不致发生减损，将护理费纳入人身损害赔偿范围，符合侵权法的功能。侵权损害赔偿以填补损失为基本原则，不能给加害人造成过分的负担而使受害人获得超过其损害的利益，故应对护理费予以适当的限制。根据本条第一款的规定，护理人员的收入状况乘以护理人数，再乘以护理期限，所得出的数额就是护理费。

二、护理人员的收入状况

护理人员的收入状况直接关系到护理费的赔偿标准，是确定护理费金额的最基本问题。

关于护理人员的收入状况如何确定，本条第二款规定："护理人员有收入的，参照误工费的规定计算；护理人员没有收入或者雇佣护工的，参照当地护工从事同等级别护理的劳务报酬标准计算。"由此可见，护理人员的收入状况，应分情形确定，具体有以下几种情况：

（一）护理人员有收入的，参照误工费的规定计算

本解释第七条对误工费的标准作了规定，即："误工费根据受害人的误工时间和收入状况确定。误工时间根据受害人接受治疗的医疗机构出具的证明确定。受害人因伤致残持续误工的，误工时间可以计算至定残日前一天。受害人有固定收入的，误工费按照实际

减少的收入计算。受害人无固定收入的，按照其最近三年的平均收入计算；受害人不能举证证明其最近三年的平均收入状况的，可以参照受诉法院所在地相同或者相近行业上一年度职工的平均工资计算。”由此可见，有收入的护理人员的收入状况可以采取以下方法确定:（1）护理人员有收入的，赔偿数额按照实际减少的收入计算。（2）护理人员无固定收入的，按照其最近三年的平均收入计算；护理人员不能举证证明其最近三年的平均收入状况的，可以参照受诉法院所在地相同或者相近行业上一年度职工的平均工资计算。

（二）护理人员没有收入时，参照当地护工从事同等级别护理的劳务报酬标准计算

根据本条第二款的规定，护理人员没有收入时，无论受害人是否实际支付给护理人员以报酬，也无论其实际支付报酬的数额，统一参照当地护工从事同等级别护理的劳务报酬标准计算。之所以如此，是因为在非专职的护理人员对受害人进行护理时，虽然表面上受害人可能并没有支付或者完全无需支付护理费用给护理人员，但是护理人员为此付出了劳动，该劳动也是可以用金钱进行评价的。

（三）受害人雇佣护工的，参照当地护工从事同等级别护理的劳务报酬标准计算

对受害人进行护理的人员，可能为其亲属等非专职护理人员，也可能是雇佣的专门从事护理工作的人员。本条第二款规定，受害人雇佣护工时护理费的计算标准应“参照当地护工从事同等级别护理的劳务报酬标准”。此处使用“参照”而非“按照”，实际允许在合理的范围内适当调整，因为向护工支付的费用是确定的，按照当地护工从事同等级别护理的劳务报酬标准计算有可能过高或者过低。

三、护理人数的确定

护理人数的多少，既关系到对受害人能否给予适当的照顾，又关系到赔偿义务人赔偿护理费的数额。根据本条第二款的规定，护理人员原则上为一人；在特定情形下可以多于一人，具体可以参照医疗机构或者鉴定机构的明确意见，确定护理人员人数。这一规定既可以防止受害人毫无必要地增加护理费，使赔偿义务人承担不应有的赔偿责任，同时又考虑了受害人的实际需要，作了一定的变通。

四、护理期限的确定

护理期限，是指对受害人进行护理的时间长度，一般应计算至受害人恢复生活自理能力时止。如果受害人的生活自理能力因遭受人身损害而暂时受损，但经过治疗后能够恢复，则护理期限原则上不应超过治疗期限；如果受害人因残疾不能恢复生活自理能力的，可以根据其年龄、健康状况等因素确定合理的护理期限，但最长不超过20年。

如果受害人实际被护理的期限超过了法院判决确定的护理期限，有时甚至超过20年的最长期限时，就超出该期限的护理费，受害人是否有权要求赔偿义务人承担赔偿责任？对于该问题，本解释第十九条作出了明确规定，依据该条，超过确定的护理期限，赔偿权利人向人民法院起诉请求继续给付护理费的，人民法院应予受理。赔偿权利人确需继续护理的，人民法院应当判令赔偿义务人继续给付相关费用5年至10年。

五、护理等级的确定

不同的人身损害具有不同的护理需求，对应不同的护理级别。

根据本解释的规定，雇佣护工时的护理费，应参照当地护工从事同等级别护理的劳动报酬标准计算；受害人定残后的护理费，也需结合护理级别作出认定。

关于治疗期间的护理级别，原国家卫生和计划生育委员会于2013年颁布的《护理分级》（WST431—2013）规定，护理级别由医护人员根据患者病情和（或）自理能力进行评定，并将护理级别分为特级护理、一级护理、二级护理和三级护理四个级别。其中，特级护理适用于维持生命，实施抢救性治疗的重症监护患者；病情危重，随时可能发生病情变化需要进行监护、抢救的患者。一级护理适用于病情趋向稳定的重症患者；病情不稳定或随时可能发生变化的患者；手术后或者治疗期间需要严格卧床的患者；自理能力重度依赖的患者。二级护理适用于病情趋于稳定或未明确诊断前，仍需观察，且自理能力轻度依赖的患者；病情稳定，仍需卧床，且自理能力轻度依赖的患者；病情稳定或处于康复期，且自理能力中度依赖的患者。三级护理适用于病情稳定或处于康复期，且自理能力轻度依赖或无须依赖的患者。

关于定残后的护理级别，根据本条第四款的规定，应当根据其护理依赖程度并结合残疾辅助器具的情况确定。《人身损害护理依赖程度评定》（GB/T 31147—2014）规定了人身损害造成躯体伤残或精神障碍者，在治疗终结后是否需要护理依赖及其程度的评定要求和方法，将“日常生活自理能力”作为认定护理依赖程度的因素。依照该标准，护理依赖程度由低到高分为部分护理依赖、大部分护理依赖、完全护理依赖三级；对应的护理依赖赔付比例分别为按完全护理依赖费用50%计算、按完全护理依赖费用80%计算、按完全护理依赖100%的比例计算。

六、适用本条时应注意的问题

本条对护理费的赔偿标准采取了定型化赔偿方式，因此，在人民法院确定的护理期限尚未届满之前，受害人已经死亡的，赔偿义务人已经支付的护理费中尚未经过的护理期限的护理费不应退还。

另外，本条关于人身损害赔偿案件中护理费的赔偿标准，不同于《最高人民法院、最高人民检察院关于办理刑事赔偿案件适用法律若干问题的解释》第十四条关于国家赔偿中护理费赔偿的标准。《最高人民法院、最高人民检察院关于办理刑事赔偿案件适用法律若干问题的解释》第十四条规定，“护理费赔偿参照当地护工从事同等级别护理的劳务报酬标准计算”，对有收入护理人员、无收入护理人员和雇佣护工的护理费用采用统一标准，而本解释第八条结合人身损害赔偿民事纠纷案件审理特点，根据不同情形采用了不同标准，更能体现侵权法填补损失之功能，有利于维护受害人（赔偿权利人）的合法权益。

【案例】

甲公司诉张某某不当得利纠纷案[①]

一、裁判要旨

侵权人依据执行和解协议履行给付义务后，因受害人提前病故，又以不当得利为由请求受害人近亲属返还未达预期年限的护理费的，法院不予支持。

---

① 该案例刊登于《最高人民法院公报》2018 年第 5 期。

二、案情

2012年5月30日下午，张某与他人在甲公司所有的案涉房屋进行墙体改装工作，张某在凿墙过程中，不慎从九楼南阳台百叶窗处坠落地面而受伤。

2013年5月30日，张某的伤情经法医学鉴定，意见为：张某颅脑损伤致植物性生存状态已构成人体损伤一级伤残。张某已完全丧失劳动能力，护理期限为长期护理，护理人数为2人等。2013年7月18日，张某向法院诉讼要求雇主周某、房屋所有人甲公司赔偿其因事故产生的各项损失，其女儿张某某作为法定代理人参与诉讼。2013年9月9日，法院依法作出判决，认为因该事故产生的损失应由周某、甲公司、张某依次按45%、30%、25%的比例进行分担，其中，依据法医学鉴定意见书，因张某残疾不能恢复生活自理能力，根据其年龄、健康状况等因素确定护理期限20年，认定护理费867320元（20年×21683元/年×2人），张某的各项经济损失合计1147662.85元（不含精神损害抚慰金），由甲公司承担30%的赔偿责任即344298元及15000元精神损害抚慰金，并负担诉讼费3836元，周某赔偿损失538948元。该判决已发生法律效力。

2013年11月，张某就此案申请强制执行。甲公司于2014年1月至2014年3月履行10万元。2014年3月24日，甲公司与张某（张某某为法定代理人）达成执行和解协议：甲公司欠张某赔偿款368333元，已给付10万元，现于2014年4月5日、5月15日各给付10万元。按期足额还款，则张某放弃余款，本案执行终结。执行款汇至张某某银行卡。如甲公司不按期履行，则恢复原判决执行。后甲公司按时给付20万元。2014年11月22日，张某去世。

甲公司以张某某为被告提起诉讼，请求返还不当得利132012

元。主要事实和理由：张某于2014年11月22日去世，其不再需要护理，实际护理时间只有906天，不足两年半，现按5年护理费计算，本案甲公司仅应支付65049元。张某某作为张某的女儿及生前法定代理人接受赔偿款，应返还张某未用部分的护理费132012元。

三、法院裁判

人民法院经审理认为：生效的民事裁判对当事人具有拘束力，权利人有权按照生效的民事裁判要求义务人履行义务。本案中，甲公司应按已经生效的判决书确定的内容履行赔偿义务，甲公司与张某于2014年3月就368333元赔偿款自愿达成“由甲公司履行30万元，张某放弃余款”的执行和解协议，系双方对自己权利的处分，非经法定事由，不得擅自变更或者解除。甲公司按该执行和解协议履行义务后，双方因张某受伤而产生的权利义务关系已经终结。

《民法通则》[①]第九十二条规定，没有合法根据，取得不当利益，造成他人损失的，应当将取得的不当利益返还受损失的人。根据该规定，不当得利成立的构成要件有四项：一方获得利益，另一方受到损失，获利与受损之间具有因果关系，获得利益没有合法根据。首先，原告甲公司之所以需向张某支付款项，是基于生效民事判决书所确定的义务，不属于不当得利法律关系中利益受损方的利益受损。其次，从法律规定的普遍性、盖然性来看，立法者在立法时不可能考虑到个案的特殊性。根据2003年《人身损害赔偿解释》第二十一条第三款的规定，护理期限应计算至受害人恢复生活自理能力时止；受害人因残疾不能恢复生活自理能力的，可以根据其年龄、健康状况等因素确定合理的护理期限，但最长不能超过20年。护理

① 《民法通则》已于2021年1月1日废止，不当得利的一般规定现见于《民法典》第一百二十二条。

费属于将来发生的财产损失，更多体现为对受害人定残后的损害救济；护理期限则是根据受害人实际状况对受害人需护理期间的法律推定，是法官基于法律规定在自由裁量权范围内作出的综合判断，价值取向在于保护受害人的权利，受害人亦需承担护理费可能不足的风险。生效民事判决书依据鉴定意见及受害人年龄、健康状况等因素综合判定甲公司对张某20年护理费的30%承担赔偿责任，是对张某权益受损应得赔偿的合理认定，符合法律规定，无论是张某或是被告张某某均未因该判决获得不当利益。最后，在生效民事判决执行过程中，甲公司与张某达成了执行和解协议，张某通过张某某收取30万元赔偿款符合双方约定，具有合法依据，且甲公司并未按生效判决全额履行赔偿义务，其认为张某某因张某提前病故而获取了不当利益的依据不足。甲公司诉张某某返还132012元的诉讼请求，缺乏事实和法律依据，故法院不予支持。

第九条 交通费根据受害人及其必要的陪护人员因就医或者转院治疗实际发生的费用计算。交通费应当以正式票据为凭；有关凭据应当与就医地点、时间、人数、次数相符合。

【条文主旨】

本条是关于交通费赔偿标准的规定。

本条包含三层意思：（1）交通费是受害人及其必要的陪护人员因就医（包括陪护人员陪护病人，受害人转院治疗）实际发生的费用。（2）赔偿义务人赔偿交通费以受害人提供的正式票据为支付凭证。（3）正式票据应当与就医地点、时间、人数、次数相吻合。

【理解与适用】

人身损害赔偿中的交通费，指受害人及其必要的陪护人员就医治疗中实际发生的交通费用，以必要、合理为限。具体而言：（1）交通费是受害人及其必要的陪护人员因就医或者转院治疗而实际发生的费用。（2）交通费应提供正式票据为支付凭证。（3）正式票据应当与就医地点、时间、人数、次数相吻合。

《民法通则》和《民法通则意见》都没有将交通费纳入人身损害赔偿范围。《道路交通事故处理办法》[①]第三十七条第十项规定："交通费：按照当事人实际必需的费用计算，凭据支付。"《触电损害赔

① 《道路交通事故处理办法》已于2004年4月废止。

偿解释》第四条规定，因触电引起的人身损害赔偿范围包括交通费，并规定："交通费：是指救治触电受害人实际必需的合理交通费用，包括必须转院治疗所必需的交通费。"此后，2003 年《人身损害赔偿解释》第二十二条规定："交通费根据受害人及其必要的陪护人员因就医或者转院治疗实际发生的费用计算。交通费应当以正式票据为凭；有关凭据应当与就医地点、时间、人数、次数相符合。"两部司法解释都规定人身损害赔偿中的交通费限于因就医或者转院治疗实际发生的费用，强调与侵权行为之间的因果关系，但 2003 年《人身损害赔偿解释》第二十二条的规定更为细致、合理，故在该司法解释历次修改时均未作调整。

一、支出交通费的主体为受害人和必要的陪护人员

本条明确交通费根据受害人及其必要的陪护人员因就医或者转院治疗实际发生的费用计算，故支出交通费的主体不仅包括受害人本人，也包括必要的陪护人员。现实生活中，受害人遭受人身损害后，若其行动能力不受影响，则仍然有能力自行就医；但如果其眼部受到严重损害或者其他部位受到伤害导致行动能力受损，则需要由他人陪护就医。本解释规定必要的陪护人员的交通费也应计入赔偿范围，更加符合现实生活需要，对受害人也更为有利。

二、交通费应适当从严把握

与医疗费、误工费、护理费等费用的赔付条件相比，本条规定的交通费的赔偿条件较医疗费、误工费、护理费的赔偿条件要严格，体现了对交通费适度从严把握的倾向。本条规定只有就医、转院支出交通费时才可能获得赔付，并且要求应提供与就医地点、时间、人数、次数相符合的正式凭证。而其他费用，如医疗费，本解释第

六条对其构成并没有特别限制，诸如转院治疗、因人身损害伤情引起的并发症、特殊需要的超标医药费等费用，赔偿义务人对治疗的必要性和合理性有异议的，应当承担相应的举证责任，否则，即应承担赔偿责任。

三、适用本条时应注意的问题

本条中的“正式票据”，不应仅理解为正式的税务发票，汽车票、火车票、船票、出租汽车票等均属于正式票据。在计算交通费时，查正式票据与就医地点、时间、人数、次数是否相吻合，不吻合的从赔偿数额中扣除，应当严格执行本解释规定的条件，不宜从宽掌握。实践中，交通费一般参照当地政府机关一般工作人员出差的车旅费标准支付，乘坐的交通工具以普通公共交通工具为主。因伤情特殊需要选择非普通公共交通方式的，应当由赔偿权利人说明乘坐的合理性。

【案例】

刘某诉某镇卫生院医疗损害责任纠纷案

一、裁判要旨

非就医治疗过程中发生的交通费用，不属于人身损害赔偿责任范围。

二、案情

2004年12月27日，刘某因患眼疾在某镇卫生院就诊，接诊医生诊断刘某患有“急性闭角型青光眼”，应进行眼科手术。刘某于同年12月29日在该院接受眼科手术后，眼疾不仅没有治愈，反而进一步恶化，并于2005年10月双目失明。此后，刘某多次要求某镇卫生院予以赔偿，后双方达成调解协议，由某镇卫生院给予刘某经济补偿4万元。2007年11月30日，刘某向一审法院起诉，请求判令某镇卫生院赔偿医疗费、误工费、住院伙食补助费、残疾生活补助费、被扶养人生活费、交通费、精神损害抚慰金等经济损失共计272165.3元。2007年12月5日，经鉴定，结论为：（1）刘某双眼无光感（失明），评定为残疾一级，需大部分护理依赖终身；（2）医方不具备眼科手术资质而对刘某施行手术，存在过错。该案经一审、二审、再审后，某省高级人民法院作出民事判决，判令某镇卫生院赔偿刘某经济损失235516.2元，后最高人民检察院又提起抗诉。

三、法院裁判

最高人民法院经审理认为：结合检察机关的抗诉意见以及刘某的申诉意见，本案需要解决的关键问题是对刘某主张的各项费用支持与否以及具体数额问题。对此，就刘某在本次再审中主张的各项费用分析如下：

1. 误工费。刘某系农民，具有劳动能力，应当认定其存在误工损失。即便刘某未能举证证明其误工损失，根据相关司法解释的规定，亦应参照受诉法院所在地相同或者相近行业上一年度职工的平均工资计算刘某的误工损失。原审以刘某没有证据证实误工费损失从而不予认定，确属不当，应予以纠正。刘某因患眼疾在某镇卫生院就诊的时间为2004年12月27日，刘某定残日为2007年12月5日。结合该省2007年度农业年平均工资为10632元的事实，核定刘某的误工费损失为31275.8元（10632元 ÷360天 ×1059天）。

2. 护理费。根据法医鉴定及刘某本人护理依赖程度的具体情况，结合刘某在一审中关于护理费的具体诉讼请求，原审计算刘某护理费为20元/天 ×365天/年 ×20年 ×80% =116800元，并无不妥。刘某要求按照2007年该省人身损害赔偿标准计算护理费137760元，但未提供护理人员的收入状况、护理人数、护理期限等任何证据，亦不符合法医鉴定及刘某本人护理依赖程度的具体情况以及相关法律的具体规定，故不予支持。

3. 残疾生活补助费。原审按照20年的最高年限计算刘某的残疾赔偿金并无不妥，刘某主张按照30年计算该项补助费没有法律依据，不予支持。

4. 残疾辅助器具费。刘某原审诉讼请求中并不包括该项费用，其在再审中提出此项主张，亦未提供证据证明此项费用的发生，故不予支持。

5. 被扶养人生活费。刘某父母均生于1927年，本案纠纷发生时均已年满75周岁，根据司法解释的规定，刘某父母生活费应计算5年，刘某兄弟姐妹共5人，故刘某应承担父母生活费的1/5。2007年该省农村居民人均生活消费支出为3373.38元，据此计算某镇卫生院应赔偿刘某被扶养人生活费损失为3373.38元（3373.38元 ×5 ÷5）。原审以刘某没有证据证实被扶养人生活费损失从而不予认定，确属不当。

6. 交通费。刘某再审中提供的交通费票据，如2014年11月21日、2016年3月20日等车票，均发生于原审判决生效后，不属于就医治疗过程中实际发生的费用。刘某主张以尚存车票加上到法院参加诉讼差旅、食宿费等共计7032.5元作为交通费损失，没有法律依据，故不予支持。

7. 刘某再审中在原审判决确定的赔偿金额之外主张营养费、住院期间陪护费、住院生活补助费、住院陪护人住宿费、住院期间车旅交通费、后续治疗费以及起诉、上诉、再诉、申诉发生的各类差旅费、食宿费等应酌定补偿 1 万元，但其或未提供相应证据支持，或超出原一审诉请，或缺乏法定依据，故不予支持。

综上，最高人民法院在原审判决某镇卫生院赔偿刘某经济损失 235516.2 元的基础上，再审支持刘某误工损失 31275.8 元、被扶养人生活费 3373.38 元，合计损失为 270165.38 元。

第十条 住院伙食补助费可以参照当地国家机关一般工作人员的出差伙食补助标准予以确定。

受害人确有必要到外地治疗，因客观原因不能住院，受害人本人及其陪护人员实际发生的住宿费和伙食费，其合理部分应予赔偿。

【条文主旨】

本条是关于住院伙食补助费标准及受害人到外地治疗不能住院，受害人本人及其陪护人员发生的住宿费和伙食费的处理的规定。

【理解与适用】

住院伙食补助费，最早规定于1992年1月1日生效施行的《道路交通事故处理办法》[①]第三十七条："损害赔偿的标准按照下列规定计算：……（三）住院伙食补助费：按照交通事故发生地国家机关工作人员的出差伙食补助标准计算……"2001年1月21日施行的《触电损害赔偿解释》第四条规定："住院伙食补助费应当根据受害人住院或者在外地接受治疗期间的时间，参照事故发生地国家机关一般工作人员的出差伙食补助标准计算。"2002年9月1日施行的《医疗事故处理条例》第五十条规定："住院伙食补助费：按照医疗事故发生地国家机关一般工作人员的出差伙食补助标准计算。"从上述已

① 该办法已被2004年5月1日施行的《中华人民共和国道路交通安全法实施条例》废止。

有规定来看，在确定住院伙食补助费标准时，一般都以当地国家机关一般工作人员的出差伙食补助为标准，这样计算，一是比较方便，二是相对统一。本条款规定“可以参照”当地国家机关一般工作人员的出差伙食补助标准，既保持了连续性、原则性，又不失灵活性，应当说更符合审判实际。

本条第一款规定住院伙食补助费，补助的是“住院”的“受害人”。如果受害人没有住院，就没有这项赔偿费用。如果受害人需要陪护人员的，因为陪护人员有护理费，护理费中包括了陪护人员的生活费，且陪护人员不是“住院”伙食补助费的补助对象，所以陪护人员没有住院伙食补助费。住院伙食费的补助标准，参照当地国家机关一般工作人员的出差标准予以确定。2013年12月31日财政部制定的《中央和国家机关差旅费管理办法》第十六条规定：“伙食补助费按出差自然（日历）天数计算，按规定标准包干使用。”第十七条规定：“财政部分地区制定伙食补助费标准。各省、自治区、直辖市和计划单列市财政厅（局）负责根据当地经济社会发展水平、市场价格、消费水平等因素，参照所在市公务接待工作餐、会议用餐等标准提出伙食补助费标准报财政部，经财政部统筹研究提出意见反馈地方审核确认后，由财政部统一发布作为中央单位工作人员到相关地区出差的伙食补助费标准（见附表）。”目前，绝大部分省市标准为100元/天（西藏、青海、新疆为120元/天）。同时，各省市自治区也根据本地经济社会发展水平制定了当地国家机关一般工作人员出差伙食补助的标准。

本条规定的“当地”，司法解释没有明确是县还是市，抑或“省、自治区、直辖市”，也没有规定是侵权行为发生地的“当地”，还是侵权行为结果地的“当地”，抑或是受诉法院所在地的“当地”。对此，可由受害人提出标准，因为无论是什么“当地”，“当地国家机关一般工作人员的出差伙食补助标准”都不会差别太大，所以对裁判结果几乎没有影响。本条款规定的“可以参照”，是指人民法院在审理这类案件时一般都可以这样做，目的是实现司法统一。但针对个案的特殊情况，人民法院也可以适当对住院伙食补助费进行调整。

本解释第二款的前提条件是“受害人确有必要到外地治疗，因客观原因不能住院”。所谓“受害人确有必要到外地治疗”，审判实践中的标准要适当严一些，因为过去处理这类案件时在是否“确有必要到外地治疗”问题上赔偿权利人和赔偿义务人比较对立。赔偿权利人必须举出充足的证据，证明“确有必要”到外地治疗。比如，当地没有条件治疗这种病，当地不能做这种手术，等等。如果当地医院完全能够治疗的，如一般的常规小手术，一般的医院都能处理，受害人就没有必要到外地治疗。当然，如果受害人确有必要到外地治疗，其实际发生的合理费用，赔偿义务人不得以任何形式推诿，对赔偿权利人的合理请求，人民法院应当支持。受害人到外地治疗实际发生的住宿费和伙食费，赔偿义务人只赔偿其合理的部分。至于何为合理部分，要根据各个案的具体情况个案处理。具体可以参照当地市场行情或国家机关一般工作人员差旅住宿费标准。陪护人员实际发生的住宿费和伙食费，其合理部分也应该得到赔偿。

【案例】

吴某某诉张某某、韦某某人身损害赔偿责任纠纷案

一、裁判要旨

公民的身体健康受法律保护。无民事行为能力人、限制民事行为能力人造成他人损害的，由监护人承担侵权责任。监护人尽到监护职责的，可以减轻其侵权责任。

二、基本案情

2021年1月1日下午，原告吴某某与被告张某某、韦某某玩耍，后三人乘坐被告韦某某提供的电动车去事故发生地小树林玩耍，玩耍中被告张某某拿砖头砸伤原告右额头部，用棍子殴打原告，致使原告头部、背部、臀部多处受伤。原告吴某某、被告张某某均陈述被告韦某某参与殴打原告，被告韦某某认可在被告张某某殴打原告时，其在坑上面看着是否有人来。后二被告离开现场，且商量好不告知大人原告所在的位置。此后，原告被他人在事故发生地发现受伤，原告家属报警，安阳市公安局文峰区分局宝莲寺派出所民警出警，后民警分别找到三个孩子调查情况，并有现场询问视频。

原告被送至安阳市第六人民医院急诊，医生对原告右额部头皮裂伤进行缝合。2021年1月3日16时原告入住该院脑外介入科住院治疗，2021年1月13日出院。住院诊断证明显示：（1）右额部头皮裂伤；（2）背部、臀部皮肤软组织损伤；（3）双手软组织损伤。出院医嘱：（1）注意休息，加强营养；（2）近期避免剧烈活动；（3）定期复查，不适随诊。经公安机关调解无果，原告诉至法院，

请求判令被告共同赔偿原告医疗费、护理费、交通费、住院伙食补助费、营养费、精神损害抚慰金共计 29154.55 元。

三、法院裁判

人民法院经审理认为，公民的身体健康受法律保护，行为人因过错侵害他人民事权益造成损害的，应当承担侵权责任。无民事行为能力人、限制民事行为能力人造成他人损害的，由监护人承担侵权责任。监护人尽到监护职责的，可以减轻其侵权责任。根据本案查明的事实，原告吴某某受伤的损失应当由被告张某某的父母张某兴、梁某某，被告韦某某的父母韦某强、冯某某承担赔偿责任。原告的损失经核实认定：医药费 6004.55 元；护理费 4033.39 元（49073 元 ÷365 天 ×30 天）、交通费 280 元（14 天 ×20 元）、住院伙食补助费 500 元（10 天 ×50 元）、营养费 1200 元，精神损害抚慰金证据不足，不予支持。原告以上损失共计 12017.94 元。

第十一条　营养费根据受害人伤残情况参照医疗机构的意见确定。

【条文主旨】

本条是关于确定营养费根据和营养费标准的规定。

【理解与适用】

人体遭受损害后通过日常饮食一般不能满足受损机体对热能和各种营养素的要求，因此必须通过从一些特定的药品或者食品中摄取营养素来满足机体的要求。临床资料表明，病人营养不良现象相当普遍。住院病人营养状况恶化的原因是多方面的。例如，病人可能由于恶心、呕吐、腹泻、吸收不良综合征，或因大面积烧伤、多发性骨折、感染、创伤、高烧等产生应激反应，分解代谢亢进，营养需要增加；也可能由于某些药物的影响，或与某些营养素相拮抗或促其分解，使营养素的破坏加剧。合理营养是促进康复的物质基础，受害人受伤害的情况不同，其营养要求也不同，而且临床上许多治疗措施也需要营养支持作为提高疗效的手段。从药品中摄入营养的费用可以通过医药费的方式给予赔偿，而从食品中摄入营养的费用就由赔偿义务人以营养费的方式加以赔偿。最早规定营养费的是1992年5月16日施行的《最高人民法院关于审理涉外海上人身伤亡案件损害赔偿的具体规定（试行）》[①]（以下简称《涉外海上人身

① 该规定已于2013年废止。

伤亡赔偿规定》）第三条规定："包括运送伤残人员的交通、食宿之合理费用、伤愈前的营养费……医疗期间陪住家属的交通费、食宿费等合理支出"；2001年1月21日施行的《触电损害赔偿解释》第四条第三项规定："人民法院应当根据受害人的伤残情况、治疗医院的意见决定是否赔偿营养费及其数额。"本解释规定，营养费根据受害人伤残情况参照医疗机构的意见确定。

一、确定营养费的根据

根据本条的规定，确定营养费的根据是受害人的伤残情况参照医疗机构的意见确定。据此，确定营养费最重要的根据是受害人的伤残情况，参考依据是医疗机构的意见。这里的"伤残情况"，是包括一般伤害，还是仅指造成残疾的情形？按照文义解释，这里的伤残情况，既包括一般伤害，也包括残疾的情况。一般来说，一般的伤害可能不需要赔偿受害人的营养费。因为就一般伤害而言，受害人一般不需要特别补充营养。但是，也有例外情况。因为伤害重，不一定造成残疾。反之，伤害轻，也不一定不造成残疾。那么，是不是只要受害人遭受的人身损害达到了残疾的程度，就需要支付营养费？就本条规定来看，还不能这样理解。总之，是否需要赔偿受害人营养费，要视受害人受伤害或者残疾的具体情况而定。人民法院在审理人身损害赔偿案件时，对于受害人要求支付营养费的，除根据受害人伤残情况外，另外一项参考依据就是医疗机构就案件出具的意见。虽然本条规定，就医疗机构出具的意见，人民法院只能作为参考，但这一意见非常重要，是人民法院审理人身损害赔偿案件涉及营养费时的重要依据之一。赔偿义务人对医疗机构出具的意见有异议的，可以就受害人不需要营养费、医疗机构出具意见时所提的营养费数额过高等举证，由人民法院根据证据规则进行裁判。

二、营养费的给付标准

关于营养费的具体给付标准，本条没有明确规定，审判实践中可以参照受害人实际需要补充营养的情况酌定。受害人实际需要补充的营养，是指受害人因为侵权行为受到损害，为弥补该损害实际需要补充的营养。如果受害人受损害以前的营养状况不良，即使没有遭受人身损害，也需要营养予以补充，这里原本就需要补充的营养费就不应由赔偿义务人支付，因为这与加害人的加害行为没有因果关系，不符合民事责任的构成要件。人民法院在审理涉及年老体衰的受害人的人身损害赔偿案件时，对此要特别注意。要正确区分受害人原本就需要补充的营养与受到损害后需要补充的营养。区分标准可以采纳民法的原因力理论。与确定营养费的根据一样，在确定营养费给付标准时，应严格根据受害人伤残情况参照医疗机构的意见确定，虽然医疗机构出具的意见只是人民法院审理人身损害赔偿案件时的参考，但这一意见非常重要，是确定营养费的重要依据之一。审判实践中要注意，受害人要求支付的营养费必须根据其实际需要，赔偿义务人对医疗机构出具的意见有异议的，可以就受害人不需要营养费、医疗机构出具意见时所提的营养费数额过高等举证。人民法院根据案件的具体情况和医疗机构的意见综合认定。

【案例】

张某诉某商场人身损害赔偿责任纠纷案

一、裁判要旨

商场作为经营场所，对于其大门外侧地面砖块松动未能尽到安全保障义务，可以认定其对被侵权人的受伤存在过错。但被侵权人作为高二学生，在行走过程中突然加速奔跑，未注意地面状况以致摔倒在地，自身也存在一定过错。故根据过错程度确定购物广场对被侵权人的医疗费、营养费等承担70%的赔偿责任。

二、基本案情

原告张某某系怀柔一中高二学生。2020年1月10日中午，张某某到被告购物广场购物，当其走出商场大门后，在广场上摔倒。此后至北京大学口腔医院就诊，诊断为上唇肿胀，牙龈红肿，牙齿部分脱出。庭审中，张某某出示医疗费票据16张、受伤照片2张及交通费票据、营养费票据、门急诊病历等就医材料。购物广场对证据的证明目的均不认可，主张医疗费票据与诊断书上显示未见明显创口不具有关联性；对营养费不认可，医嘱没有说加强营养，所购买的物品只是一般食品，不属于营养类；打车票时间和出诊时间不一致，且费用过高，不是必要费用。双方提交的现场相关视频显示：发生摔倒处距商场大门位置不远，位于大门外侧居中位置，地面由切割的长方形地砖对齐拼接，拼接处可见明显缝隙，未见明显凹凸之处，脚踩地砖有明显上下松动之感；张某某在摔倒前数秒突然加速跑动，未观察地面。张某某起诉至人民法院请求：被告赔偿医疗费 1764.64 元（根据票据）、营养费 2876.94 元（根据票据）、交通费 6956 元（根据票据）、误工费 1200 元（6 次，每次 200 元）、精神损失费 2 万元，共计 32797.58 元。

三、法院裁判

人民法院经审理认为，宾馆、商场、银行、车站、机场、体育场馆、娱乐场所等经营场所、公共场所的经营者、管理人或者群众性活动的组织者，未尽到安全保障义务，造成他人损害的，应当承担侵权责任。本案中，购物广场作为提供商业服务的经营者，有义务保障顾客购物过程中的人身安全，确保其管理区域内地面洁净、平整，防止对消费者正常行走构成安全隐患。购物广场辩称其已尽到安全保障义务，但从摔倒地面可见，涉事地点位于商场大门外侧居中位置，属于进入商场的消费者高频经过区域，涉事地砖已松动、缝隙较大，脚踩或踢碰易导致身体不平衡进而摔倒。购物广场未能及时了解涉事地砖存在上述隐患而采取相应修护措施或设立警示标志，留下安全隐患。但事发时张某某已年满 15 周岁，在日常行走过程中亦应尽到安全行走的注意义务。根据监控录像，张某某在行走过程中突然加速奔跑，未注意地面状况，以致摔倒在地。综上，人民法院确定购物广场对张某某的损失承担 70% 的赔偿责任。关于张某某主张的医疗费、营养费等各项费用，人民法院在全面审查证据的基础上，依法支持合理合法部分。

第十二条 残疾赔偿金根据受害人丧失劳动能力程度或者伤残等级，按照受诉法院所在地上一年度城镇居民人均可支配收入标准，自定残之日起按二十年计算。但六十周岁以上的，年龄每增加一岁减少一年；七十五周岁以上的，按五年计算。

受害人因伤致残但实际收入没有减少，或者伤残等级较轻但造成职业妨害严重影响其劳动就业的，可以对残疾赔偿金作相应调整。

【条文主旨】

本条是关于残疾赔偿金计算标准和期限的规定。

本条规定在理论上采取“劳动能力丧失”说，根据因伤致残的受害人全部或部分丧失劳动能力的情况，客观计算其未来的收入损失；同时，规定应考虑职业因素对受害人未来收入的影响，予以斟酌平衡。赔偿期限按照二十年固定期限，实行定型化赔偿。

【理解与适用】

一、关于残疾赔偿金的性质：财产损害赔偿抑或精神损害赔偿

残疾赔偿金的性质，是指残疾赔偿金是对因残疾而导致的收入减少或者生活来源丧失给予的财产损害性质的赔偿，还是对赔偿权利人遭受精神损害给予的精神抚慰性质的赔偿？这个问题一度在理

论和实务上并不是十分明确。

《民法通则》没有关于残疾赔偿金的规定。《民法通则》第一百一十九条以不完全列举的方式对残疾赔偿的赔偿范围作了规定:“侵害公民身体造成伤害的,应当赔偿医疗费、因误工减少的收入、残废者生活补助费等费用”,其中的“残废者生活补助费”,依文义解释,显然是对赔偿权利人因侵权而导致其生活资源减少或者丧失的财产损害性质的赔偿。1992年1月1日起施行的《道路交通事故处理办法》也没有“残疾赔偿金”的规定;其对残疾者生活补助费的规定明确应“根据伤残等级,按照交通事故发生地平均生活费计算”。2001年1月公布施行的《触电损害赔偿解释》第四条同样没有残疾赔偿金的赔偿项目;“残疾人生活补助费”的规定则与《道路交通事故处理办法》的规定基本一致,即应当“根据丧失劳动能力的程度或伤残等级,按照事故发生地的平均生活费计算”。从上述有关残疾者生活补助费的计算标准和根据的规定分析,残疾者生活补助费的赔偿数额与赔偿权利人的残疾等级或者劳动能力丧失程度系正相关关系,其内容是对赔偿权利人生活来源丧失或减少的赔偿,性质上应属于对赔偿权利人财产损害的赔偿。2002年9月1日起施行的《医疗事故处理条例》沿袭了上述规定。

我国有关人身损害赔偿的立法中,1993年10月31日公布、1994年1月1日起施行的《中华人民共和国消费者权益保护法》(以下简称《消费者权益保护法》)是明确规定“残疾赔偿金”的第一部法律。该法第四十一条规定:“经营者提供商品或者服务,造成消费者或者其他受害人人身伤害的,应当支付医疗费、治疗期间的护理费、因误工减少的收入等费用,造成残疾的,还应当支付残疾者生活自助具费、生活补助费、残疾赔偿金以及由其扶养的人所必需的生活费等费用。”2000年7月8日第九届全国人民代表大会第十六次会议修正《中华人民共和国产品质量法》(以下简称《产品质量法》)时，参照《消费者权益保护法》的规定，对因产品存在缺陷造成受害人残疾的，规定“应当支付残疾者生活自助具费、生活补助费、残疾赔偿金以及由其扶养的人所必需的生活费等费用”。两部重要立法对致人残疾的人身损害赔偿，都在“生活补助费”的赔偿内容以外规定了“残疾赔偿金”，但由于对残疾赔偿金的赔偿标准或者计算参数没有作出具体规定，从法律规定本身难以对残疾赔偿金的性质作出认定。根据参与制定《消费者权益保护法》的有关部门的解释，“残疾赔偿金”包含“多种损害的赔偿，如某种功能的丧失、影响美观、造成精神痛苦等”。有学者据此认为，“残疾赔偿金”不是赔偿劳动收入的减少，也不是赔偿劳动能力丧失或减少的损失，而是功能丧失本身及引起的影响美观、精神痛苦等损失，对致残赔偿的主要项目仍为“生活补助费”。[①] 审判实务中，根据上述有关部门的解释，一般将“残疾赔偿金”的性质认定为精神损害抚慰金。最高人民法院起草制定精神损害赔偿司法解释的过程中，经征求有关部门意见，在2001年3月公布的法释〔2001〕7号《精神损害赔偿解释》第九条中，明确规定：“精神损害抚慰金包括以下方式：(一)致人残疾的，为残疾赔偿金……”据此，残疾赔偿金的性质在司法上被确认为精神损害抚慰金。

1994年5月12日，第八届全国人民代表大会常务委员会第七次会议通过《中华人民共和国国家赔偿法》(以下简称《国家赔偿法》)。《国家赔偿法》第二十五条规定：“国家赔偿以支付赔偿金为主要方式。”第二十七条规定：“侵犯公民生命健康权的，赔偿金按

① 国家工商行政管理局条法司:《消费者权益保护法讲话》，新华出版社1993年版，第168~169页。转引自刘士国:《现代侵权损害赔偿研究》，法律出版社1998年版，第138页。

照下列规定计算：……（二）造成部分或者全部丧失劳动能力的，应当支付医疗费，以及残疾赔偿金，残疾赔偿金根据丧失劳动能力的程度确定，部分丧失劳动能力的最高额为国家上年度职工年平均工资的十倍，全部丧失劳动能力的为国家上年度职工年平均工资的二十倍。造成全部丧失劳动能力的，对其扶养的无劳动能力的人，还应当支付生活费。”这是国家立法上首次对“残疾赔偿金”的性质作出明确规定，即残疾赔偿金是对公民健康权受侵害导致其全部或者部分丧失劳动能力的赔偿；残疾赔偿金的计算标准是上年度职工的平均工资，并根据受害人丧失劳动能力的程度确定赔偿数额。根据这一规定，《国家赔偿法》的“残疾赔偿金”具有以下特点：

1. 其性质是财产损害赔偿，而不是精神损害赔偿。

2. 其赔偿的根据是劳动能力丧失程度，采取抽象损失标准，而非具体损失标准。即不是根据实际收入的减少情况依差额具体计算收入损失，而是根据劳动能力丧失程度抽象确定其收入损失。

3. 赔偿的标准是上年度职工工资标准，即系对抽象意义上的全部财产损失的赔偿。残疾者生活补助费或者残疾者生活费已经内含在残疾赔偿金中，故《国家赔偿法》有残疾赔偿金，但没有残疾者生活（补助）费。其赔偿项目的设计是科学、合理的。

4. 由于采取职工工资标准计算赔偿数额，因此“残疾赔偿金”在理论上也已包含了对被扶养人生活费的赔偿。即被扶养人生活费的赔偿已经通过残疾赔偿金的赔偿内在化，理论上应无须再赔偿被扶养人生活费。但《国家赔偿法》第二十七条仍规定，受害人全部丧失劳动能力的，对其扶养的无劳动能力人，还应当支付生活费。

根据以上分析，可以明确一个结论，即在全国人大制定的法律中，《消费者权益保护法》首次规定残疾赔偿应当包括残疾赔偿金，但未明确其赔偿标准，因此也无法推定其性质。《国家赔偿法》首次明确了残疾赔偿金的性质，其立法时间在后，对赔偿项目的综合设计最为科学，因此，本司法解释以《国家赔偿法》的规定为依据，确定残疾赔偿金的性质是对赔偿权利人收入损失的赔偿。

二、关于残疾赔偿金计算的理论基础：定型化赔偿与差额赔偿

值得提及的是，在人民法院审判实务中，参照国际惯例合理设计残疾赔偿项目及其内容的，已有先例。1991 年 11 月 8 日最高人民法院审判委员会通过、1992 年 5 月 16 日公布的法发〔1992〕16 号《涉外海上人身伤亡赔偿规定》第三部分关于“伤残赔偿的范围”中明确规定了四项赔偿内容：

1. 收入损失。是指根据伤残者受伤致残前的实际收入水平计算的收入损失。因受伤、致残丧失劳动能力者，按受伤、致残之前的实际收入的全额赔偿；因受伤、致残丧失部分劳动能力者，按受伤、致残前后实际收入的差额赔偿。

2. 医疗、护理费。医疗费包括挂号费、检查诊断费、治疗医药费、住院费等；护理费包括住院期间必须陪护人的合理费用和出院后生活不能自理所雇请的护理人的费用。

3. 安抚费。是指对受伤致残者的精神损失所给予的补偿。可按伤势轻重、伤痛情况、残废程度，并考虑其年龄、职业等因素作一次性赔付。

4. 其他必要的费用。包括运送伤残人员的交通、食宿之合理费用、伤愈前的营养费、补救性治疗费（整容、镶牙等费用）、残疾用具费（假肢、代步车等费用）、医疗期间陪住家属的交通费、食宿费等合理支出。

这四项赔偿内容中，“收入损失”的赔偿在国内有关立法中从未

有过类似提法，但就其内容分析，“收入损失”与《国家赔偿法》中的残疾赔偿金在性质上比较一致，但两者也存在如下区别：

1. 赔偿的计算方法不同。《国家赔偿法》规定的残疾赔偿金，按照上年度职工的平均工资标准，并根据受害人的劳动能力丧失程度分别按 10 倍或者 20 倍计算。此种计算方法，实质上是一种定额化赔偿的计算方法。而《涉外海上人身伤亡赔偿规定》的收入损失，是根据伤残者受伤致残前的实际收入水平计算，即采取的差额计算法：全部丧失劳动能力的，按致残前的实际收入全额赔偿；部分丧失劳动能力的，按致残前后实际收入的差额赔偿。计算的期限，以 70 岁平均寿命为限。70 岁以上的，按 5 年计算。

2. 计算所依据的理论基础不同。差额计算的理论基础是“利益说”，或称“所得丧失说”，即认为损害为财产或其他利益损失：损害 = 利益。因此，赔偿额的确定，就是以被害人的财产状况于损害事故发生与损害事故不发生两种情形下的差额为根据，体现赔偿全部实际损失的原则。

定额化计算的理论基础则是所谓“死伤损害说”，是对“利益说”进行批判而提出的理论。该说认为：（1）利益说将损害与利益等同，认为可以发现因死伤而实际发生的财产损失额和精神损害额，特别重视以逸失利益为中心的财产性损害，但是，实际上在人死伤的时候并不存在与物灭失时同样意义的损害额，应当将死伤本身作为损害加以把握。即在人身损害当中，实际上是在对本来就不可能用金钱换算的人的生命、身体勉强地进行金钱评价，因此必须认识到，不可能发现赔偿额，而只能创造出赔偿额。以财产损害为中心计算损害赔偿额的方法是把人看作生产利益的工具，违背人类平等与尊重个人的精神。（2）差额说对因死伤造成的逸失利益即应得利益的计算，是以极其暧昧的盖然性为基础的、极不正确的。因为其计算的前提是个人的实际收入状况。但即使对于现在得到比较稳定收入的工薪阶层来说，也不能确切地断言其将来的收入状况。对个体工商户、私营业主等预测其未来的收入就更是困难。对尚无收入的未成年人、家庭主妇、待业者等，为了确定赔偿额计算的基础，应以何种程度的确实性举出何种程度的预想得到的收入合适，是一个极其微妙的问题。此外，受害人在未来生存年限内实际上的劳动可能的盖然性程度也是不明确的。因此，以这种不确定的盖然性的数字为基础算出的逸失利益，尽管采用了表面上精密的外形，但实质上不过是极不正确的计算而已。因此，在对不具有交换价值的人的生命、身体作评价时，应采取定额化赔偿。①

定额化理论的优点是：（1）将法学家从"实费主义"的束缚中解放出来；（2）反映了在大量交通事故和公害出现的现代社会，为救济而作定型性处理的法技术、法理论和时代的要求；（3）避免了因个人财富、收入的不平等认定的损害赔偿额的不平等；（4）是对只注重保护被害者，而轻视加害者利益，使加害人因一时的事故而破产的学说、判例的反省。②但也有反对的意见认为，人的生命的价值虽然没有高低，但人的作用是有高低的，所以对于生命、身体的损害规定定额是有疑问的；并且，虽然从事件的迅速处理的要求来看定额化是理想的，但完全平等的定额化反倒不合理。③

我国立法对逸失利益的损害赔偿，历来采取定型化赔偿的方法。《道路交通事故处理办法》《国家赔偿法》《医疗事故处理条例》均如此。其理论基础，是所谓"劳动能力丧失说"。该说的实质可认为是"死伤损失说"在受害人因残疾丧失劳动能力情况下的体现，两者思

① 于敏：《日本侵权行为法》，法律出版社 1998 年版，第 364~365 页，第 367 页。
② 刘士国：《现代侵权损害赔偿研究》，法律出版社 1998 年版，第 14 页。
③ 于敏：《日本侵权行为法》，法律出版社 1998 年版，第 364~365 页，第 367 页。

想脉络是一致的。劳动能力丧失说认为，受害人劳动能力丧失即为损害，不管受害人受害前是否有收入所得，只要有劳动能力，加害人就应当赔偿因此种能力丧失或减少所致的损失，其损失参照社会劳动力价值及受害人具体情况计算。[①] 迄今为止，对逸失利益采取差额赔偿的，《涉外海上人身伤亡赔偿规定》是仅见的一例。其原因或如该规定所说，是“结合我国海事审判实践，参照国际习惯做法”使然。

三、残疾赔偿金的计算采“劳动能力丧失说”

如前所述，我国法律、法规对逸失利益的赔偿原则上都采取定型化赔偿。其中，有关残疾赔偿的定型化计算渗透的是“劳动能力丧失说”的思想；其特点一般是根据受害人的残疾等级抽象评定其劳动力丧失程度，并以此作为评价受害人逸失利益损失的依据。鉴于我国有关立法均采“劳动能力丧失说”，本解释对逸失利益损失亦采“劳动能力丧失说”予以定型化赔偿。

“劳动能力丧失说”与“收入丧失说”或者“所得丧失说”是相对而言的。“收入丧失说”的法理依据为“差额说”或者“利益说”。如果严格依据“收入丧失说”理论，则只有实际取得收入的受害人才会有收入损失；也只有实际减少收入的人才存在收入损失。据此，未成年人、家庭主妇、待业人员都不存在收入损失，不能依据收入差额获得赔偿。更进一步地说，受害人虽然因伤致残，但实际收入没有减少的，也不应获得赔偿。如果贯彻这一理论，其结论显然不合理。因此，绝对的“收入丧失说”实际上没有人主张，通常都是“收入丧失说”结合“劳动能力丧失说”作为评价残疾赔偿的理论

① 刘士国:《现代侵权损害赔偿研究》，法律出版社 1998 年版，第 14 页。

依据。例如，前述《涉外海上人身伤亡赔偿规定》采取“收入丧失说”，按照受害人的实际收入损失的差额计算其收入损失赔偿额。但其第六条规定：“伤亡者本人无固定工资收入的，其收入损失可比照同岗位、同工种、同职务的人员工资标准，或按其所在地区正常年度内的收入计算。伤亡者为待业人员及其他无固定工资收入的，按其所在地的平均生活水平计算。伤亡者为未成年人的，可参照本款以18岁为起点计算。”该规定就是以“劳动能力丧失说”对“收入丧失说”进行了补充和修正，避免了“收入丧失说”固有的缺陷。应当说，该规定亦有其合理性。

本解释原则上采取“劳动能力丧失说”，同时也考虑赔偿权利人收入丧失与否的实际情况，作为决定残疾赔偿的加权因素，以平衡当事人双方利益，这实际上又斟酌了“收入丧失说”的合理成分。

四、残疾赔偿金的计算标准

本条第一款规定：“残疾赔偿金根据受害人丧失劳动能力程度或者伤残等级，按照受诉法院所在地上一年度城镇居民人均可支配收入标准，自定残之日起按二十年计算。但六十周岁以上的，年龄每增加一岁减少一年；七十五周岁以上的，按五年计算。”

（一）2003年《人身损害赔偿解释》制定时的考量因素

1. 关于城镇居民人均可支配收入

城镇居民人均可支配收入是根据城镇居民家庭可支配收入除以平均负担系数计算出的个人年均收入。按照国家统计局编《中国统计摘要（2001）》中的“主要统计指标解释”，城镇居民家庭可支配收入指被调查的城镇居民家庭在支付个人所得税、财产税及其他经常性转移支出后所余下的实际收入。平均负担系数是指每一就业者负担人数（包括就业者本人）。

平均负担系数＝全部人口 ÷ 就业人口（或劳动力人口）

农村居民人均纯收入也是根据农村居民家庭纯收入除以平均负担系数计算出的农村居民人均年纯收入。农村居民家庭纯收入，是指农村常住居民家庭总收入中，扣除从事生产和非生产经营费用支出、缴纳税款和上交承包集体任务金额后剩余的，可直接用于进行生产性、非生产性建设投资、生活消费和积蓄的那一部分收入。农村居民家庭纯收入包括从事生产性和非生产性的经营收入，取自在外人口寄回带回和国家财政救济、各种补贴等非经营性收入；既包括货币收入，又包括自产自用的实物收入。但不包括向银行、信用社和向亲友借款等属于借贷性的收入。

2. 以城镇居民人均可支配收入和农村居民人均纯收入指标作为残疾赔偿金计算标准的法理依据和算术依据

（1）如前所述，残疾赔偿金的计算采“劳动能力丧失说”。劳动能力丧失意味着有劳动能力的劳动者的未来收入损失。但未来的收入乃是一个抽象的、不确定的概念。尤其是暂不具备劳动能力的未成年人，其未来的劳动能力和收入水平难以预测。因此，对此种抽象的未来收入损失，本解释采取定型化赔偿的计算方法，理论上应按照平均收入水平计算其未来收入损失。

（2）统计指标体系中并无直接的平均收入指标。比较接近的统计指标有“职工平均工资”。按照《中国统计年鉴—2001》对主要统计指标的解释，“职工平均工资”是指“企业、事业、机关单位的职工在一定时间内平均每人所得的货币工资额。它表明一定时期职工工资收入的高低程度，是反映职工工资水平的主要指标。计算公式为：职工平均工资＝报告期实际支付的全部职工工资总额 ÷ 报告期全部职工平均人数”。由于职工平均工资是代表总人口中一部分就业人口的平均收入状况，故不宜作为全部就业人口的平均收入指标。

另一统计指标是“人均可支配收入”，是统计部门根据入户调查的家庭可支配收入除以平均负担系数计算出的统计指标。将该指标乘以平均负担系数，就可以还原计算出全部就业人口或者劳动力人口的平均收入。即：

平均收入＝城镇居民人均可支配收入或者农村居民人均纯收入 ×（城镇居民或者农村居民）平均负担系数

（3）既然如此，为什么本解释没有采用平均收入指标作为残疾赔偿金（以及死亡赔偿金）的计算标准呢？原因在于：

我国当时立法在残疾赔偿金以外还规定须赔偿被扶养人生活费，因此，依据“劳动能力丧失说”对受害人收入损失的赔偿就在事实上被分解为两个部分，其结构如下：

残疾者收入损失＝残疾赔偿金＋被扶养人生活费

如果与当时的立法相协调，残疾赔偿金就不能以平均收入为计算依据，否则，残疾赔偿金加上被扶养人生活费，其结果就会大大超过就业人口的平均收入，而与劳动能力丧失说的理论相悖。本解释据此将平均收入进行分解，即分为城镇居民人均可支配收入（或者农村居民人均纯收入）和城镇居民人均消费性支出（或者农村居民人均年生活消费支出）两项指标，分别与残疾赔偿金和被扶养人生活费相对应。即：

平均收入＝城镇居民人均可支配收入（或者农村居民人均纯收入）＋城镇居民人均消费性支出（或者农村居民人均年生活消费支出）

本解释制定时，起草者根据 2001 年北京市的有关统计指标作一简单计算：

城镇就业人口平均收入＝城镇居民人均可支配收入（2001 年北京市城镇居民人均可支配收入为 11577.8 元）× 平均负担系数

（1.86）=21534.708 元

残疾者收入损失 = 残疾赔偿金（按人均可支配收入计算为 11577.8 元）+ 被扶养人生活费（按北京市 2001 年人均消费性支出计算为 8922.7 元）=20500.5 元

此外，2001 年北京市职工年平均工资为 19155 元。比较这几个数据，不难看出，按人均可支配收入计算的残疾赔偿金与按人均消费性支出计算的被扶养人生活费之和约略相等于还原计算出的就业人口平均收入和职工平均工资。

为取得统计上的普遍依据，起草者还将几个代表性省、自治区、直辖市有关残疾赔偿金、被扶养人生活费之和与城镇就业居民的平均收入额进行了对比计算（由于计算所依据的平均负担系数非各省、自治区、直辖市的统计数据，而系全国平均负担系数，故结果不完全精确）。结果表明，按人均可支配收入计算残疾赔偿金，同时按人均消费性支出计算被扶养人生活费，两项加起来与还原计算的城镇就业居民的平均收入相当。因此，本解释所确定的计算标准是合理、适当的。

在 2003 年制定本解释时，据原劳动和社会保障部介绍，职工工资一般按照平均能够养活 1.5 个人的标准测算确定。同时，根据国家统计局的咨询意见，我国目前就业人口的平均负担系数应为 1.7~1.8，即一人的工资可以养活 1.7~1.8 个人。这一比例分配与前述人均可支配收入和平均生活费的比例相当。故本解释以人均可支配收入作为残疾赔偿金的计算参数，而以平均生活费作为被扶养人生活费的计算参数，既体现了对受害人收入损失的全部填补，同时也与我国目前的法律规定相协调。死亡赔偿金的计算标准，也与此完全一致。

（二）本条的修改和沿革

关于人身损害赔偿范围，《民法通则》第一百一十九条规定：

"侵害公民身体造成伤害的，应当赔偿医疗费、因误工减少的收入、残废者生活补助费等费用；造成死亡的，并应当支付丧葬费、死者生前扶养的人必要的生活费等费用。"《民法通则》通过后，《消费者权益保护法》（1993年）第四十一条、第四十二条分别对经营者提供商品或者服务造成消费者或者其他受害人人身伤害和死亡的赔偿范围作出了规定，在《民法通则》第一百一十九条规定的基础上，增加了"治疗期间的护理费""残疾者生活自助具费""残疾赔偿金""由残疾者扶养的人所必需的生活费""死亡赔偿金"五项内容。《产品质量法》（2000年）第四十四条也作出了相似规定，被扶养人生活费是一项独立的赔偿项目。

2009年12月26日通过的《侵权责任法》第十六条规定，侵害他人造成人身损害的，应当赔偿医疗费、护理费、交通费等为治疗和康复支出的合理费用，以及因误工减少的收入。造成残疾的，还应当赔偿残疾生活辅助具费和残疾赔偿金。造成死亡的，还应当赔偿丧葬费和死亡赔偿金。该条规定中没有被扶养人生活费的表述。但是，司法实践中一直采用将被扶养人生活费并入残疾赔偿金和死亡赔偿金计算的做法。因此，2021年1月1日施行的《民法典》第一千一百七十九条基本延续了《侵权责任法》的内容，规定："侵害他人造成人身损害的，应当赔偿医疗费、护理费、交通费、营养费、住院伙食补助费等为治疗和康复支出的合理费用，以及因误工减少的收入。造成残疾的，还应当赔偿辅助器具费和残疾赔偿金；造成死亡的，还应当赔偿丧葬费和死亡赔偿金。"没有单独规定被扶养人生活费。

为配合《民法典》实施，在征求立法机关等各方面意见的基础上，本解释根据2020年12月23日最高人民法院审判委员会第1823次会议通过的《最高人民法院关于修改〈最高人民法院关于在民事审判工作中适用《中华人民共和国工会法》若干问题的解释〉等二十七件民事类司法解释的决定》修正，其中增加了第十六条，明确规定“被扶养人生活费计入残疾赔偿金或者死亡赔偿金”，将司法实践中的做法在司法解释中予以明确和固定。也就是说，虽然《民法典》第一千一百七十九条未列举被扶养人生活费这一项目，但是被扶养人生活费仍然计算并计入残疾赔偿金和死亡赔偿金中。因此，残疾赔偿金、死亡赔偿金计算的基本逻辑未发生大的变化，虽然在2022年修改时将城乡区分的规定统一为按照城镇居民标准计算，但采用的仍然是城镇居民人均可支配收入这一指标作为计算标准。

（三）城乡居民赔偿标准的统一

2003年本解释颁布实施时，对于残疾赔偿金、死亡赔偿金以及被扶养人生活费作出赔偿标准城乡区分的规定。该规定是在我国经济社会发展不平衡的基本国情、城乡户籍制度和城乡二元结构的背景下制定的。随着我国户籍制度改革的推进以及社会经济的不断发展，城乡差距逐渐缩小，人身损害赔偿标准问题面临新情况、新形势。2014年7月24日，国务院印发《关于进一步推进户籍制度改革的意见》，就进一步推进户籍制度改革提出三方面11条具体政策措施，其中在第三条“创新人口管理”的意见中，提出“建立城乡统一的户口登记制度”，“取消农业户口与非农业户口性质区分和由此衍生的蓝印户口等户口类型，统一登记为居民户口”。2017年2月9日，公安部召开全国户籍制度改革专题视频培训会，会议指出户籍制度改革的政策框架基本构建完成，城乡统一的户口登记制度全面建立，各地取消了农业户口与非农业户口性质区分。2019年4月15日，中共中央、国务院公布《关于建立健全城乡融合发展体制机制和政策体系的意见》，明确提出“改革人身损害赔偿制度，统一城乡居民赔偿标准”的要求。

为深入贯彻落实党中央关于建立健全城乡融合发展体制机制和政策体系的重大决策部署以及“改革人身损害赔偿制度，统一城乡居民赔偿标准”的要求，最高人民法院于2019年9月2日印发《关于授权开展人身损害赔偿标准城乡统一试点的通知》，授权各高级人民法院在辖区内开展人身损害赔偿纠纷案件统一城乡居民赔偿标准试点工作。为进一步推动城乡居民赔偿标准统一工作，在总结试点工作经验的基础上，最高人民法院启动了《人身损害赔偿解释》修改工作。2022年2月15日，最高人民法院审判委员会第1864次会议讨论通过了《最高人民法院关于修改〈最高人民法院关于审理人身损害赔偿案件适用法律若干问题的解释〉的决定》，并于2022年5月1日起施行。此次修改，将赔偿标准由原来的城乡区分的规定修改为统一按照城镇居民人均可支配收入标准计算残疾赔偿金、死亡赔偿金以及按照城镇居民人均消费支出标准计算被扶养人生活费。

此次修改主要基于以下考虑：

第一，统一采用城镇居民标准是对试点工作经验的总结。试点过程中，各地法院根据辖区实际情况开展工作，采用了不同的做法，主要有统一到城镇居民标准和统一到全体居民标准两种做法。总体上，全体居民标准高于农村居民标准，但低于城镇居民标准。根据2021年上半年统计的情况，有26个省、自治区、直辖市以及新疆生产建设兵团在试点工作中采用了统一到城镇居民标准的做法。2021年8月份，最高人民法院又下发《关于进一步推进人身损害赔偿标准城乡统一试点工作的通知》，要求各地法院扩大试点范围，并将赔偿标准统一到城镇居民标准上来。据各地报告的情况看，试点工作运行平稳，总体上效果较好。

第二，统一采用城镇居民标准能够更为充分地保护受害人利益。尤其是受害者为农村居民的，赔偿数额将获得较大幅度的提高。试点过程中，也有地方采用全体居民标准计算。但考虑到如果统一采用全体居民标准，则可能降低城镇居民受害者现有的赔偿额度。采用城镇居民标准，能够兼顾城镇居民受害者和农村居民受害者的整体情况，更好地保护人民群众合法权益。

第三，统一采用城镇居民标准与当前我国城镇化发展趋势相符。根据第七次全国人口普查公报，当前居住在城镇的人口占总人口的比例达到了63.89%。与2010年第六次全国人口普查相比，城镇人口比重上升了14.21个百分点。随着我国城镇化的进一步推进，可以预见城镇人口的占比将会进一步提高。统一为城镇居民标准，符合我国城镇化发展趋势。

以2020年为例，我国全体及分城乡居民收支情况[①]如下：

表1 我国全体及分城乡居民收支情况统计表

（单位：元）

地区	人均可支配收入			人均消费支出		
	居民人均可支配收入	城镇居民人均可支配收入	农村人均可支配收入	居民人均消费支出	城镇居民人均消费支出	农村居民人均消费支出
北京	69434	75602	30126	38903	41726	20913
天津	43854	47659	25691	28461	30895	16844
河北	27136	37286	16467	18037	23167	12644
山西	25214	34793	13878	15733	20332	10290
内蒙古	31497	41353	16567	19794	23888	13594
辽宁	32738	40376	17450	20672	24849	12311
吉林	25751	33396	16067	17318	21623	11864
黑龙江	24902	31115	16168	17056	20397	12360
上海	72232	76437	34911	42536	44839	22095
江苏	43390	53102	24198	26225	30882	17022

① 数据来源：国家统计局网站。

续表

地区	人均可支配收入			人均消费支出		
	居民人均可支配收入	城镇居民人均可支配收入	农村人均可支配收入	居民人均消费支出	城镇居民人均消费支出	农村居民人均消费支出
浙江	52397	62699	31930	31295	36197	21555
安徽	28103	39442	16620	18877	22683	15024
福建	37202	47160	20880	25126	30487	16339
江西	28017	38556	16981	17955	22134	13579
山东	32886	43726	18753	20940	27291	12660
河南	24810	34750	16108	16143	20645	12201
湖北	27881	36706	16306	19246	22885	14472
湖南	29380	41698	16585	20998	26796	14974
广东	41029	50257	20143	28492	33511	17132
广西	24562	35859	14815	16357	20907	12431
海南	27904	37097	16279	18972	23560	13169
重庆	30824	40006	16361	21678	26464	14140
四川	26522	38253	15929	19783	25133	14953
贵州	21795	36096	11642	14874	20587	10818
云南	23295	37500	12842	16792	24569	11069
西藏	21744	41156	14598	13225	24927	8917
陕西	26226	37868	13316	17418	22866	11376
甘肃	20335	33822	10344	16175	24615	9923
青海	24037	35506	12342	18284	24315	12134
宁夏	25735	35720	13889	17506	22379	11724
新疆	23845	34838	14056	16512	22952	10778

五、残疾赔偿金的计算期限和斟酌因素

根据第一款的规定，残疾赔偿金的计算期限为20年。但60周岁以上的，年龄每增加一岁减少一年；75周岁以上的，按五年计算。

（一）确定按二十年期限计算残疾赔偿金的理由

（1）与现行有关法律、法规的规定相一致。前已述及《国家赔偿法》《道路交通事故处理办法》对残疾赔偿金（残疾者生活补助费）规定的赔偿期限均为（或最高为）20年，本解释的规定既体现人身损害赔偿计算的历史连续性，也与现行有关法律、法规的规定相一致。

（2）按20年计算的残疾赔偿金须一次性给付。大陆法系国家的传统做法，是要按照霍夫曼计算法或者莱布尼兹计算法扣除一次性给付损害赔偿金的期前利息。但由于中国经济发展迅速，物价水平和工资水平在未来相当一段时间内还会持续上涨，因此，我国的一次性赔偿向来不考虑扣除期前利息。这样，与扣除期前利息的大陆法系国家和地区比较，按20年计算的一次性赔偿金与其他国家和地区按平均寿命计算的一次性损害赔偿金，事实上不会过于悬殊，甚至还互有短长。

（3）指向未来的一次性赔偿有许多不确定因素，计算期限过长难免会发生实际赔偿与生活实态不一致的情形，过分加重赔偿义务人的负担，并有可能使一次性高额赔偿转化为不当利益。为避免因期限过长导致不确定因素的发生几率相应增大，适当期间的赔偿年限就是必要的。20年期限多数情形下较按平均寿命计算的赔偿期限为短，且在过去的立法实践和审判实践中都已被社会所接受，故其无论是在心理上、社会效果上和当事人双方的利益均衡上都是一个较为恰当和适中的期限。

（4）由于本解释第十九条赋予了赔偿权利人就赔偿周期届满后再次起诉的权利，按20年计算残疾赔偿金的不利因素基本上被消除。

（二）关于60岁以上赔偿期限递减的理由

《道路交通事故处理办法》规定残疾者生活补助费赔偿期限为20年。按平均寿命70岁计算，年满50岁的赔偿期限递减。2003年《人身损害赔偿解释》制定时，将递减的年龄起点提高到60岁，主要根据是国家统计局的咨询意见。国家统计局的专家介绍，平均寿命在统计学上是一个动态概念而非静态概念。平均寿命70岁，是指零岁人口的平均预期寿命。而50岁、60岁乃至70岁尚生存的人口的平均预期寿命当然就不一定是70岁。根据2000年第五次全国人口普查的资料计算，60岁、70岁、75岁人口的平均预期寿命分别为78.36岁、81.39岁和83.69岁。国家统计局的专家据此建议，将赔偿期限递减的起点调整为60岁，75周岁以上的按5年计算，以与统计结果相一致。本解释采纳了这一意见。

（三）关于计算残疾赔偿金的斟酌因素

本条第二款规定了计算残疾赔偿金的斟酌因素："受害人因伤致残但实际收入没有减少，或者伤残等级较轻但造成职业妨害严重影响其劳动就业的，可以对残疾赔偿金作相应调整。"

上述规定，涉及赔偿权利人的主观损害和客观损害是否应予斟酌的问题，在理论和实务上均有重要意义。损害赔偿理论可分为损害的主观因素及客观因素。客观因素，又称普通因素，指就某特定损害事故而言，其存在不因被害人而异之因素。无论损害事故发生于何人，损害之构成因素并无不同。主观因素又称特别因素，乃因被害人而异之因素。损害事故发生于不同的人身，损害的构成因素就会因人而有轻重。此种因人而轻重的损害，就是主观损害；相反则为客观损害。在计算损害时，如仅斟酌普通因素，其计算方式称为损害之客观计算；如兼而斟酌普通因素以及特别因素的，其计算方式称为损害之主观计算。[①] 本解释对收入损失原则上虽采定型化赔偿，以客观方式计算；但同时也兼顾主观损害的填补和个别正义的实现，对确有斟酌必要的特殊情形以客观方式结合主观方式计算。

关于人身遭受侵害而致劳动能力减少的受害人，因劳动能力减少所生之损害，亦可分别以客观或者主观方式进行计算。劳动能力减少的程度，通常由专业机构鉴定。而鉴定结论通常以抽象百分比表示。如劳动能力丧失 20% 等。此种百分比的确定并不考虑被害人的实际职业，其计算方法为客观方式。如果按主观方式计算，就应当考虑被害人的职业。此时，就会出现两种不同的结果：（1）劳动能力减少的抽象百分比很高，但由于伤害对于被害人的职业毫无影响，其对受害人的主观损害可能较小甚至微不足道。（2）劳动能力减少的抽象百分比虽然很低，但因伤害对于被害人职业影响甚大，导致主观损害巨大，如空姐因脸部擦伤不适于从事空姐职业被迫改行，其收入亦因此大幅减少。[②] 本条规定即考虑了类似情形，而作出如上斟酌规定。实际就是体现对损害赔偿的计算，应遵循主观计算与客观计算相结合的原则。

---

① 曾世雄：《损害赔偿法原理》，中国政法大学出版社 2001 年版，第 161~164 页，第 167~168 页。

② 曾世雄：《损害赔偿法原理》，中国政法大学出版社 2001 年版，第 161~164 页，第 167~168 页。

【案例】

段某某与李某、某财产保险公司机动车交通事故责任纠纷案

一、裁判要旨

侵权行为发生在2020年4月1日后的机动车交通事故责任纠纷案件，不再区分城镇居民和农村居民，死亡赔偿金、残疾赔偿金按照云南省上一年度城镇常住居民人均可支配收入标准计算。

二、案件事实

2020年6月21日20时06分许，被告李某驾驶小型越野客车，沿镇曲线由镇沅县古城镇方向往镇沅县恩乐镇方向行驶，当车辆行驶至镇曲线K21+800m处时，该车与原告发生碰撞，造成原告受伤、小型越野客车部分损坏的道路交通事故。经公安局交通警察大队作出《道路交通事故认定书》认定，被告李某负此次交通事故的全部责任，原告不负责任。被告李某所驾驶的肇事车辆在被告某财产保险公司投保了交强险及商业险（其中商业第三者责任险限额为50万元）。事故发生时，该车辆尚在保险期限内。事故发生当日，原告到医院治疗，支付医疗费216.78元。因伤情严重，原告于2020年6月22日至9月8日到市人民医院住院治疗，支付医疗费92850.86元。经诊断，因本次交通事故导致原告胸部闭合性损伤：双侧胸腔积液、创伤性湿肺、肺部感染；轻型颅脑损伤；右侧髋臼骨折；右腓骨头骨折；右膝关节韧带损伤；双侧小腿肌间静脉内血栓形成（完全性栓塞）；全身多处软组织挫伤；腰椎退行性改变；双侧骶髂关节退

行性改变；右侧膝关节退行性改变、骨质疏松。因伤势一直未好转，原告于2020年9月9日至9月17日到云南省第二人民医院住院治疗，支付医疗费16082.2元。

2020年7月22日，甲司法鉴定中心出具《法医临床鉴定意见书》，认定原告伤情为轻伤一级。2020年9月7日，乙司法鉴定中心出具《司法鉴定意见书》，认定原告的伤残等级为九级伤残，护理期120日、营养期120日、误工期0日。原告支付鉴定费1800元。

另查明，因治疗需要，原告到药店购买一次性使用无菌雾化吸入器支付28.6元；购买膝关节固定支具支付980元；购买血塞通软胶囊、舒筋活血片、三七粉支付516元；购买利伐沙班片、脉络疏通丸支付3068元。原告另支付交通费等。

三、法院裁判

公民的生命健康权依法应受到保护。根据《侵权责任法》第六条规定："行为人因过错侵害他人民事权益，应当承担侵权责任。"第十六条规定："侵害他人造成人身损害的，应当赔偿医疗费、护理费、交通费等为治疗和康复支出的合理费用，以及因误工减少的收入。造成残疾的，还应当赔偿残疾生活辅助具费和残疾赔偿金。造成死亡的，还应当赔偿丧葬费和死亡赔偿金。"本案中，被告李某驾驶的车辆与原告发生碰撞，造成原告受伤、车辆受损的道路交通事故，事实清楚，证据充分，经交警部门认定，被告李某对该起交通事故负全部责任，其应承担相应的民事赔偿责任。

原告要求被告赔偿残疾赔偿金86971.2元。被告李某对原告主张的残疾赔偿金86971.2元无异议。被告某财产保险公司认为残疾赔偿金应按农村赔偿标准计算。法院认为，根据《云南省高级人民法院关于开展人身损害赔偿标准城乡统一试点工作的通知》，侵权行为发生在2020年4月1日后的机动车交通事故责任纠纷案件，不再区分城镇居民和农村居民，死亡赔偿金、残疾赔偿金按照云南省上一年度城镇常住居民人均可支配收入标准计算。因本案交通事故发生时间为2020年6月21日，原告主张的残疾赔偿金，法院按照云南省2019年全年城镇常住居民人均可支配收入36238元计算，本次交通事故造成原告九级伤残，原告的残疾赔偿金应计算为：36238.00元/年×（20年-8年）×20%=86971.2元。故原告主张的残疾赔偿金86971.2元，法院予以支持。

第十三条　**残疾辅助器具费按照普通适用器具的合理费用标准计算。伤情有特殊需要的，可以参照辅助器具配制机构的意见确定相应的合理费用标准。**

辅助器具的更换周期和赔偿期限参照配制机构的意见确定。

【条文主旨】

本条是关于如何确定残疾辅助器具赔偿费用的原则的规定。

本条按照损害赔偿的"利益说"，确定残疾辅助器具费属于赔偿权利人因增加生活上需要而支出的必要费用，应当按照"普通适用"原则，并参照辅助器具配制机构的意见确定其合理的赔偿费用标准，以及辅助器具更换周期和赔偿期限。

【理解与适用】

残疾辅助器具，是因伤致残的受害人为补偿其遭受创伤的肢体器官功能、辅助其实现生活自理或者从事生产劳动而购买、配制的生活自助器具，如瘫痪后购买的轮椅、截肢后购买的假肢、失明后安装的义眼、听力减弱后购买的助听器等。《民法通则》[①] 未就购买或者配制残疾辅助器具的费用赔偿问题作出规定。1991 年国务院颁布的《道路交通事故处理办法》[②] 首次明确了残疾辅助器具费属于交通事故责任者承担损害赔偿责任的范围，称为"残疾用具费"；该办法第三十七条第六项明确规定了赔偿残疾用具费用的条件、限制和

① 《民法通则》已于 2021 年 1 月 1 日废止。

② 《道路交通事故处理办法》已于 2004 年 4 月废止。

依据："因残疾需要配制补偿功能的器具的，凭医院证明按照普及型器具的费用计算。"《消费者权益保护法》《产品质量法》则规定了消费领域侵权或者产品质量领域侵权造成残疾的，也应赔偿残疾辅助器具费，称为"残疾者生活自助具费"。《触电损害赔偿解释》[①]第四条第六项，则规定了触电人身损害赔偿的赔偿范围包括"残疾用具费"，并明确其给付条件为："受害残疾人因日常生活或辅助生产劳动需要必须配制假肢、代步车等辅助器具的，凭医院证明按照国产普通型器具的费用计算。"2003年《人身损害赔偿解释》根据上述法律、法规和司法解释的规定，确认侵权人身损害的赔偿范围包括对因购买或者配制残疾辅助器具而支出的费用的赔偿，并根据民政部的意见，将该项费用称为"残疾辅助器具费"。本条款在2020年和2022年两次修正过程中，内容未作修改。

一、责任范围的因果关系与残疾辅助器具费赔偿

按照损害赔偿法原理，赔偿义务人应当赔偿的"损害"必须是与侵害行为有相当因果关系的损害。而在侵权行为法上，因果关系又分为责任成立的因果关系和责任范围的因果关系两个层次。责任成立的因果关系，是指可归责的行为与权利受侵害之间具有因果关系，如向饮用水投毒之"因"与饮用该水后"死亡"之果；目睹丈夫死于车祸之"因"与"堕胎流产"之果；其关注点在原因事实与损害后果之间是否具有因果关系，系属侵权行为的构成要件之一。仅在此意义上成立因果关系，还不能成立侵权行为，尚须考察是否具备主观要件或者违法性要件，才能决定侵权行为是否成立。责任范围的因果关系，是在责任成立的前提下，进一步确定哪些损害后

① 该解释已废止。

果与权利受侵害之间具有因果关系。即责任范围的因果关系，其关注点在于确认哪些损害结果系因权利被侵害而发生并具有相当因果关系，属于赔偿义务人应予赔偿的损害范围。例如，甲驾车撞伤乙，乙支出医药费，乙住院期间感染了传染病，家中财物被盗时，责任范围的因果关系所要探究的是，乙支出医药费，住院期间感染传染病，或家中财物被盗等“损害”与“其身体健康被侵害”之间是否具有因果关系。责任范围的因果关系需要认定的不是“损害”与“其原因事实”的因果关系，而是“损害”与“权利受侵害”间的因果关系，前一认定应为侵权构成要件问题，后者则是侵权已经成立的损害赔偿范围问题。[①]责任范围因果关系，具有合理界定加害人赔偿责任的重要机能，涉及法律上的价值判断，一向为理论界和实务界争论的重点。[②]

关于残疾辅助器具是否属于人身损害赔偿的范围，理论上属于责任范围的因果关系问题。虽然国内尚无人从理论上提出这一问题，但实务中已有许多人认识到这一问题，并提出了对此问题的认识和见解。例如，曾有作者撰文认为，残疾辅助器具的赔偿往往是“小伤残可赔天价，大伤残赔出低价。这种情况的出现，是由于我们在审判实践中对残疾用具费的认定导致的。如果伤残者整条手臂从肩关节缺失，伤残等级会比只失去前臂级别高，但前者可能会因为无法安装假肢而失掉绝大部分赔偿，所以，有些人身赔偿案件变成了以要不要装假肢为主的讼争，这是民事审判的歧变。伤残者虽然通过假肢费获得了高额赔偿，但不能体现出司法的公正”[③]。还有的意见认为“全额赔偿残疾用具费欠妥”，其理由是：“现行的残废赔偿项

① 王泽鉴：《侵权行为法》（第1册），中国政法大学出版社2001年版，第189~190页。
② 王泽鉴：《侵权行为法》（第1册），中国政法大学出版社2001年版，第191页。
③ 温毅斌：《人身损害赔偿标准质疑》，载《福建法制报》。

目中，均有赔偿残疾生活用具费的规定，如义齿、义眼、轮椅、假肢。而这项内容还往往是使赔偿额攀高的一个重要原因。某县有一致残当事人，其残废生活补助费不过3万余元，而判赔假肢（每年维修一次，每两年更换一次）安装费则高达近30万元，几乎是残废补偿费的10倍。照此，一位同样等级而不需要配置残疾用具的残废者，因没有该项赔偿费是否就可少赔这30万元呢？”[①]应当说，两种观点都非常敏锐地意识到了残疾辅助器具费的赔偿存在的问题，即该项赔偿与受害人人身受侵害之间是否具有相当因果关系。前引作者进一步认为：“残疾生活用具费一般不应列入人身损害赔偿项目，或者只考虑首次配置费用。因为残废赔偿金是根据其残废状况而对其收入减少部分和生活质量降低部分的补偿，而残疾用具只是为了提高残者的生活质量，已包含其中了。如果再给予全额赔偿残疾用具费就等于作了双重赔偿。考虑首次配置费用，完全是一种安慰性的补偿，让残废者有一个心理适应过程。”[②]应当认为，上述作者的分析是接触到了问题的一部分实质的。从责任范围的因果关系理论分析，同样造成残疾，小伤残可赔天价，大伤残赔出低价，这种价值失衡使人们完全有理由怀疑将残疾辅助器具费纳入赔偿范围的合理性。直观的结论应当是，要么一视同仁，无论事实上能否配制残疾用具，都按照残疾等级赔偿相应的费用；要么既然高等级残疾不用配制残疾用具，表明残疾用具费的支出与侵权不具有相当因果关系，因而如前引作者所主张的那样，对残疾用具费应不予赔偿或者只给予首次配置以抚慰性赔偿。

① 熊继品：《残废赔偿中的认识误区》，载《人民法院报》。
② 熊继品：《残废赔偿中的认识误区》，载《人民法院报》。

二、“损害”之意义与残疾辅助器具费的性质

残疾辅助器具费的支出与身体被侵害的侵权行为是否存在相当因果关系，须结合损害赔偿法理论上关于“损害”的意义予以认定。

所谓损害，系指财产或法益所受之不利益。对损害的认定，有“利益说”与“组织说”两种学说。“利益说”认为，损害即被害人对该特定损害事故之利害关系。易言之，即被害人因该特定损害事故所受损害之利益。该项利益，乃被害人之总财产状况，于有损害事故之发生与无损害事故下所生之差额。利益说因此又称为“差额说”。利益说的基本特征如下：

1. 认为损害与被害人对该损害事故之利害关系即利益，二者为相等。具体观察利益是否存在及其大小等问题，则借助被害人财产之差额来决定。如两财产状况相较无差额或其差额为正时，即以利益之不存在而否定损害之存在。简言之，即损害=利益。无利益则无诉权。

2. 衡量损害即利益时，以被害人之两财产状况为准而求其差额。所谓两财产状况，指被害人在损害事故发生后所有之财产额及假设损害事故不发生条件下被害人应有之财产额。前者为具体财产状况，后者为假设财产状况。故损害为一计算上之大小，为一数字。因损害事故具体所造成之毁损、破坏在损害观念中并无独立之地位。概言之即：以被害人总财产之变动来衡量损害之是否存在及其大小；损害之观念与外在具体之破坏无关。

3. “利益说”为一纯主观之学说。其本质与赔偿全部损害制度之旨趣相吻合，因而被奉为权威学说。

“利益说”的缺陷，在人身损害赔偿制度中较为明显。因其纯粹以总财产状况的变动来衡量损害的有无或者利益的有无，其损害

仅指可计算的财产变动，而非人身伤害之实质的损害。因此，造成人身损害的，如有费用支出等财产减少，其“利益”应予赔偿；如无财产变动，则无可以计算之利益，应否定其损害赔偿请求权。依此理论，低等级伤残因可以配制残疾用具，须支出费用，有可计算之利益，应予赔偿；高等级伤残如不可能配制残疾用具，则无此项费用支出，依“利益说”受害人于此并无“利益”之存在，故否定受害人之损害赔偿请求权。显然，实务中的情形，实际上是采取了“利益说”。否定无财产变动的实质性损害之损害赔偿请求权，“依一般公平正义观念观之，甚觉其不当”。[①]

为矫正“利益说”之不当，国外学者又从理论上提出所谓“组织说”。其基本特征如下所述：

1. 承认因特定物体毁损所生之损害（有“客观损害”“真实损害”“直接损害”“毁损损害”等称谓）为损害观念中的一个构成成分。该成分具有观念上的独立性。因此，所谓“损害”，在观念上系由客观损害与其他整体财产上所受损害的成分组织而成。客观损害应客观估定并应于任何情形下予以填补。

2. “组织说”虽然批评利益说将损害 = 利益——即两财产状况之差额——为不当，但“组织说”并不绝对摒弃“利益说”；“利益说”所确认两财产状况之差额，仍可获得赔偿。[②]

“组织说”虽有其合理性，但系针对财产损失而提出；对于人身损害，“组织说”并无意义。因“组织说”提出的客观损害，是指财产损毁，本身可以客观估定其价值。但生命、身体、健康之人格所受伤害，却是无法客观估定其价值的。因此，在人身损害赔偿领域，因生命、健康、身体遭受侵害，其第一位的损害即人格本身所受侵

① 曾世雄：《损害赔偿法原理》，中国政法大学出版社 2001 年版，第 119~120 页。
② 曾世雄：《损害赔偿法原理》，中国政法大学出版社 2001 年版，第 127~128 页。

害，系属“非财产上损害”，只能诉诸精神损害赔偿；对因人身受侵害所引起的第二位损害，即因支出医疗费、护理费、丧葬费、残疾辅助器具费以及收入损失等财产利益损害，当然可以衡量其价值而予以赔偿，但此时所遵循的，恰好是“利益说”。因此，对于人身损害赔偿，对“损害”的意义，仍应依据利益说予以认识和评价。

按照“利益说”，“损害”可以区分为“积极损害”和“消极损害”。积极损害指现有财产之积极减少；消极损害指应得财产消极不增加。在侵害人身权的损害赔偿中，各国立法所确认的财产之积极减少，包括支出医疗费等各项必要费用以及因增加生活上需要所支出的费用；财产之消极不增加，包括因误工所致工资损失以及因劳动能力减损所致收入损失。《德国民法典》第843条规定：“因侵害他人身体或者健康致受害人丧失或者减少劳动能力，或者增加生活上需要的，应以支付金钱定期金对受害人赔偿损害。”我国台湾地区“民法”第一百九十三条亦规定：“不法侵害他人之身体或健康者，对于被害人因此丧失或减少劳动能力或增加生活上需要时，应负损害赔偿责任。”其中均规定“增加生活上需要”应属损害赔偿范围。

何为“增加生活上需要”？解释上认为，侵害人身权导致受害人需要长期护理、配制补偿肢体功能的辅助性器具乃至接受盲聋特殊教育，均属因侵权行为所致损害而增加生活上需要，由此支出的费用，属于受害人财产之积极减少，即“积极损害”。据此，增加生活上需要而支出的费用，与侵权行为具有相当因果关系，赔偿义务人对此项损害应当予以赔偿。

根据上述原理并参考、借鉴有关国家和地区的立法经验，2003年《人身损害赔偿解释》第十七条第二款规定：“受害人因伤致残的，其因增加生活上需要所支出的必要费用以及因丧失劳动能力导致的收入损失，包括残疾赔偿金、残疾辅助器具费、被扶养人生活费，以及因康复护理、继续治疗实际发生的必要的康复费、护理费、后续治疗费，赔偿义务人也应当予以赔偿。”据此，本解释将“残疾辅助器具费”的性质确定为“因增加生活上需要所支出的必要费用”，属于受害人现有财产之积极减少，与侵害行为具有相当因果关系。

三、有关国家和地区关于残疾辅助器具费赔偿的理论与实务

残疾辅助器具费性质上属于增加生活上需要所发生之现有财产积极减少，与侵害行为有相当因果关系，已如上述。但该项费用的发生，通常是继续性向后发生。如经鉴定，将来必须按期换装义肢等辅助器具，赔偿权利人可否请求赔偿义务人一次性赔偿其预期支出费用?

法国民法对于侵权行为损害赔偿的范围和计算方法，并无明文规定，由法官根据赔偿权利人的请求自由裁量。

日本民法对于受伤以至于增加生活上需要之损害赔偿，亦无明文规定。以往学说及判例，认为所谓损害，以现实之支出为限。从而将来之医疗费、义肢费等，尚无现实支出，即未发生实际损害，故仅限合于《日本民事诉讼法》第226条之要件，始得提起将来给付之诉。但《日本民事诉讼法》第226条所定“有预为请求之必要”之要件，通常皆有欠缺，或甚难证明；且日本现行法并无有效担保将来加害人支付能力之规定；义肢费买卖，如需将来多次执行，手续繁杂，对被害人甚为不便。故现今学说判例，视伤害本身为损害，现实之支出及将来预想支出之费用，不过为计算损害额之资料，从而预想支出之必要费用，盖然性高者，当然可以请求赔偿。

德国民法对于因受伤而增加生活上需要之损害赔偿，则有明文规定。依《德国民法典》第843条第1项规定：“因侵害身体或健康

致被害人丧失，或减少从业能力，或增加生活上之需要者，应向被害人支付定期金，以赔偿其损害。”同条第3项规定：“遇有重要事由者，被害人仍得请求一次给付赔偿金额，以代定期金之支付。”这就是说，在德国，原则上被害人仅得请求加害人给付定期金，遇有重要事由，始准一次性请求给付全部赔偿金额。

我国台湾地区“民法”第一百九十三条第一项规定：“不法侵害他人之身体或健康者，对于被害人因此丧失或减少劳动能力，或增加生活上之需要时，应负损害赔偿责任。”同条第二项规定：“前项损害赔偿，法院得因当事人之申请，定为支付定期金。但须命加害人提出担保。”据此，增加生活上需要之损害赔偿，系以一次赔偿全部金额为原则，定期金赔偿为例外。判令定期金赔偿时，须命加害人提供担保。

我国台湾地区学者认为，在比较法学上，就保护受害人之利益而言，台湾地区“民法”之规定明显优于德国法、日本法及法国法，从而在实务方面，亦应为最进步之解释适用。其所谓最进步之解释适用，是指对增加生活上需要所支出的费用如义肢费，不以实际已支出者为限，若将来必须按期换装义肢，则将来换装义肢之费用，亦得请求加害人一次赔偿，但须扣除中间利息。[①]

四、残疾辅助器具费的计算标准

我国过去审判实践中，对残疾辅助器具费的赔偿，原则上均采取一次性赔偿的方式。本解释以本条规定的一次性赔偿为原则，同时在第二十条、第二十一条中，明确规定人民法院可以根据赔偿义务人的请求、给付能力和提供担保的情况，确定以定期金方式赔偿。

---

① 曾隆兴：《现代损害赔偿法论》，我国台湾地区译华彩色印刷公司1988年修订三版，第176页，第190~191页。

（一）残疾辅助器具费的赔偿标准

关于残疾辅助器具费的赔偿标准，本条第一款规定："残疾辅助器具费按照普通适用器具的合理费用标准计算。"比较而言，《道路交通事故处理办法》第三十七条规定的标准是"凭医院证明按照普及型器具的费用计算"；《触电损害赔偿解释》第四条第六项规定"凭医院证明按照国产普通型器具的费用计算"。

何以采取"普通适用"作为确定合理费用的标准？其理由是：

1. 民政部门认为，假肢安装因人而异，选用的产品零部件也不同；"普及型"器具是一个抽象概念，不易准确界定，实际上不存在可以对号入座的"普及型"器具；全国各地的残疾辅助器具生产厂家均根据成本效益核算确定其产品定价，彼此差别较大，很难说哪一个厂家生产的哪一种器具就是普及型或者"国产普通型"。

2. 实务中，也不可能根据这些抽象概念和标准来确定应当给付的费用标准。通常是根据鉴定机构的意见，由人民法院按照"普通适用器具的合理费用标准"确定赔偿数额。我们采纳了民政部门的意见，规定"按照普通适用器具的合理费用标准"计算应赔偿的残疾辅助器具费。

3. 何为"普通适用"？"普通适用"本身不是标准，而是人民法院在确定什么是"合理费用"标准时的一项指导原则。该原则的基本要求一是"普通"，即配制的辅助器具应排斥奢侈型、豪华型，不能一味追求高品质。二是"适用"，适用又有两个测试标准：（1）确实能起到功能补偿作用，包括有助于恢复生活自理能力，有助于从事生产劳动，有助于恢复性、回归性社交（如安装仅具装饰作用的义眼）；（2）符合"稳定性"和"安全性"要求。不具有稳定性或者不符合安全性要求的，即非"适用"，是否"国产"在所不问。

在上述一般指导原则以外，本解释为符合受害人伤情的实际需要，也作了例外规定，即如果受害人“伤情有特殊需要的，可以参照辅助器具配制机构的意见确定相应的合理费用标准”。何为“伤情有特殊需要”？主观方面是指受害人伤情有异于常人，对辅助器具的配制须“个别化”处理；客观方面是指“普通”器具达不到安全性或者稳定性的“适用”要求，须配制“普通”以上的器具才具有“安全性”“稳定性”，才能起到帮助受害人恢复生活自理能力或者从事生产劳动的功能补偿作用。对这两种情形，人民法院可以根据鉴定机构的意见确定相应的费用标准。

（二）辅助器具的更换周期和赔偿期限

关于辅助器具的更换周期和赔偿期限，人民法院可以参照鉴定机构的意见确定。

关于辅助器具的更换周期，曾有建议主张“按受诉法院所在地人均期望寿命减去残疾者实际年龄除以残疾辅助器具使用年限的计算方法确定”。由于考虑到这主要是一个鉴定问题，本解释没有以条文的形式规定如何确定辅助器具的更换周期和赔偿期限。

什么样的鉴定机构可以对残疾辅助器具的配制包括费用评估、更换周期、赔偿年限进行鉴定并出具鉴定意见呢？2003 年制定本解释时，根据民政部门的介绍，我国民政部门的假肢与矫形康复机构，是从事辅助器具研究和生产的专业机构，可以从事残疾辅助器具的鉴定和配制。

五、应当注意的有关问题

1. 根据本解释第八条的规定，受害人定残后的护理，应当根据其护理依赖程度结合配制残疾辅助器具的情况确定护理级别。因此，对残疾辅助器具费的赔偿要注意结合全部赔偿费用的计算统筹确定。

2. 根据本解释第十九条的规定，超过确定的辅助器具费给付年限，赔偿权利人确需继续配制残疾辅助器具的，人民法院应当判令赔偿义务人继续给付相关费用五至十年。该规定兼顾赔偿权利人和赔偿义务人双方利益的平衡，与绝对的一次性赔偿有所不同。

3. 当出现“小伤残可赔天价，大伤残赔偿低价”的情形时，应当通过精神损害抚慰金的调整功能适当予以利益平衡，即对伤残等级较高而不能配制残疾辅助器具的情形，应当给付较高数额的精神损害抚慰金。

【案例】

宋某存诉杨某某、宏洲某公司提供劳务者受害责任纠纷案

一、裁判要旨

残疾辅助器具费的赔偿期限自辅助器具确定之日起按 20 年计算。但受害人 60 周岁以上的，年龄每增加一岁减少一年；当上述确定的赔偿期限短于残疾辅助器具的更换周期时，按照更换周期确定赔偿期限。此后再发生残疾辅助器具费的，按照《人身损害赔偿解释》第十九条处理。

二、基本案情

宋某存（1971 年 8 月出生）系为杨某某劳务分包的北京市怀柔区琉璃庙镇河北村新农村建设工程提供劳务，主要负责带班，工作内容包括记工、报表、北京宏洲某建筑工程有限公司（以下简称宏洲某公司）送来建筑材料的查收以及工人日常用品、食品材料的采购等。该工程的承包方为宏洲某公司，杨某某与宏洲某公司系劳务

分包合同关系。

2013 年 5 月 6 日，宋某存乘坐无驾驶资格的靖某驾驶的杨某某所有的无号牌农用三轮车前去购买食品材料等，途中因农用三轮车制动失灵导致侧翻，车厢与路边护栏将宋某存的右大腿挤伤。后宋某存被送往北京市红十字会急诊抢救中心治疗，经诊断为：右下肢毁灭伤、右大腿开放伤口、右腹股沟散在撕裂伤伴软组织损伤、右大腿残端感染、右大腿残端皮肤缺损。并于当日行右大腿上端截肢术等，后于同年 6 月 20 日行右大腿制皮术等。经北京华夏物证鉴定中心鉴定，宋某存右股骨近端以远缺失构成五级伤残，受伤后的护理期为 120 日。恩德莱精博假肢矫形器（北京）有限公司出具的假肢评估鉴定写明，建议宋某存装配普通适用型五连杆自锁大气压膝单轴踝单轴脚，价格为 43800 元，该产品使用寿命为 4 年，每年的维修保养费用约假肢装配价格的 10%，假肢在公司训练约 30 天，需 1 名陪护，每人每天食宿费 80 元，宋某存需终身佩戴假肢。为此，宋某存诉至法院，要求杨某某与宏洲某公司赔偿各项费用共计 977102 元，其中假肢安装费 498720 元（4 年更换一次，计算 8 次）。

三、法院裁判

一审法院认为，关于宋某存要求的假肢安装费，根据宋某存伤情，假肢安装属于合理需求，且目前安装费用已具体确定，但在未来一定时间后，随着我国医疗水平以及经济水平的增长，假肢安装问题也会随之发生变化，故本案中仅支持其此次假肢安装费用。由于假肢每年维护费用、因安装假肢而产生的误工费用、日后的假肢安装费用等均属于变量，故法院暂不予支持。

二审法院认为：2003 年《人身损害赔偿解释》第二十六条规定，残疾辅助器具费按照普通适用器具的合理费用标准计算。伤情有特殊需要的，可以参照辅助器具配制机构的意见确定相应的合理费用标准。辅助器具的更换周期和赔偿期限参照配制机构的意见确定。本案中，参照假肢评估鉴定，宋某存的残疾辅助器具费（假肢安装费）系明确损失，为了减少诉累，维护受害人合法权益，结合宋某存的年龄和健康状况、公民平均寿命、器具使用年限、赔偿人承担责任的经济能力等因素，法院综合确定赔偿期限暂以20年为宜。按照假肢使用寿命为4年计算，20年应更换5次，每次费用为43800元，共计219000元。

二审法院于2014年3月19日作出（2014）三中民终字第02409号民事判决：一、撤销一审法院（2013）怀民初字第04343号民事判决第二项；二、变更一审法院（2013）怀民初字第04343号民事判决第一项为：杨某某、宏洲某公司于本判决生效后7日内赔偿宋某存医疗费、误工费、护理费、住院伙食补助费、伤残赔偿金、被抚养人生活费、残疾辅助器具费、精神损害抚慰金、营养费等合计385330.4元；三、驳回宋某存的其他诉讼请求。

第十四条 丧葬费按照受诉法院所在地上一年度职工月平均工资标准，以六个月总额计算。

【条文主旨】

本条是关于受害人死亡后，如何确定赔偿义务人赔偿丧葬费的标准问题的规定。

本条规定实际上包含了以下三个方面的内容：（1）受害人死亡后，赔偿义务人需要赔偿死亡人亲属一定数额的丧葬费用以料理安葬死亡人后事，同时也是确定一种赔偿项目和具体赔偿标准；（2）按照对案件享有管辖权的法院所在地的有关标准来确定丧葬费的标准；（3）具体标准以该地职工上一年度月平均工资为基数累计计算6个月，其总和便是赔偿义务人应当赔偿的丧葬费总额。

【理解与适用】

一、起草背景

长期以来，在因侵权行为致人损害造成受害人死亡的情况下，各地法院处理此类纠纷时掌握的赔偿丧葬费标准和办法不尽相同，大多是参照《道路交通事故处理办法》[①] 规定的因交通事故导致死亡

① 《道路交通事故处理办法》已于2004年5月1日废止。

的丧葬费原则标准确定。[①] 也有的按当地民政部门规定的各项费用标准确定。而当事人向人民法院请求的涉及丧葬费的项目种类也不一样，在计算上也不统一。审判实践中面临的如何确定因人身损害赔偿引起的丧葬费标准以及数额问题，是急需尽快解决的问题。

考虑到各地确定丧葬费数额标准各不相同，因侵权行为造成受害人死亡一次性赔偿的情况，确定一个便于当事人计算和人民法院审理时掌握的计算标准，来一次性确定了结这笔费用，既符合《民法通则》[②] 第一百一十九条规定的精神，也符合我国的传统风俗习惯和社情民意，也便于人民法院在审理此类纠纷案件时具体操作，故统一确定按受理案件的法院所在地上一年度月平均工资标准计算 6 个月。

二、社会各界所提修改意见以及是否采纳情况

在 2003 年制定本解释时，曾向社会公开征求意见，征求意见稿本条具体内容为：“丧葬费，按照国家有关部门或受诉法院所在地有关部门规定的标准计算。但确属必要超出规定标准的，可以按照实际支出计算。受害人家属超出规定的期限殡葬而增加的费用，不予赔偿。”

在通过中国法院网征求意见时，网民们主要从以下三方面提出修改意见：

1. 关于是否应支付丧葬费的问题。有的网民提出意见建议，丧

---

① 《道路交通事故处理办法》第三十七条第七项规定：“丧葬费：按照交通事故发生地的丧葬费标准支付。”

② 该法已废止。参见《民法典》第一千一百七十九条：“侵害他人造成人身损害的，应当赔偿医疗费、护理费、交通费、营养费、住院伙食补助费等为治疗和康复支出的合理费用，以及因误工减少的收入。造成残疾的，还应当赔偿辅助器具费和残疾赔偿金；造成死亡的，还应当赔偿丧葬费和死亡赔偿金。”下同。

葬费的赔偿有悖赔偿理论，支付丧葬费只是一种习惯的传统做法和对侵权人的经济惩罚措施。理由是人总是要死的，侵权行为致人死亡和自然死亡均需支出丧葬费用，故该项费用属于必然支出，只是提前支出了，特别是现在精神赔偿已有规定的情况下，丧葬费更不应列为财产损失。不仅本解释涉及此项规定，就是《民法通则》《道路交通事故处理办法》等法律、行政法规也涉及此项规定，只不过大家同情死者谁也不愿意率先提出废除该规定罢了。因此，建议在本解释中取消赔偿丧葬费的规定。

2. 关于受诉法院所在地的范围问题。有的网民提出，应当明确受诉法院所在地到底指的是省级、地市级、区县级哪一级，实际标准区别很大，不然容易引起歧义，不利于实际执行。

3. 关于支付丧葬费标准问题。有的网民提出，征求意见稿中规定丧葬费按照有关部门规定的标准计算，但那都是几十年前的规定，只有400~500元。几十年来，我国经济建设飞速发展，生活、经济和各种消费都有很大的提高，还按几十年前的规定来处理，显然不合适。本条规定中虽然增加了“确属必要”的内容，但是不好界定，易发生争执。建议改为：“第三十条　丧葬费，按省、自治区、直辖市上年度职工平均工资六个月的标准发给。”这样修改后，简单易行，标准明确，便于掌握。这也是参考《企业职工工伤保险试行办法》[①]第二十五条第一款的规定提出的。

在征求中央国家机关有关部门意见时，有关部门建议应该确立一个合理的、具体的丧葬费标准，将各地多年来掌握不一致的做法统一起来。在征求专家学者意见过程中，没有人对本条提出修改意见。在法院系统征求意见时，多数从事民事审判工作的法官建议，

---

① 《企业职工工伤保险试行办法》已于2007年10月30日废止。

从便于解决纠纷，平息矛盾的角度考虑，最好确定一个便于操作的合理的具体标准，有的建议参考工伤保险案例或者参照劳动部《企业职工工伤保险试行办法》中规定的类似标准确定一个数额。

解释起草小组在收集、整理、研究有关方面所提的意见过程中，根据有关法律规定的精神，考虑到我国各地对于人死亡后殡葬事项的风俗习惯等具体国情，在最后定稿时规定了支付丧葬费的问题，没有采纳有的网民提出的在本解释中不规定丧葬费的意见。在如何确定丧葬费标准的问题上，有过不同的考虑。曾有一种意见主张，以按照受理案件法院所在地民政部门规定的丧葬费标准计算为原则，结合死亡人亲属举证证明有合理理由支出的丧葬费用作为补充，来确定丧葬活动的合理费用数额。后来感觉到这种思路仍未超出原来的范围限制，操作性还是不强，而且非常容易在当事人之间引起新的纠纷，最后还是否定了这一方案。考虑到吸收社会各界对此问题提出的好的修改意见，将丧葬费具体化、量化，是一个很好的思路，并且在国家有关行政法规和部门规章中规定的类似项目已经有所体现，可以予以采纳。最终确定一律以政府统计部门公布的省、自治区、直辖市职工月平均工资作为参照，一方面吸收了社会各界对此问题提出的修改意见；另一方面也考虑到我国各地经济社会发展不平衡、各地职工工资水平高低不一的客观情况。

三、需要注意的几个问题

（一）确定赔偿丧葬费的基本法律依据

《民法通则》第一百一十九条规定："侵害公民身体造成伤害的，应当赔偿医疗费、因误工减少的收入、残疾者生活补助费等费用；造成死亡的，并应当支付丧葬费、死者生前扶养的人必要的生活费等费用。"虽说人的生老病死，是任何人都无法抗拒的自然规律，但是自然死亡与非自然死亡，是两种不同的原因造成的，所产生的法律后果不一样，反映在丧葬费的支出和负担上也不一样。因人身损害致人死亡的，赔偿范围中是否包括丧葬费，有的国家民法立法中作了规定，有的国家立法例中却没有作出规定，反映了不同国家立法者对待丧葬费的支出问题上的不同态度。但我国《民法通则》第一百一十九条明确规定了对于因人身损害致人死亡的，赔偿义务人要承担的民事赔偿责任中包含支付丧葬费的项目，因此确定丧葬费项目是有着充足法律依据的。问题在于《民法通则》中没有确定具体标准和数额，也没有涉及哪些费用是与丧葬活动有关的必须支出的费用的情况下，对有关费用标准作出细化、量化的具体规定，便是本条司法解释所需解决的问题。

（二）丧葬费的范围和标准的确定

如何确定丧葬费的范围和标准，是一个很复杂而且重大的问题，必须从我国的具体国情出发，按照国家有关行政法规和政策的规定精神，结合实际生活中的客观情况，综合考虑。

本条最后确定的支付丧葬费的数额标准，既是尊重吸纳民意的结果，同时也是参考国家有关部门提出的类似情况的费用支出标准的体现。国务院制定的于2004年1月1日起施行的《工伤保险条例》[①]中规定了有关丧葬费的支付标准。劳动部为配合《劳动法》的贯彻实施，推进工伤保险制度改革，于1996年10月1日发布了《企业职工工伤保险试行办法》。该办法第二十五条第一项规定："丧葬补助金按省、自治区、直辖市上年度职工平均工资六个月的标准发给。"这是我国有关部门制定的规范性文件中第一次明确地将丧葬费一次性地确定为一个比较高的定量，按照政府统计部门公布的受

① 《工伤保险条例》2003年4月27日中华人民共和国国务院令第375号公布，根据2010年12月20日《国务院关于修改〈工伤保险条例〉的决定》修订。

诉法院所在地上一年度省、自治区、直辖市职工月平均工资，以6个月的总额计算。本条款在2020年和2022年两次修正过程中，内容未作修改。

【案例】

吴某景、张某逸、吴某娟诉某旅行社、某公司公共场所管理人责任纠纷案

一、裁判要旨

1. 旅游服务机构及其导游对自然风险的防范意识应当高于游客，且负有保障游客安全的责任，应以游客安全第一为宗旨，依诚信原则并结合当时的具体情况对是否调整行程作出正确判断。导游不顾客观存在的危险，坚持带游客冒险游玩，致游客身处险境，并实际导致损害结果发生的，其所属的旅游服务机构应当承担相应的民事责任；游客遇险或者受到伤害后，相关旅游服务机构应当尽最大努力及时给予救助，旅游服务机构未尽到救助义务，导致损害结果扩大的，应当承担相应的民事责任。

2. 树木折断致人损害的，除存在树木的所有人或管理人已尽到维护、管理义务，或者损害结果的发生系因不可抗力所致，或者受害人因自己的过错造成损害等三种情形外，树木的所有人或管理人应当承担赔偿责任。

3. 根据2003年《人身损害赔偿解释》第三条第二款的规定，二人以上没有共同故意或者共同过失，但其分别实施的数个行为间接结合发生同一损害后果的，应当根据过失大小或者原因力比例各自

承担相应的赔偿责任。

二、案情

2005年5月5日，原告吴某景、张某逸与受害人张某等17人参加了由被告某旅行社组织的牛姆林两日自驾游。当日13时45分左右，被告公司的导游带吴某景、张某逸、张某等一行人进入牛姆林景区。当时天色阴沉，有人提出可能会下雨，建议导游调整行程，先就近游玩，次日再进入林区，但导游称即使下雨也不会持续很长时间，坚持带一行人进入林区。进入迎宾大道后，天色更加阴沉，有人再次建议导游不要前行，但导游借了雨具后仍要求大家继续往林区走。不久即开始刮风，并下起大雨，导游称往回走有一茶馆可以避雨，一行人便折回原路。14时07分，行至距迎宾大道入口约300米处，张某被一棵折断的马尾松砸伤倒地。张某受伤后，同伴立即联系急救中心及景区工作人员实施救援。一段时间后，景区工作人员抬来一张桌子，将张某抬到牛姆林广场，后又从广场运至停车场。在救护车到来之前，景区工作人员打电话联络景区医生进行救治，但景区医生始终没有出现，现场未采取任何急救措施。救护车约于15时赶到，15时30分将张某送到医院，经抢救无效，张某于当日下午死亡。经法医鉴定，张某系生前被树干砸压致严重的颅脑损伤和血气胸而死亡。某公司已于案发后支付张某亲属2万元、丧葬费2872.2元。

另查明：永春县气象局于2005年5月1日发布天气预报，内容为5月5日至6日有中到大雨天气，局部有大到暴雨。泉州市气象台5月4日发布天气预报为多云转雷阵雨。永春县气象局2005年6月29日出具的《关于5月4日的天气预报和5月5日的天气实况》证实，5月4日的天气预报为多云到阴，午后到夜里有阵雨或雷阵雨。

又查明：2002年10月20日，被告公司与天湖山医院签订《协议书》，约定：当遇到年龄较大的病患及意外，某公司安排在景区的医务人员无法医治时，天湖山医院愿意在力所能及的情况下协助医治。郭清城系被告安排在景区的医生。2005年4月10日，被告制定景区安全应急救援预案，其中“重特大伤亡事件应急处理”规定：因交通、火灾、水灾、经营设施、自然灾害等引发重特大伤亡事件，应急救援领导小组接到报告后，应立即组织医务人员和抢险人员，配备必要的抢险救助设备设施（如担架、药械等）进行现场施救和抬救，同时联系120救护中心和天湖山医院救护中心派出救护车和救护人员进行抢救。

吴某景、张某逸、吴某娟向法院提起诉讼，请求判令二被告连带赔偿原告方丧葬费9510元、被抚养人生活费161085元、死亡补偿费288860元、误工费9654.8元、交通费2406元，并支付精神损害抚慰金10万元。

三、法院裁判

法院认为：本案受害人张某作为游客进入牛姆林景区游览，被上诉人某旅行社和上诉人某公司对其负有安全保障义务。张某在景区内被树木砸伤，没有证据证明系因其自身过错所致。某公司关于张某为完全民事行为能力人，应对选择上山而致的损害后果自行承担责任的上诉主张，与本案实际情况不符，不予支持；泉州气象台5月5日天气公报、《永春县气象局关于5月4日的天气预报和5月5日的天气实况》，对永春发生飑线的时间说法不一，前者为14时25分，后者为14时10分，而张某的同伴14时07分即报警，据此可以推断张某受伤时间应在14时07分之前，亦即在永春发生飑线之前。同时，上述两气象单位的证明均未明确事发地点及事发时间的风力等级。根据厦门市公证处 2005 年 5 月 6 日的现场记录公证书，当时“现场周围目测未见其他断树”。依常识推断，飑线的破坏力极大，如果砸伤张某的马尾松确为飑线所折，现场不可能只折断一棵树。因此，某公司关于其指派专人负责日常护林巡查工作，并建立安全巡查登记表，对于景区林木已经尽到管理义务，砸伤张某的马尾松发生折断是飑线所致，事故的发生属不可抗力的上诉主张，缺乏相应的证据证实，不予支持。

上诉人某公司系 AAAA 级景区，该级别系旅游区质量等级的最高级。根据国家质量技术监督局批准的有关旅游区（点）质量等级的划分与评定的规定，AAAA 级旅游区在旅游安全方面应当符合“救护等设备齐全、完好、有效……建立紧急救援体系，或设立医务室，配备专职医务人员，突发事件应急处理能力强，事故处理及时、妥当”的要求。本案中，从受害人张某受伤到送至医院抢救，牛姆林公司仅实施了抬救的行为，未能履行 AAAA 级景区应尽的紧急救助义务，对张某死亡的损害结果存在过错。某公司上诉称其“已经尽到最大救助努力，不应承担民事责任”，与事实不符，不予采信。

综上，法院认定导游坚持带游客冒险进入林区的错误行为、上诉人某公司管理不善致使马尾松折断伤人、事件发生后某公司未尽最大救助努力等三个因素均是导致张某死亡后果发生的原因。某公司和某旅行社的侵权行为间接结合，并直接导致张某的死亡。判令：某公司赔偿原告吴某景、张某逸、吴某娟 495464.22 元（已支付的 22872.2 元应从中抵扣）；某旅行社赔偿原告吴某景、张某逸、吴某娟 55051.58 元；在 55051.58 元范围内，被告某旅行社、某公司互负连带责任。

第十五条 死亡赔偿金按照受诉法院所在地上一年度城镇居民人均可支配收入标准，按二十年计算。但六十周岁以上的，年龄每增加一岁减少一年；七十五周岁以上的，按五年计算。

【条文主旨】

本条是关于死亡赔偿金的计算标准和期限的规定。

对死亡赔偿，本条规定采取“继承丧失说”，确认死亡赔偿金的性质是对未来收入损失的赔偿，其性质属于财产损失赔偿，而非“精神损害抚慰金”。本条根据客观计算方法，以定型化赔偿模式确定“死亡赔偿金”的赔偿标准和赔偿年限。本解释于2022年修正时，本条将“死亡赔偿金按照受诉法院所在地上一年度城镇居民人均可支配收入或者农村居民人均纯收入标准”修改为“按照受诉法院所在地上一年度城镇居民人均可支配收入标准”。

【理解与适用】

一、2003年制定本条时的考虑和背景

（一）关于死亡赔偿金的性质

1. 性质之争的历史渊源

死亡赔偿，从概念到性质，历来就存在争议。最早涉及这一问题的，可以上溯至20世纪60年代。1963年3月21日，黑龙江省高级人民法院就“交通肇事是否给予受害人家属抚恤的问题”向最高

人民法院请示，称“对于交通肇事致被害人死亡，是否要给予被害人家属抚恤问题，有不同意见：一种意见认为，被害人是有劳动能力的人并遗有家属需要扶养的可以给，被害人是没有劳动能力的老人或儿童不给；一种意见是，只要不是被害人自己过失引起的死亡，不管被害人是否有劳动能力都应酌情给一点抚恤。我们同意后一意见”。最高人民法院于 1963 年 4 月 28 日以〔63〕法研字第 42 号《关于交通肇事抚恤问题的批复》同意了黑龙江省高级人民法院的意见，肯定了在人身损害赔偿案件中，加害人支付的抚恤费用包括抚养（扶养）费用但不限于抚养（扶养）费用。1965 年 5 月 26 日，最高人民法院办公厅、公安部办公厅〔65〕法研字第 15 号、〔65〕公（治）字第 434 号致中华全国总工会劳动保险部的《关于交通肇事的补偿和抚恤问题的函》中指出：“关于职工因交通事故死亡后的家属生活补助问题，我们考虑，职工因交通事故死亡与因公、因私死亡不同，肇事单位给家属经济上的补偿，是表示对死者负责，也是精神上的安慰。因此，除了肇事单位根据肇事人所负责任大小发给一定的补偿费外，原单位仍应按劳保条例发给抚恤费。”该复函进一步明确了死亡补偿费兼有经济补偿和精神抚慰双重性质。

立法中正式出现死亡补偿的概念，是 1992 年 1 月 1 日国务院制定并公布施行的《道路交通事故处理办法》。该办法第三十七条第八项规定：“死亡补偿费：按照交通事故发生地平均生活费计算，补偿十年。对不满十六周岁的，年龄每小一岁减少一年；对七十周岁以上的，年龄每增加一岁减少一年，最低均不少于五年。”从前述公安部办公厅与最高人民法院办公厅对中华全国总工会复函的历史源流来看，该办法关于死亡补偿费的规定是吸收了过去复函中的意见。因此，公安部参与起草《道路交通事故处理办法》的相关部门的意见认为，死亡补偿费应当兼有财产补偿和精神抚慰等综合性质。对此，学者在理论上也提出了意义接近的解释，认为“关于死亡补偿费的性质，应认定为是对死亡的定额化赔偿金。此项补偿费包括死者受伤治疗的精神痛苦的赔偿费、死亡的损失赔偿费（劳动收入的减少）、死者遗属的精神损害赔偿费等内容。此项费用，不考虑死者的个人具体情况而予以统一规定赔偿标准，有利于交通事故的迅速解决，体现对人的生命的平等保护精神”①。

《民法通则》在第一百一十九条中对死亡赔偿只作了比较简略的规定：“侵害公民身体……造成死亡的，并应当支付丧葬费，死者生前扶养的人必要的生活费等费用。”其中，没有关于死亡补偿费或者死亡赔偿金的规定。立法首次出现“死亡赔偿金”的赔偿项目，是1994年1月1日起施行的《消费者权益保护法》。该法第四十二条规定：“经营者提供商品或者服务，造成消费者或者其他受害人死亡的，应当支付丧葬费、死亡赔偿金以及由死者生前扶养的人所必需的生活费等费用……”2000年7月修正的《产品质量法》中作了与此完全相同的规定。对死亡赔偿金的性质，通说认为，其与《道路交通事故处理办法》中的“死亡补偿费”虽名称不同，但应属同一性质；因为《消费者权益保护法》与《道路交通事故处理办法》对受害人死亡赔偿的结构设计完全一致，均包括“丧葬费”“被扶养人生活费”，以及“死亡赔偿金”或者“死亡补偿费”。但在解释上，立法机关倾向于认为《消费者权益保护法》的“死亡赔偿金”与“残疾赔偿金”均具有精神损害赔偿的性质。最高人民法院于2001年3月公布施行的《精神损害赔偿司法解释》接受了这一观点，在该解释第九条规定，精神损害抚慰金包括致人死亡时的死亡赔偿金。

2. 最高人民法院关于精神损害赔偿的司法解释以死亡赔偿金为

① 刘士国：《现代侵权损害赔偿研究》，法律出版社1998年版，第145页。

精神损害抚慰金的法理依据和法律解释依据

民法理论认为，受害人因侵权行为死亡后，其作为民事主体的资格已经消灭（自然人的权利能力始于出生，终于死亡），因此，死亡受害人不能以民事主体身份主张民事权利，请求损害赔偿。在此情况下，享有损害赔偿请求权的，是间接受害人，即死者近亲属。侵权损害赔偿以填补损害为其基本价值理念，要求有实际的损害后果作为损害赔偿的构成要件。从损害后果的角度分析，死者近亲属受到的损害有两方面：一是财产损害，二是非财产损害即精神损害。对财产损害的赔偿，有两种不同理论指导下的立法例：一种理论为"扶养丧失说"；一种理论为"继承丧失说"。

"扶养丧失说"认为，因侵害他人生命导致受害人死亡，受害人生前扶养的未成年人或者没有劳动能力，又没有其他生活来源的成年近亲属，因此丧失了生活资源的供给来源，受有财产损害，侵权责任人应当对该项损害予以赔偿。依据这一理论，如果受害人没有受其供养的被扶养人，则赔偿义务人就无须赔偿该项被扶养人生活费；因为损害不存在，救济当然亦无从发生。此时，赔偿义务人仅需就有关丧葬事宜支出的费用予以赔偿；显然，其财产赔偿数额微不足道。但在财产损失以外，由于直接受害人因加害人的侵权行为身亡，死亡受害人的近亲属因此受有反射性精神利益损害，赔偿义务人对此精神损害应当予以赔偿。通过赔偿受害人精神损失，可以较好地平衡当事人双方利益。

"继承丧失说"则认为，侵害他人生命致人死亡，不仅生命利益本身受侵害，而且造成受害人余命年岁内的收入"逸失"，给予受害人共同生活的家庭共同体带来财产损失。因为近亲属被认为与直接受害人是"经济性统一体"或"钱包共同"关系，因婚姻（尤其是在实行法定夫妻共同财产制的国家）或者继承能够合法取得直接受害人正常生存情况下个人消费部分以外的全部收入。如果不发生侵权事故，可以预期直接受害人在以当地人口平均寿命为基准计算的余命年岁内，将会继续获得正常的劳动收入，除去其中个人消费部分（约占其全部收入的25%~40%），其余应为其家庭成员或者其他合法继承人继承。因此，侵权事故事实上导致受害人提前死亡，而使这部分应得财产逸失，对此“逸失利益”赔偿义务人应当予以赔偿。

本解释认为，我国《民法通则》在立法例上系采“扶养丧失说”，因为《民法通则》第一百一十九条对死亡赔偿的内容规定为丧葬费、被扶养人生活费。而《涉外海上人身伤亡赔偿规定》则系采取“继承丧失说”。其第四条“死亡赔偿范围和计算公式”第一项规定的赔偿内容为“收入损失”，并明确其计算公式为：

收入损失=（年收入－年个人生活费）×死亡时起至退休的年数+退休收入×10

“继承丧失说”与“扶养丧失说”在立法上的区别，表现为“继承丧失说”与“扶养丧失说”互相排斥，采取“继承丧失说”的立法例均不再规定被扶养人生活费，因该项费用已包含在继承丧失说的死者收入损失之中，再作规定就是重复赔偿。以此为标准进行分析，则《道路交通事故处理办法》第三十七条的规定，系采“扶养丧失说”，与《民法通则》相一致。因为其第九项规定了被扶养人生活费，实际上就排斥了对死者收入损失的赔偿。从而，第八项关于“死亡补偿费”的赔偿就不能理解为对死者收入损失的赔偿或者财产赔偿，即其实际上是精神损害赔偿。这一立法例，与作为上位法的《民法通则》的规定相一致。不仅对《道路交通事故处理办法》的死亡补偿费应作如此理解，对《消费者权益保护法》和《产品质量法》关于死亡赔偿金的规定，按照上述原理分析其立法例，也应作相同的理解。

基于以上理由，最高人民法院在《精神损害赔偿解释》中认为，死亡赔偿金在性质上为精神损害抚慰金，是精神损害抚慰金的一种形式。

3. 以“扶养丧失说”解释我国死亡赔偿制度的理论不足与法例冲突

（1）理论不足。

将《民法通则》的死亡赔偿规定解释为采取“扶养丧失说”，同时将《消费者权益保护法》中的“死亡赔偿金”解释为精神损害抚慰金，虽有一定的根据，但也存在逻辑上的不周延。

A.《民法通则》对赔偿项目是不完全列举，在被扶养人生活费之外是否包括其他赔偿项目，须通过后来的单行民事法律、法规予以补充。《消费者权益保护法》规定的死亡赔偿金，应当认为是对《民法通则》死亡赔偿规定的补充和完善。但由于《消费者权益保护法》没有明确死亡赔偿金的内涵，因此其性质只能通过其他法律、法规中相同性质的规定予以分析、判断。

B.《消费者权益保护法》在死亡赔偿的立法例上与《道路交通事故处理办法》一致，因此，死亡赔偿金与死亡补偿费应当具有相同的性质。死亡补偿费被解释为精神损害抚慰金，纯系理论推演。从赔偿标准分析，《道路交通事故处理办法》采取与平均生活费相联系的计算方法计算死亡补偿费，客观上具有赔偿死者部分收入损失的效果。

C. 由于死亡补偿费的计算标准是平均生活费，被扶养人生活费的计算标准是交通事故发生时居民生活困难补助标准（《道路交通事故处理办法》）或者居民基本生活费标准（《触电损害赔偿解释》），所以死亡补偿费与被扶养人生活费两项相加，通常并不超过就业人口的平均收入。例如，以 2001 年北京市的有关统计指标作一简单计算：

城镇就业人口平均收入 = 城镇居民人均可支配收入 11577.8 元 × 平均负担系数 1.86=21534.708 元 / 年

2001 年北京市人均消费性支出即城镇居民平均生活费为 8922.7 元；基本生活费的标准实质就是最低生活保障标准，2001 年北京市城市居民最低生活保障标准为 3420 元 / 年（285 元 / 月），两项相加为：

城镇居民平均生活费 8922.7 元 + 城镇居民基本生活费 3420 元 = 12342.7 元 / 年

显然，死亡补偿费与被扶养人生活费之和远低于每年 21534.708 元的年平均收入标准。即使被扶养人生活费也按平均生活费标准计算，死亡赔偿金（死亡补偿费）与被扶养人生活费两项相加的结果为 17845.4 元 / 年，仍远低于平均收入标准。

因此，简单套用前述“继承丧失说”与“扶养丧失说”在立法上的区别标准，以赔偿项目中是否设定“被扶养人生活费”作为区分两种立法例的标志，其理由并不充分，逻辑上也不周延。实际计算结果表明，《道路交通事故处理办法》中的被扶养人生活费与死亡补偿费两者相加的结果，并未超出收入损失的范围，无论认定其系采取的“继承丧失说”抑或“扶养丧失说”，理论上均无问题。法律解释所应当持有的立场，不在于采取哪种学说，而在于法律适用中是否能够实现法律效果与社会效果的统一，是否符合公平保护当事人合法权益的立法目的。

（2）法例冲突。

1994 年 5 月 12 日，第八届全国人民代表大会常务委员会第七次会议通过了《国家赔偿法》。《国家赔偿法》首次明确了死亡赔偿金的内涵。根据该法第二十七条第三项规定，侵犯公民生命健康权造成死亡的，应当支付死亡赔偿金、丧葬费，总额为国家上年度职工年平均工资的20倍。造成全部丧失劳动能力的，对其扶养的无劳动能力的人，还应当支付生活费。因此，死亡赔偿金的性质是对受害人收入损失的赔偿。将《民法通则》《消费者权益保护法》和《产品质量法》的死亡赔偿制度解释为采取“扶养丧失说”，进而认为死亡赔偿金性质上属于精神损害抚慰金，显然与《国家赔偿法》的规定相冲突。《国家赔偿法》的赔偿项目中也包括“被扶养人生活费”，但其明确规定死亡赔偿金的计算标准是“上年度职工年平均工资”，即收入损失标准。这进一步证明，仅根据“被扶养人生活费”这一赔偿项目的有无作为判断法例归属的标准是不准确的。

（二）关于死亡赔偿金的计算

如前所述，自然人因遭受人身损害而死亡，其权利能力消灭，法律主体资格不复存在，因此，死者不能依享有权利主体资格主张死亡赔偿。此时的赔偿权利人，实际上是死者的近亲属即间接受害人。对间接受害人而言，其因直接受害人死亡所蒙受的财产损失可以有两种计算方法：（1）以被扶养人丧失生活来源作为计算依据的“扶养丧失说”；（2）以受害人死亡导致的家庭整体收入减少为计算依据的“继承丧失说”。依据“扶养丧失说”，受害人死亡后，其生前依法定扶养义务供给生活费的被扶养人因此失去了生活来源，赔偿义务人对此应予赔偿。但赔偿的范围，是“被扶养人生活费”，即只对间接受害人的具体的、直接的、积极的财产损失进行赔偿，除被扶养人生活费外，不承认有其他财产损失存在。对于直接受害人死亡而导致家庭整体收入减少的情况，因其属于抽象的、间接的、消极的财产损失，而未被纳入“扶养丧失说”的财产损害赔偿范围。按照《民法通则》第一百一十九条的规定，侵害他人身体造成死亡的，“应当支付丧葬费，死者生前扶养的人必要的生活费等费用”，解释上一直认为该项死亡赔偿采纳的是“扶养丧失说”。因此，《道路交通事故处理办法》第三十七条第八项在“被扶养人生活费”以外，又规定了“死亡补偿费”，在解释上就被理解为精神损害抚慰金。这一理解，事实上影响了后来的立法。《产品质量法》第四十四条，《消费者权益保护法》第四十二条，均采取在“被扶养人生活费”以外，同时给付“死亡赔偿金”的模式；其死亡赔偿金，解释上也认为是精神损害抚慰金。但这一模式，在审判实践中出现了重大问题。由于有关司法解释对附带民事诉讼和独立民事诉讼的法律适用作了限制性区分，规定刑事附带民事诉讼不受理精神损害赔偿，以致在犯罪引起的导致受害人死亡的人身损害赔偿案件中，受害人近亲属不能通过附带民事诉讼获得死亡赔偿金的赔偿；《最高人民法院关于人民法院是否受理刑事案件被害人提起精神损害赔偿民事诉讼问题的批复》（法释〔2002〕17号）进一步阻断了受害人通过独立民事诉讼获得精神损害赔偿的途径，使死亡赔偿严重失衡。为了使死亡受害人的近亲属能够得到合理救济，在刑事附带民事诉讼仍然不受理精神损害赔偿的现行救济模式下，2003年制定本解释时，起草者认为对死亡赔偿改采“继承丧失说”，能在一定程度上纠正死亡赔偿的利益失衡，使死亡受害人的近亲属获得相对公正的司法救济。

按照“继承丧失说”，受害人死亡导致的财产损失，应当以家庭整体收入的减少为标准进行计算。其理由在于，受害人的个人收入并非全部用于个人消费，除其中个人消费部分（通常占全部收入的25%~40%）以外，其余的收入应当用于家庭共同消费或者家庭积累。受害人因人身损害死亡，家庭可以预期的其未来生存年限中的收入因此丧失，实际是家庭成员在财产上蒙受的消极损失。依据损害赔偿法原理，消极损失同样应当予以赔偿。前已述及，人民法院涉外审判实务中，对人身损害赔偿系采纳“继承丧失说”作出规定。《涉外海上人身伤亡赔偿规定》第四条“死亡赔偿的范围和计算公式”第一项规定：“收入损失，是指根据死者生前的综合收入水平计算的收入损失。收入损失 =（年收入－年个人生活费）× 死亡时起至退休的年数 + 退休收入 ×10。死者年个人生活费占年收入的 25%~30%。”该项“收入损失”的计算，就是采取的“继承丧失说”；该条第三项规定的“安抚费”，被明确界定为“对死者遗属的精神损失所给予的补偿”。即在“收入损失”的财产损失以外，另外赔偿精神损害抚慰金，对死亡受害人近亲属的财产利益损失和精神利益损害，给予全面救济。本解释对死亡赔偿采取“继承丧失说”，但与《涉外海上人身伤亡赔偿规定》对“收入损失”的赔偿仍有所不同：

（1）在概念上，与现行法律规定保持一致，将对“收入损失”的赔偿称为“死亡赔偿金”，而对精神损害的赔偿称作“精神损害抚慰金”，以期概念准确，用语规范。

（2）赔偿标准，采定型化赔偿和客观计算。《涉外海上人身伤亡赔偿规定》对“收入损失”的计算方法是差额赔偿和主观计算，即以死者生前的年收入为依据按余命年岁计算赔偿额。本解释则按照“人均可支配收入”的客观标准，并以 20 年固定赔偿年限为计算时间，旨在既与过去的法律法规相衔接，又不致因主观计算导致两极分化、贫富悬殊。但较之过去的赔偿标准，在赔偿参数上有了明显的提高，即以人均可支配收入取代过去的“平均生活费”；赔偿年限也比过去延长一倍，实际赔偿额则超过过去的一倍多。

（3）对赔偿的内容进行分解，即仍保留过去的被扶养人生活费的赔偿，而分解出“人均可支配收入”作为“死亡补偿费”予以赔偿，以与《民法通则》和现行有关立法相衔接。按照“继承丧失说”，对死亡受害人近亲属的逸失利益按“收入损失”计算，即按代表死者生前综合收入水平的“年收入”标准计算，“被扶养人生活费”在计算上被“收入损失”吸收。因此，“收入损失”之外不再重复赔偿“被扶养人生活费”。2003 年制定本解释时，鉴于《民法通则》《消费者权益保护法》《产品质量法》中均有“被扶养人生活费”的赔偿项目，为使司法解释与立法保持一致，本解释以分解的方法对“继承丧失说”的“收入损失”赔偿作了技术处理，即将“收入损失”分解为“人均可支配收入”及“被扶养人生活费”两部分。“人均可支配收入”按职工人均工资除以平均负担系数计算，代表的是人均工资的 2/3，因为“平均负担系数”一般是 1.5（即工资标准一般按能够养活 1.5 个人测算），另外 1/3 则以“被扶养人生活费”的方式体现，按“平均生活费”指标计算。“平均生活费”是指“城镇居民人均消费性支出”或者“农村居民人均年生活消费支出”。以北京为例，2001 年统计年度北京市在岗职工平均工资为 19155 元，城镇居民人均可支配收入为 11577.8 元，城镇居民人均消费性支出约为 8922.7 元，后两项相加大致与前一项相等。因此，分解的结果既体现了“继承丧失说”的赔偿理念和标准，又避免了与现行法律、法规相冲突。残疾赔偿中的“残疾者生活补助费”与“被扶养人生活费”的赔偿理念和分解模式，也与此完全一致。

（4）关于赔偿期限 60 周岁以上递减，75 周岁以上的按 5 年计算的统计学依据，参见第十二条残疾赔偿金的理解与适用中的说明。

二、本条的修改情况

2022 年 2 月 15 日，最高人民法院审判委员会第 1864 次会议讨论通过了《最高人民法院关于修改〈最高人民法院关于审理人身损害赔偿案件适用法律若干问题的解释〉的决定》（2022 年 5 月 1 日起施行），对本条作出了修改，将“死亡赔偿金按照受诉法院所在地上一年度城镇居民人均可支配收入或者农村居民人均纯收入标准”修改为“按照受诉法院所在地上一年度城镇居民人均可支配收入标准”。

原来的人身损害赔偿标准出台于2003年，适应的是当时我国经济社会发展的基本国情以及城乡户籍制度和城乡二元结构的背景。在人口流动不够频繁的时期，城乡生活水平存在较大差异，考虑诸如城乡收入差距、赔偿能力迥异等现实状况是当时面临的主要问题。随着户籍制度改革的不断推进和城乡经济社会的日趋融合，城乡人口的加速流动，也使得城市与乡村的差距逐步缩小。[①]

近年来，中共中央和国务院陆续公布《关于进一步推进户籍制度改革的意见》《关于建立健全城乡融合发展体制机制和政策体系的意见》等政策文件，强调应建立城乡统一的户口登记制度、改革人身损害赔偿制度、统一城乡居民赔偿标准。此次对《人身损害赔偿解释》作出修改，在残疾赔偿金、死亡赔偿金以及被扶养人生活费问题上统一采用城镇居民标准进行计算，是人民法院落实中央重要决策部署、贯彻落实中央“改革人身损害赔偿制度，统一城乡居民赔偿标准”要求的具体举措。

三、审判实践中应当注意的问题

本解释于2020年修正时，本条虽未作修改和调整，但本解释增加了第十六条关于“被扶养人生活费计入残疾赔偿金或者死亡赔偿金”的规定。因此，有必要厘清死亡赔偿金与被扶养人生活费的关系。

---

① 姚辉：《回应社会关切 引领审判实践》，载《人民法院报》。

2010年施行的《侵权责任法》改变了《民法通则》的规定，《侵权责任法》第十六条规定：侵害他人造成人身损害的，应当赔偿医疗费、护理费、交通费等为治疗和康复支出的合理费用，以及因误工减少的收入。造成残疾的，还应当赔偿残疾生活辅助具费和残疾赔偿金。造成死亡的，还应当赔偿丧葬费和死亡赔偿金。该规定中没有再将被扶养人生活费明确单列为独立的赔偿项目，最高人民法院在《侵权责任法》施行后，发布了《最高人民法院关于适用〈中华人民共和国侵权责任法〉若干问题的通知》，该通知第四条规定："人民法院适用侵权责任法审理民事纠纷案件，如受害人有被抚养人的，应当依据《最高人民法院关于审理人身损害赔偿案件适用法律若干问题的解释》第二十八条的规定，将被抚养人生活费计入残疾赔偿金或死亡赔偿金。"2020年5月28日，《民法典》经第十三届全国人民代表大会第三次会议审议通过，于2021年1月1日正式施行。《民法典》第一千一百七十九条延续了《侵权责任法》第十六条的规定，未将被扶养人生活费明确列为独立的赔偿项目。

虽然当时《侵权责任法》以及之后颁布实施的《民法典》未将被扶养人生活费作为一个单独的项目列举，但司法实践中，一直将被扶养人生活费计入残疾赔偿金和死亡赔偿金。从计算方式、权利保护等方面来看，这种做法是符合客观实际的。在征求立法机关等相关方面意见的基础上，本解释延续司法实践中的一贯做法，将按照本解释第十二条或者第十六条计算的残疾赔偿金或者死亡赔偿金和被扶养人生活费相加，并将所得之和作为残疾赔偿金或者死亡赔偿金的赔偿额。

【案例】

王某某、魏某1等诉某保险股份有限公司、韦某某机动车交通事故责任纠纷案

一、裁判要旨

本案事故发生时，受诉法院所在地已开始开展人身损害赔偿城乡统一标准试点工作。宋某某系农村居民，因本次事故导致死亡，四原告作为宋某某的亲属于2020年4月23日起诉至人民法院，对四原告要求的死亡赔偿金、丧葬费、被扶养人生活费，受诉法院按照人身损害赔偿纠纷案件适用城乡统一标准进行了判决。

二、简要案情

法院经审理查明：2020年3月5日，被告韦某某驾驶小型轿车沿省道101由北向南行驶至张庄镇高庄村东（62km+300m）处时，与由东向西过马路的行人宋某某发生道路交通事故，致宋某某当场死亡，车辆损坏。事故发生后，宋某某在市中医院抢救花费112元。2020年4月8日，市公安局交通警察支队对本次事故作出责任认定，认定韦某某与宋某某承担事故的同等责任。肇事车辆在被告某保险公司投保了交强险和100万元不计免赔第三者商业责任险。事故发生后，被告韦某某已赔付原告2万元。原告主张因本次事故造成如下损失：门诊费112元、死亡赔偿金846580元、丧葬费36796.5元、办理丧葬事宜的其他花费5000元、精神损害抚慰金1万元、被扶养人抚养费26731元 ×5年/5人=26731元。以上共计928219.5元，要求被告在交强险限额外按照60%的比例承担赔偿责任。庭审中，

被告某保险公司称，认可亲属办理丧葬事宜误工费为三人三天按城镇标准 116 元 / 天计算；交通费用数额过高，请求法院依法酌定；因本次事故双方同责，保险公司应按 50% 的比例赔偿原告。

三、审理情况

审理法院认为，根据《侵权责任法》的规定，行为人因过错侵害他人民事权益，应当承担侵权责任。侵害他人造成人身损害的，应当赔偿医疗费、护理费、交通费等为治疗和康复支出的合理费用，以及因误工减少的收入。造成死亡的，还应当赔偿丧葬费和死亡赔偿金。机动车发生交通事故造成损害的，依照《道路交通安全法》的有关规定承担赔偿责任。被告韦某某驾驶车辆与行人宋某某发生交通事故，致宋某某当场死亡，公安机关交通管理部门依职权进行现场勘查后作出道路交通事故认定书，确定韦某某、宋某某分别承担事故的同等责任。四原告作为宋某某的近亲属，有权提出赔偿请求，被告韦某某应按其所负责任赔偿原告损失。由于被告韦某某驾驶的肇事车辆在被告某保险公司投保了交强险和第三者商业责任险，四原告的损失依法先由保险公司在交强险限额内予以赔偿，不足部分，在第三者商业责任险限额内按所负责任比例予以赔偿，仍有不足的，由韦某某按责任予以赔偿。该省已经施行人身损害赔偿城乡统一标准，关于四原告主张的各项损失，法院确定如下：（1）死亡赔偿金为 846580 元（42329 元 / 年 ×20 年）；（2）丧葬费，按照《山东省 2018 年分行业城镇非私营单位平均工资》中从业人员全省平均工资标准，以 6 个月总额计算为 36796.5 元；（3）处理丧葬事宜人员误工费，宋某某去世后其亲属为处理丧事必然产生误工损失，原告主张数额过高，法院不予支持，被告保险公司主张的 1044 元（116 元 / 天 ×3 人 ×3 天）较为合理，法院予以支持；（4）精神损害抚慰金，本次事故导致受害人宋某某死亡的后果，给四原告精神上造成了一定的伤害，法院酌定精神损害抚慰金1万元；（5）交通费，宋某某去世后其亲属为处理丧事必然产生交通费用，法院酌定该损失数额为1000元；（6）被扶养人生活费为26731元（26731元/年 × 5年 ÷ 5人）。以上损失共计922151.5元，应由被告保险公司首先在交强险限额内赔偿原告医疗费112元、死亡赔偿金11万元，共计110112元。关于原告因本次交通事故导致的超出交强险以外的损失812039.5元（922151.5元 -110112元），《山东省实施〈中华人民共和国道路交通安全法〉办法》第六十六条规定："机动车发生交通事故造成人身伤亡、财产损失，超过交通事故强制保险责任限额部分，机动车与机动车之间发生交通事故的，由有过错的一方承担赔偿责任；双方都有过错的，按照各自过错的比例分担责任。机动车与非机动车、行人之间发生交通事故的，非机动车驾驶人、行人没有过错的，由机动车一方承担赔偿责任，但是有证据证明非机动车驾驶人、行人有过错的，机动车一方按照下列规定承担赔偿责任：……（三）非机动车驾驶人、行人负事故同等责任的，承担百分之六十至七十的赔偿责任……"原告要求被告在交强险限额外按照60%的比例承担赔偿责任，符合上述规定，法院予以支持，被告某保险公司应在第三者商业责任险额内赔偿原告损失487223.7元（812039.5元 × 60%）。被告韦某某已垫付的2万元应予扣除。对原告超过规定的部分，法院不予保护。

综上，判决被告某保险公司在交强险限额内赔偿原告医疗费和死亡赔偿金110112元，在第三者商业责任险限额内赔偿原告各项损失467223.7元，共计赔偿原告577335.7元；驳回原告的其他诉讼请求。

第十六条　被扶养人生活费计入残疾赔偿金或者死亡赔偿金。

【条文主旨】

本条是关于残疾赔偿金、死亡赔偿金与被扶养人生活费的关系的规定。

具体而言，可从以下几个层次予以把握：(1)《民法典》生效后，未将被扶养人生活费作为独立的赔偿项目列明。(2) 被扶养人生活费仍应当按照本解释第十七条的规定计算。(3) 应将按照本解释第十七条计算的被扶养人生活费数额与根据第十二条和第十五条的规定计算的残疾赔偿金和死亡赔偿金数额相加，作为裁判文书中最终确认的残疾赔偿金或者死亡赔偿金数额。

【理解与适用】

一、起草背景

2003 年施行的《人身损害赔偿解释》明确将被扶养人生活费和残疾赔偿金、死亡赔偿金作为两项独立的赔偿项目。当时，本解释制定时的上位法是《民法通则》,《民法通则》第一百一十九条规定："侵害公民身体造成伤害的，应当赔偿医疗费、因误工减少的收入、残废者生活补助费等费用；造成死亡的，并应当支付丧葬费、死者生前扶养的人必要的生活费等费用。"

《民法通则》通过后,《消费者权益保护法》(1993 年）第四十一条、第四十二条分别对经营者提供商品或者服务造成消费者或者其他受害人人身伤害和死亡的赔偿范围作出了规定，在《民法通则》第一百一十九条规定的基础上，增加了“治疗期间的护理费”“残疾者生活自助具费”“残疾赔偿金”“由残疾者扶养的人所必需的生活费”“死亡赔偿金”五项内容。《产品质量法》(2000年)第四十四条也作出了相似规定。因《民法通则》明确将被扶养人生活费和残疾赔偿金、死亡赔偿金均作为一项独立的赔偿项目，司法解释遂同时规定了被扶养人生活费和残疾赔偿金、死亡赔偿金。但是，2010年施行的《侵权责任法》改变了《民法通则》的规定，《侵权责任法》第十六条规定：侵害他人造成人身损害的，应当赔偿医疗费、护理费、交通费等为治疗和康复支出的合理费用，以及因误工减少的收入。造成残疾的，还应当赔偿残疾生活辅助具费和残疾赔偿金。造成死亡的，还应当赔偿丧葬费和死亡赔偿金。该规定中未再将被扶养人生活费列为独立的赔偿项目，但司法解释未作相应修改，造成司法解释规定的赔偿项目与法律规定的赔偿项目不相吻合的局面。《侵权责任法》生效后，关于被扶养人生活费是否应当赔偿的问题，司法实务界和学术界存在不同理解。一种观点认为，《侵权责任法》明确取消了被扶养人生活费项目，仅规定残疾赔偿金和死亡赔偿金，说明立法者已经否定了被扶养人生活费作为赔偿项目，继续计算被扶养人生活费于法无据。另一种观点认为，司法解释规定的死亡赔偿金和残疾赔偿金数额偏低，如果直接取消被扶养人生活费，将导致受害人能够获得的赔偿数额明显降低，不利于充分保护受害人的合法权益。尽管《侵权责任法》未明确规定被扶养人生活费，但不能因此不再计算该项费用，可以将该项费用列为其他赔偿项目。为了解决这个问题，最高人民法院在《侵权责任法》施行后，发布了《最高人民法院关于适用〈中华人民共和国侵权责任法〉若干问题的通知》，该通知第四条规定："人民法院适用侵权责任法审理民事纠纷案件，如受害人有被抚养人的，应当依据《最高人民法院关于审理人身损害赔偿案件适用法律若干问题的解释》第二十八条的规定，将被抚养人生活费计入残疾赔偿金或死亡赔偿金。"《民法典》第一千一百七十九条延续了《侵权责任法》第十六条的规定，未将被扶养人生活费作为独立的赔偿项目。本条吸收了通知第四条的意见，并将第四条中的"被抚养人"修改为"被扶养人"，使法律概念更加严谨和精确。

二、需要注意的几个问题

（一）被扶养人生活费的理论依据

被扶养人生活费的理论依据是"扶养丧失说"。"扶养丧失说"认为，侵权行为造成他人人身损害的，导致受害人不能履行扶养义务，应当支付受害人的被扶养人本来可以获得的扶养费用。被扶养人生活费确定的依据是受害人伤亡后，其生前依法定扶养义务供给生活费的未成年人或者成年人因此丧失了可靠的生活来源，赔偿义务人应当对此予以赔偿，此时的赔偿权利人实际上是受害人的近亲属即间接受害人。获得赔偿的是对间接受害人的具体的、直接的、积极的财产损失进行赔偿。

（二）残疾赔偿金和死亡赔偿金的理论依据

残疾赔偿金与死亡赔偿金的理论依据是"继承丧失说"。继承丧失说是与扶养丧失说相对的学说。"继承丧失说"认为，侵害他人生命致人死亡，不仅生命利益本身受侵害，而且造成受害人余命年岁内的收入"逸失"，给与受害人共同生活的家庭共同体造成财产损失。因为近亲属被认为与直接受害人是"经济性同一体"或"钱包共同"关系，因婚姻（尤其是在实行法定夫妻共同财产制的国家）或者继承能够合法取得直接受害人正常生存情况下个人消费部分以外的全部收入。侵权人造成被害人死亡的，应当赔偿被扶养人因侵权行为丧失的利益，即逸失利益。受害人的个人收入中除用于个人消费的部分外，其余收入系用于家庭共同消费或者家庭积累，因受害人遭受人身损害而死亡，其所在的家庭可以预期的其未来生存年限中的收入因此丧失，实际上是家庭其他成员在财产上遭受的消极损失。按照完全赔偿原则，这种消极损失也应当予以赔偿。

（三）被扶养人生活费与残疾赔偿金、死亡赔偿金的关系

由于被扶养人生活费与残疾赔偿金与死亡赔偿金的理论依据不同，两者的法律关系较为复杂。从理论上来说，“扶养丧失说”与“继承丧失说”是不能并存的。因为，按照“继承丧失说”，侵权人赔偿受害人的范围是因侵权行为导致死亡或者劳动能力丧失导致的收入。该收入已经包含了受害人用于履行扶养义务的支出。由于被扶养人的扶养利益必然是出自死者的未来收入所得，如果赔偿了死者的经济收入，那么起诉就应当包含他所扶养的人的扶养费。即使其生存也只能用其收入中的一部分扶养他所扶养的人，因此，在赔偿了死者的经济收入后，就不应再赔偿死者扶养的人的抚养费。[①]采用“继承丧失说”立法例的前提是，按照“继承丧失说”计算的残疾赔偿金或者死亡赔偿金足以弥补受害人因侵权行为导致的损失，无需再计算被扶养人生活费。但问题在于，本解释第十二条和第十五条规定的残疾赔偿金与死亡赔偿金的计算方式并不足以弥补受害人未来收入丧失的部分。这是因为，本解释第十二条和第十五条均采用了人均可支配收入的计算参数。人均可支配收入是将全部可支配收入除以全部人口数量得到的数值。因为作为除数的全部人口既

① 韩松：《人身侵权损害赔偿中的第三人损害及其赔偿请求权》，载《华东政法学院学报》2006年第3期。

包括了劳动力人口也包括未成年人、退休老人等非劳动力人口。而残疾赔偿金与死亡赔偿金均以受害人具有劳动能力作为理论前提，这就导致人均可支配收入这一参数与理论假设不匹配，因为人均可支配收入的数额被非劳动力人口摊薄，由此计算得出的（狭义）残疾赔偿金和死亡赔偿金将少于本应得到的残疾赔偿金或者死亡赔偿金数额。因此，虽然当时《侵权责任法》未将被扶养人生活费作为一个单独的项目列举，而司法实践中仍然将被扶养人生活费计入残疾赔偿金和死亡赔偿金的做法，是符合客观实际的。在征求立法机关等相关方面意见的基础上，本解释延续司法实践的一贯做法，将残疾赔偿金和死亡赔偿金分为两个部分，即按照本解释第十二条和第十五条计算的（狭义的）残疾赔偿金、死亡赔偿金和被扶养人生活费，并将残疾赔偿金、死亡赔偿金与被扶养人生活费之和作为残疾赔偿金、死亡赔偿金的赔偿总额。这样不仅能够更有力地保护受害人的合法权益，而且也比较符合我国国情。因为被扶养人生活费一般指的就是实际的生活支出，甚至在一些情况下被进一步限制于维持被扶养人的基本生活费用。如果仅赔偿被扶养人生活费的话，那么死者近亲属的权益就很难得到周全的保护。[①] 因而在赔偿受害人未来可得收入的基础上，考虑被扶养人的情况，能够较好地兼顾不同类型的受害人的利益，更容易被社会公众所接受。

（四）如何理解“计入”

关于被扶养人生活费如何计入残疾赔偿金和死亡赔偿金，实践中存在两种理解。第一种理解中“计入”是指将按照本解释第十七条计算出的被扶养人生活费与按照本解释第十二条计算出的残疾赔偿金或者按照本解释第十五条计算的死亡赔偿金数额相加得出的赔

① 谢慧阳：《论兼采扶养丧失说与继承丧失说之可行性》，载《西南政法大学学报》2013年第6期。

偿总额。将该赔偿总额作为最终的残疾赔偿金或者死亡赔偿金数额。因此，被扶养人生活费数额越高，权利人得到的赔偿总额也越高。第二种理解认为，“计入”意味着残疾赔偿金和死亡赔偿金的赔偿总额仅按照本解释第十二条和第十五条规定计算，不能再计算被扶养人生活费。因为被扶养人生活费是该残疾赔偿金和死亡赔偿金总额中的一部分，被扶养人生活费的多少并不影响权利人得到的赔偿总额。对此，我们认为，第一种理解是正确的。本条中的“计入”是指两个赔偿项目数额的相加关系。在具体操作时，可先按照本解释的规定分别计算出（狭义的）残疾赔偿金、死亡赔偿金和被扶养人生活费数额，然后将（狭义的）残疾赔偿金、死亡赔偿金数额与被扶养人生活费数额相加得出最终的残疾赔偿金或者死亡赔偿金数额。

【案例】

杨某诉刘某、周某、登某人身损害赔偿责任纠纷案

一、裁判要旨

《人身损害赔偿解释》第十六条“被扶养人生活费计入残疾赔偿金或者死亡赔偿金”的规定并非取消被扶养人生活费这一赔偿项目，而是明确被扶养人生活费与残疾赔偿金、死亡赔偿金之间并非包含关系，而是并列关系。该解释第十七条规定了被扶养人生活费的计算方式与标准，更加明确被扶养人生活费必须赔偿。故应将被扶养人生活费与残疾赔偿金相加计算赔偿总额。

二、案情

登某为修建达日县昂钦部落酒店钢结构阳光房，其将该工程发包给周某，并委托韩某与周某签订了《钢结构阳光房安装施工合同》，周某将劳务再次分包给杨某并签订了《协议》，由杨某雇佣工人刘某来施工。2020年11月13日下午，刘某在该酒店安装玻璃时不慎从房顶坠落（高约4米处）后致头部及髋部受伤，并于当天被送至达日县人民医院检查治疗，后由登某转送至果洛州人民医院检查并住院1日，因伤情严重后又转往青海省人民医院住院治疗53天。2021年12月7日经青海正信司法鉴定所鉴定，刘某的左眼视神经萎缩，构成十级伤残；刘某的左侧髋臼骨折术后，构成十级伤残；刘某的左侧额叶挫裂伤，左侧额部硬膜外血肿软化灶形成，构成十级伤残。刘某的误工期为120~180天，护理期为60~90天，营养期60~90日，后续治疗费9000~14000元。刘某提供的医疗票据原件证实刘某因摔伤治疗花费住院费、门诊费、救护车费、挂号费、复查费共计157198元。杨某在诉讼中辩称，根据2003年《人身损害赔偿解释》第十六条的规定，被扶养人生活费已经包含在残疾赔偿金中，被扶养人生活费与残疾赔偿金不能重复计算。

三、法院裁判

法院审理认为：本案案涉工程为“达日县昂钦部落酒店阳光房钢结构及玻璃工程”，登某于2020年9月16日以包工包料形式承包给周某，后周某于10月8日将工程劳务部分以每平方米260元的单价分包给杨某，杨某当庭自认找到刘某实际施工。虽本案中登某、周某、杨某均为不具备建设施工资质的个人，但三人中实际产生了发包、承包、劳务分包的法律关系，应当参照建筑法的相关规定履行安全施工义务。刘某作为提供劳务者，受雇于转包人杨某实际施工作业，向杨某领取报酬，二人构成劳务合同关系，刘某在提供劳务过程中因劳务受到损害，应当由杨某对其人身损害承担主要赔偿责任。登某作为发包方，发包工程总价为35万元的建设工程，应当按照《中华人民共和国建筑法》(以下简称《建筑法》)第七条、第二十二条的规定领取施工许可证，发包给有资质的承包方。登某未履行上述法定义务，直接将案涉工程违法发包给周某个人，在选任上存在过错，且该过错与后续周某非法转包，刘某在施工过程中未遵守有关安全法律、法规和建筑行业安全规章、规程，造成其人身损害有直接因果关系。因不具备施工资质条件的个人在安全生产方面未经专业培训，意识薄弱，增大安全事故发生概率，登某亦未尽到安全监管作用。因此，其应当承担20%的侵权赔偿责任。周某作为承包方，依照《建筑法》第四十五条规定，应当对施工现场安全负责，而周某承包后将劳务部分违法分包给同样不具备施工资质的杨某，未对施工现场尽到安全施工管理义务，未采取相应的安全保障措施，后发生刘某高空跌落的安全事故，应当对刘某承担占其安全管理责任10%的侵权赔偿责任。刘某自担20%责任。

关于杨某提出残疾赔偿金包含被扶养人生活费的抗辩。法院认为，《人身损害赔偿解释》第十六条规定："被扶养人生活费计入残疾赔偿金或者死亡赔偿金。"这一规定并非取消被扶养人生活费这一赔偿项目，反倒是明确了被扶养人生活费与残疾赔偿金、死亡赔偿金之间的关系，被扶养人生活费与后者并非包含关系，而是并列关系，且在该解释第十七条明确规定了被扶养人生活费的计算方式与标准，更加明确被扶养人生活费必须赔偿。综上，判令周某赔偿刘某34443.4元；杨某赔偿刘某172217.2元；登某赔偿刘某68886.85元。

第十七条 被扶养人生活费根据扶养人丧失劳动能力程度，按照受诉法院所在地上一年度城镇居民人均消费支出标准计算。被扶养人为未成年人的，计算至十八周岁；被扶养人无劳动能力又无其他生活来源的，计算二十年。但六十周岁以上的，年龄每增加一岁减少一年；七十五周岁以上的，按五年计算。

被扶养人是指受害人依法应当承担扶养义务的未成年人或者丧失劳动能力又无其他生活来源的成年近亲属。被扶养人还有其他扶养人的，赔偿义务人只赔偿受害人依法应当负担的部分。被扶养人有数人的，年赔偿总额累计不超过上一年度城镇居民人均消费支出额。

【条文主旨】

本条是关于确定被扶养人生活费的原则、扶养年限的计算、被扶养人范围以及扶养费计算方法问题的规定。

本条规定实际涉及四个方面的内容：（1）根据扶养人因人身损害造成死亡或者残疾等丧失劳动能力的程度，再结合政府统计部门公布的受理诉讼的法院所在地的省、自治区、直辖市上一年度城镇居民人均消费性支出标准，计算出被扶养人的生活费标准。（2）针对未成年人或者成年人等不同的被扶养人情况，确定了不同的扶养年限以及计算方法。（3）规定了被扶养人的范围包括受害人依法应当承担扶养义务的未成年人或者丧失劳动能力又无其他生活来源的成年近亲属。（4）被扶养人有两个以上扶养人的，或者被扶养人人数有两个以上的情况下，赔偿义务人所应承担的赔偿份额如何确定。

【理解与适用】

一、起草背景

（一）2003 年制定本条的背景

我国《民法通则》第一百一十九条规定了侵害公民身体造成死亡的，应当支付死者生前扶养的人必要的生活费。《民法通则》施行以来，实践中出现了不少与如何适用该条有关的新情况和新问题。一是受害人遭受人身损害没有死亡，却造成了严重的残疾、不同程度地丧失了劳动能力，在客观上影响了其在通常情况下依法应当扶养的未成年人或者其他需要扶养的成年人的生活水平和生活质量，对于此类情况，1988 年最高人民法院制定的《民法通则意见》中也只有一个非常笼统的原则性规定。[①]赔偿权利人因不同程度劳动能力的丧失提出相应诉讼请求的，人民法院在审理中是否支持，缺乏明确的法律和政策上的依据。二是被扶养人的生活费按照什么标准来确定，一直缺乏统一的具体的参照标准，各地法院在处理此类纠纷时都是按照实际情况确定，不少案件的处理事实上都是参考或者比照国务院 1991 年 9 月 22 日发布的《道路交通事故处理办法》中规定的因交通事故由公安机关主持调解计算被扶养人生活费的标准，

① 《民法通则意见》第一百四十七条规定："侵害他人身体致人死亡或者丧失劳动能力的，依靠受害人实际扶养而又没有其他生活来源的人要求侵害人支付必要生活费的，应当予以支持，其数额根据实际情况确定。"

即当地居民困难生活补助标准；[1]有的是按照当地居民平均生活费标准；有的是按照当地城市居民最低生活保障费等作为标准确定有关费用数额等，很不统一。三是随着我国城乡居民生活水平和医疗保健质量的提高，人均期望寿命不断延长，显然，再继续按照以前的标准计算被扶养人的扶养年限，已与我国人均期望寿命的现实情况严重脱节，需要进行调整并重新确立新的扶养年限起算点和期限。四是在扶养人扶养多个被扶养人时，如何计算赔偿费用数额也是需要予以明确的问题。基于以上几方面的考虑，本条对相关问题作出了明确、具体的规定。

（二）2022 年修改本条的背景

2003 年《人身损害赔偿解释》第二十八条规定，被扶养人生活费按照城镇居民人均消费性支出和农村居民人均年生活消费支出标准计算。该规定是基于当时我国经济社会发展基本国情，在城乡户籍制度和城乡二元结构背景下制定的。随着我国户籍制度改革的推进以及经济社会的不断发展，城乡差距逐渐缩小，人身损害赔偿标准问题面临着新情况、新形势。2014 年 7 月 24 日，国务院印发《关于进一步推进户籍制度改革的意见》，就进一步推进户籍制度改革提出具体政策措施，其中在第三条“创新人口管理”的意见中，提出“建立城乡统一的户口登记制度”，“取消农业户口与非农业户口性质区分和由此衍生的蓝印户口等户口类型，统一登记为居民户口”。2017 年 2 月 9 日，公安部召开全国户籍制度改革专题视频培训会，会议指出户籍制度改革的政策框架基本构建完成，城乡统一的户口

① 《道路交通事故处理办法》第三十七条第九项规定：“被扶养人生活费：以死者生前或者残者丧失劳动能力前实际扶养的、没有其他生活来源的人为限，按照交通事故发生地居民生活困难补助标准计算。对不满十六周岁的人扶养到十六周岁。对无劳动能力的人抚养二十年，但五十周岁以上的，年龄每增加一岁减少一年，最低不少于十年；七十周岁以上的按五年计算。对其他的被扶养人扶养五年。”

登记制度全面建立，各地取消了农业户口与非农业户口性质区分。

2019 年 4 月 15 日，中共中央、国务院公布《关于建立健全城乡融合发展体制机制和政策体系的意见》，明确提出“改革人身损害赔偿制度，统一城乡居民赔偿标准”的要求。为贯彻落实党中央要求，最高人民法院于 2019 年 9 月 2 日下发《关于授权开展人身损害赔偿标准城乡统一试点的通知》，授权各高级人民法院在辖区内开展人身损害赔偿纠纷案件统一城乡居民赔偿标准试点工作。

为进一步推动城乡居民赔偿标准统一工作，在总结试点工作经验的基础上，最高人民法院启动了《人身损害赔偿解释》修改工作。经过深入调研论证，并向全社会公开征求意见，在反复研究论证的基础上，2022 年 2 月 15 日，最高人民法院审判委员会第 1864 次会议讨论通过了《最高人民法院关于修改〈最高人民法院关于审理人身损害赔偿案件适用法律若干问题的解释〉的决定》，对《人身损害赔偿解释》第二十二条作了修改，将被扶养人生活费由原来按照城镇居民人均消费性支出或者农村居民人均年生活消费支出标准计算修改为按照城镇居民人均消费支出标准计算，被扶养人生活费不再区分城乡居民分别计算，而是统一按照政府统计部门公布的各省、自治区、直辖市以及经济特区和计划单列市的城镇居民指标计算。这是人民法院认真贯彻落实以习近平同志为核心的党中央关于建立健全城乡融合发展体制机制和政策体系的重大决策部署以及“改革人身损害赔偿制度，统一城乡居民赔偿标准”要求的重要举措。

另外，在征求意见过程中，国家统计部门建议将条文中“城镇居民人均消费性支出”修改为“城镇居民人均消费支出”，与国家统计部门公开发布的指标名称保持一致。我们采纳了这个意见。

二、2003年解释制定时社会各界提出的修改意见以及采纳情况

在2003年制定本解释，最高人民法院通过中国法院网和《人民法院报》向社会各界征求意见时，本条排在第三十一条，具体内容为："被扶养人生活费，以死者生前或者残疾者丧失劳动能力前依法应当承担扶养义务的人为限，按照受诉法院所在地城市居民最低生活保障标准计算。被扶养人住所地或者经常居住地城市居民最低生活保障标准高于受诉法院所在地标准的，可以按照被扶养人住所地或者经常居住地标准计算，赔偿权利人对此承担举证责任。被扶养人有数人的，其总额不得超过受诉法院所在地城镇居民人均消费性支出标准；被扶养人还有其他扶养人的，侵权人只赔偿受害人生前或者丧失劳动能力前依法应当负担的部分。被扶养人为未成年人的，计算至十八周岁；被扶养人无劳动能力又无其他生活来源的，按照受诉法院所在地人均期望寿命减去其实际年龄的预期生存年限计算，但最高不得超过根据扶养人余命年岁计算的实际扶养年限，最低不少于五年。"

在征求意见过程中，本条内容属于网民提出修改意见比较多的条款，主要修改建议如下：

1. 关于被扶养人的定义问题。有的网民建议对"被扶养人"作出更明确的定义。比如，死者18岁，其父母40岁，尚有生活能力，但将来会面临扶养问题，即应对"预期扶养义务"如何适用法律的问题也一并作出规定。

2. 关于赔偿标准问题。被扶养人生活费，以死者生前或者残疾者丧失劳动能力前依法应当承担扶养义务的人为限，按照受诉法院所在地城市居民最低生活保障标准及伤残系数计算。

3. 关于遗腹子扶养费或者是否包括胎儿的扶养费问题。建议该条第二款中的“被扶养人为未成年人的”中的未成年人应当明确包括胎儿。而且，胎儿的生命权、健康权、身体权受到侵害时也应当得到赔偿。这样对胎儿利益的保护才是最完全的。解释中未涉及遗腹子扶养费的赔偿，建议参照继承法的有关规定，对遗腹子的扶养费赔偿 18 年，凭出生证支付。

4. 第一款“被扶养人生活费”，应为“受害人或死者被扶养人的生活费”；“……以死者生前或者残疾者丧失劳动能力前依法应当承担扶养义务的人为限”应为“……以死者生前或者残疾者丧失劳动能力前依法应当承担扶养义务的人或受害人或死者实际正在扶养或扶助的并依靠受害人或死者扶养或扶助的人为限”。

5. 关于无劳动能力的范围。司法实践中，多大年龄可视为无劳动能力以及可认定为被扶养人应予明确。

6. 关于生活来源不足以维持当地最低生活水准的问题。本句有两个条件：“无劳动能力”“无其他生活来源”。如果被扶养人有其他生活来源（比如房租收入），但该来源又不足以维持当地最低生活水准的，怎么办？建议在条文中明确。

7. 关于被扶养人的人数问题。“被扶养人有数人的，其总额不得超过受诉法院所在地城镇居民人均消费性支出标准。”有人认为此句含义不明。“受诉法院所在地城镇居民人均消费性支出标准”是按一个人计算？还是按被扶养人的人数计算？需要明确。

8. 该条第二款规定，被扶养人无劳动能力又无其他生活来源的，侵权人只承担被扶养人的生活费。但是，在这种情况下其实还会存在该被扶养人有护理依赖程度的问题，现实中仅靠其生活费是无法解决该被扶养人的生存问题的，应该一并考虑侵权人承担受害人“应当承担该被扶养人的护理费用”。

9. 关于未成年人的必要的受教育费用问题。建议该条应增加一款，即被扶养人为未成年人的，未成年人的必要的受教育费用应当得到赔偿。时间以未成年人接受完义务教育为限。

10. 关于部分丧失劳动能力的问题。如果残疾者是部分丧失劳动能力即1~10级伤残的，建议明确各伤残等级下如何赔偿被扶养人生活费。

11. 关于被扶养人的界定问题。“以死者生前依法应当承担扶养义务的人为限”怎么理解？比如，死者是未成年人（16岁以前），但其父母仅此一孩，且此时年龄已大，过了生育期，或因其他原因丧失生育能力，虽然此时无需死者扶养，但将来丧失劳动能力后就要依靠死者来扶养的人，算不算是被扶养人呢？侵权人要不要赔偿这部分“被扶养人”将来的生活费呢？

12. 关于受诉法院所在地的范围问题。本条中的“受诉法院所在地”指的是省级或地市级或区县级？实际标准区别很大，应当明确。

13. 关于不同伤残等级的劳动能力丧失是否要区别对待的问题。伤残5~10级的被扶养人的生活费支付应当体现出（应当少于）与伤残1~4级及死亡的人被扶养人的生活费不同，因其多少仍有一定的劳动能力，对被扶养人具有一定的扶养能力。《民法通则》及相关解释未作区分，实际操作中均采取相同标准是不合理的。建议侵权行为致人伤残的，赔偿被扶养人生活费时也应当根据受害人的伤残等级系数。

14. 关于人均期望寿命如何确定的问题。本条中“受诉法院所在地人均期望寿命”如何确定，建议作出界定。

15. 关于行文问题。建议将条文改为：“第三十一条：被扶养人生活费，以死者生前或者残疾者丧失劳动能力前依法应当承担扶养义务的人为限，其标准为：配偶每月按省、自治区、直辖市上年度职工月平均工资（死者或残疾者工资）的百分之四十发给，其他供养亲属每人每月按百分之三十发给，孤寡老人或者孤儿每人每月在上述标准的基础上加发百分之十。被扶养人有数人的，赔偿总额不得超过受害人本人工资。”

最高人民法院民事审判第一庭在归纳整理有关方面提出的修改建议时，考虑到各方面提出的修改建议，对本条从文字到内容作了较大的修改。（1）关于是否确定胎儿的扶养费份额问题，考虑到人身损害赔偿与继承法律关系的不同，没有在条文中规定胎儿的问题。（2）对于有的网民提出的以上一年度职工月平均工资作为参数，确定其中的30%或者40%作为被扶养人生活费的问题，因这种参照标准缺乏科学性，故没有采纳。（3）关于人均期望寿命问题的提法不是很贴切不好进一步界定，在最后定稿时删除了这部分内容。（4）关于不同伤残等级的受害人劳动能力丧失是否要区别对待的问题。针对有的网民提出伤残5~10级的人的被扶养人的生活费支付应当体现出（应当少于）与伤残1~4级及死亡的人的被抚养人的生活费不同，因其多少仍有一定的劳动能力，赔偿被扶养人生活费也应当根据受害人的伤残等级系数，吸收了网民提出的区分1~10级伤残等级承担相适应的赔偿费用的观点，在定稿时将受害人丧失劳动能力程度作为确定扶养费的两个因素之一。（5）关于将来丧失劳动能力需要依靠受害人扶养的人是否应列入被扶养人范围的问题，因这种确定被扶养人范围的原则和方法不符合损害赔偿法原理。根据有关法律和损害赔偿法原理，只有受害人在遭受人身损害时依法应承担扶养义务的人，才可以被列入被扶养人范围，至于后来才需要受害人扶养的人，不在此限，故没有采纳此种建议。

三、需要注意的几个问题

（一）赔偿被扶养人生活费的基本法律依据及法理依据

我国《民法通则》第一百一十九条规定了侵害公民身体造成死亡的，应当支付死者生前扶养的人必要的生活费。《消费者权益保护法》第四十二条和《产品质量法》第四十四条中都有关于“被扶养人生活费”的赔偿项目。《道路交通事故处理办法》中规定了因交通事故致残时有关被扶养人生活费项目。从这些法律和行政法规的有关规定看，确定赔偿义务人承担被扶养人生活费是明确的。在民法学界，关于确定被扶养人生活费的理论依据有不同的观点。一种观点认为，属于“扶养丧失说”。根据该说，被扶养人生活费确定的依据是受害人死亡后，其生前依法定扶养义务供给生活费的未成年人或者成年人因此丧失了可靠的生活来源，赔偿义务人应当对此予以赔偿，此时的赔偿权利人实际上是死者的近亲属即间接受害人。获得赔偿的是对间接受害人的具体的、直接的、积极的财产损失进行赔偿。另一种观点认为，属于“继承丧失说”。根据该说，被扶养人的生活费确定的依据是，受害人死亡后受其扶养的人丧失本应获得的利益，即逸失利益。受害人的个人收入中除用于个人消费的部分外，其余收入系用于家庭共同消费或者家庭积累，因受害人遭受人身损害导致死亡，其所在的家庭可以预期的其未来生存年限中的收入因此丧失，实际上是家庭其他成员在财产上遭受的消极损失。根据损害赔偿法的原理，消极损失同样应当给予赔偿。按照“继承丧失说”理论，受害人死亡的，其近亲属的逸失利益按收入损失计算，被扶养人的生活费也被吸收计算在“收入损失”中，此外，不应再计算单列被扶养人生活费。但是，在2003年制定本解释时，考虑到司法解释须与我国现行民事法律中规定的赔偿项目相一致的原则精神，通过分解的方法将根据“继承丧失说”理论中的“收入损失”赔偿部分作了技术上的处理，即将“收入损失”分为“人均可支配收入”和“被扶养人生活费”，分别规定在残疾赔偿金、死亡赔偿金和本条被扶养人生活费中。

2010年施行的《侵权责任法》改变了《民法通则》的规定，《侵权责任法》第十六条中未再将被扶养人生活费单列为独立的赔偿项目，但司法解释未作相应修改，造成司法解释规定的赔偿费用与法律规定的赔偿项目不相吻合的局面。《侵权责任法》生效后，关于被扶养人生活费是否应当赔偿的问题，引发了学界和实务界广泛的争议。为了解决这个问题，最高人民法院在《侵权责任法》施行后，发布了《最高人民法院关于适用〈中华人民共和国侵权责任法〉若干问题的通知》，规定将被抚养人生活费计入残疾赔偿金或者死亡赔偿金。2020年5月28日，《民法典》经第十三届全国人民代表大会第三次会议审议通过，第一千一百七十九条延续了《侵权责任法》第十六条的规定，未将被扶养人生活费作为独立的赔偿项目。本解释第十六条吸收了该通知第四条的意见，并将第四条中的“被抚养人”修改为“被扶养人”使得法律概念更加严谨和精确。这一背景情况已在前面第十六条中进行了介绍。

（二）计算被扶养人生活费的原则和方法

实际生活中，出现了受害人因人身损害导致丧失劳动能力或者部分丧失劳动能力，从而致使其收入减少进而导致被扶养人生活费减少的情况。本解释规定了伤残情况下的被扶养人生活费赔偿问题，是一种新的发展和补充，以利于解决实践中出现的问题。受害人丧失劳动能力的程度，是评价受害人收入减少的标准和参数。在确定赔偿被扶养人生活费时，要注意把握两个方面：（1）受害人劳动能力的丧失程度，这要以死亡或者伤残等级评定或者劳动能力丧失程度鉴定作为依据。劳动能力的丧失或者受害人死亡等因素导致的是抽象评价的未来收入损失的减少。根据伤残等级评定1~10级确定相应的赔偿基数，1级伤残属于完全丧失劳动能力，2~4级也视为丧失劳动能力。5~10级伤残程度所反映的劳动能力丧失程度依次减弱，便是一种抽象损失标准。出现这种情况的，是要确定赔偿义务人赔偿受害人劳动能力丧失造成的损失，但不是绝对地、机械地套用公式进行乘除。举例来说，受害人的伤残等级评定为10级，为最轻的一个等级，这并不意味着以此为据确定赔偿义务人一律要承担受害人10%的劳动能力丧失基数，而是综合考虑受害人是否因伤残导致实际收入减少等情况，来确定受害人丧失劳动能力的程度。可以说，在审理此类案件时，法官要根据自由裁量权，参照受害人5~10级伤残等级，确定受害人丧失劳动能力的程度。（2）受理案件的人民法院所在的省、自治区、直辖市或者经济特区以及计划单列市上一年度城镇居民人均消费性支出标准。上述两个方面的因素结合起来综合计算的结果，便是据以确定被扶养人生活费的标准。

1996年10月1日，劳动和社会保障部为配合《劳动法》的贯彻实施，推进工伤保险制度改革，以劳部发〔1996〕266号发布了《企业职工工伤保险试行办法》。根据该办法第二十五条第二项的规定，职工因工死亡的，供养亲属抚恤金发给由死者生前提供主要生活来源的死者的亲属。其标准为：配偶每月按本省、自治区、直辖市上年度职工月平均工资的40%发给，其他供养亲属每人每月按30%发给，孤寡老人或者孤儿每人每月在上述标准的基础上加发10%。抚恤金总额不得超过死者本人工资。供养亲属的范围和条件按照现行有关规定执行，供养亲属失去供养条件时不再享受该项抚恤金。这是在处理工伤保险事故时的具体办法，此种情况也具有与被扶养人生活费相似意义的作用和功能。

2022年对《人身损害赔偿解释》进行修改，将被扶养人生活费由原来按照城镇居民人均消费性支出或者农村居民人均年生活消费支出标准计算，修改为按照城镇居民人均消费支出标准计算，主要考虑因素同残疾赔偿金、死亡赔偿金修改理由相同（详见第十二条相关论述）。

（三）被扶养人的范围

被扶养人是指受害人根据法律规定承担扶养义务的人，包括：一类是不满18周岁的未成年人；还有一类是虽已成年，但属于无民事行为能力人或者限制民事行为能力人，如精神病人或者丧失劳动能力甚至生活自理能力的人，如因先天性疾病致残、因某种无人承担责任的事故导致残疾甚至变成植物人的等。这些人都是依靠受害人因人身损害死亡或者致残前扶养的，维持他们生活所需要的费用，属于赔偿范围。根据《民法典》第一千零五十九条规定：夫妻有相互扶养的义务。故被侵权人之配偶如果没有劳动能力，亦无其他生活来源的，亦属于被扶养人的范围。

（四）被扶养人扶养年限的起算和确定

在确定被扶养人扶养年限上，基本可以区分为三类：（1）被扶养人为未成年人的，计算到18周岁，因为我国《民法典》规定18周岁为成年人，属于具有完全民事行为能力人，不在被扶养人之列。（2）被扶养人属于没有劳动能力又没有其他生活来源的成年人，计算20年。（3）60周岁以上的或者75周岁以上的，分别计算，前者为年龄每增加一岁减少一年，后者为按5年计算。超过20年后，被扶养人仍然属于没有劳动能力和生活来源的，有权利向人民法院起诉要求判令继续给付相关扶养费用5~10年。超过此期限的，赔偿权利人仍然有权提出有关请求。

（五）在有多个扶养人或者有多个被扶养人情况下的被扶养人生活费数额的确定

根据民法中的公平原则，在确定相关费用时，既考虑到保护受害人以及靠其扶养的被扶养人的合法权益，也要保护其他当事人的合法权益。对被扶养人承担扶养义务的有两个以上的主体时，赔偿义务人只赔偿受害人自己依法应当承担的那一部分，如根据《民法典》婚姻家庭编的规定，夫妻双方都有扶养子女的义务，在一方受到人身损害时，原则上赔偿义务人只需承担赔偿一方应支付的被扶养人生活费的一半，即上一年度城镇居民人均消费性支出额的二分之一。在受害人有两个以上需要其扶养的被扶养人时，赔偿义务人所应当赔偿的年赔偿总额累计不超过上一年度城镇居民人均消费支出额，即赔偿义务人所应当赔偿的也只是一份城镇居民人均消费支出额，而不是受害人在伤残或者死亡前实际支出的用于扶养依法由其扶养的人的费用总额。如某受害人所在的省、自治区、直辖市城镇居民人均消费支出为6000元，不管依靠这位受害人扶养的被扶养人有两人还是三人乃至更多，赔偿义务人所应赔偿的被扶养人的生活费也只是6000元，至于受害人在遭受人身损害致残或者死亡前实际支出的被扶养人的生活费多少，都不在考虑之列。具体城镇居民人均消费支出标准，根据政府统计部门公布的受诉人民法院所在的省、自治区、直辖市以及经济特区和计划单列市上一年度城镇居民有关数据确定。详见本解释第二十二条规定的理解与适用部分。

（六）判决主文中被扶养人生活费不单独列项

根据《最高人民法院关于适用〈中华人民共和国侵权责任法〉若干问题的通知》（法发〔2010〕23号），《中华人民共和国侵权责任法》施行后，如受害人有被扶养人的，应当将被扶养人生活费计入残疾赔偿金或死亡赔偿金，故在人民法院裁判案件时，在判决主文中被扶养人生活费不单独列项，而应将该费用确定的金额计入残疾赔偿金或死亡赔偿金一并予以裁判。尽管上述通知已废止，但《民法典》施行后就此问题并未发生变化，故该通知的精神仍应在审判实践中继续适用。

四、审判实践中需要进一步研究的问题

（一）关于“无其他生活来源”的认定问题

审判实践中出现被侵权人的成年近亲属领取低保、社会养老保险费等少量收入，但尚未达到所在地区上一年度城镇居民人均消费性支出标准，当事人就差额部分主张被扶养人生活费的情形。有观点认为，低保和社会养老保险费是为保障丧失劳动能力又无其他生活来源的人群基本生活需求而设立的社会保障和保险制度，该收入不应作为侵权人减少被扶养人生活费赔偿的理由和依据，故对于侵权人主张仅赔偿差额部分的请求不应予以支持。

（二）确定被扶养人范围的时点

关于计算被扶养人生活费时，应以何时为准确定被扶养人的范围问题，原则上确定被扶养人时，应以死者生前或者被侵权人丧失劳动能力前实际扶养的、没有其他生活来源的人为限。对于丧失劳动能力的时点有不同理解，一种观点认为，应以侵权行为发生时为准；另一种观点认为，应以被侵权人定残日为准。具体内容为：侵权行为发生时并不意味着被侵权人丧失劳动能力，因为被侵权人遭受人身损害时的伤情处于不稳定状态和变化当中，当时的伤情状态尚不足以确定被侵权人是否丧失劳动能力，构成伤残，只有伤情经治疗稳定后才具备评定伤残的条件，故在计算被扶养人生活费时，被扶养人应以被侵权人定残前或生前依法应当承担扶养义务的人为限。

以上这些问题需要进一步研究予以明确。

【案例】

袁某、赵某某、齐某、齐某1、齐某2诉石某、孙某、鲁某、某保险公司交通事故责任纠纷案

一、裁判要旨

被侵权人主张被扶养人生活费的，不再区分城乡居民分别计算，而是统一按照受诉法院所在地统计部门公布的上一年度城镇居民人均消费支出标准计算。

二、案情

2021年10月30日7时27分许，在北京市顺义区京沈路枯柳树桥下，石某驾驶电动自行车由北向南超越赵某同向驾驶的电动自行车时，石某驾驶的电动自行车（车号：北京CA4160，登记车辆所有人：宋某）右侧与赵某驾驶的电动自行车（车号：北京HL3290，车辆所有人：赵某）左侧相剐撞，造成两车倒地，适有孙某驾驶重型非载货专项作业车（车号：京AKG298，注册车辆所有人：鲁某）由北向南行驶，重型非载货专项作业车将赵某及电动自行车碾压，事故造成赵某死亡，石某受伤，两车损坏。事后，北京市公安局顺义分局交通支队进行了调查核实：石某驾驶电动自行车超越前车时妨碍被超越的车辆行驶的违法行为，与本起交通事故的发生有因果关系，是事故发生的主要原因；孙某驾驶机件不符合技术标准的重型非载货专项作业车且未安全驾驶的违法行为，与本起道路交通事故

的发生有因果关系，是事故发生的次要原因。2021 年 12 月 14 日，北京市公安局顺义分局交通支队作出第 110113202100004022 号道路事故认定书，认定石某负主要责任，孙某负次要责任，赵某无责任。石某不服上述认定，向北京市公安局公安交通管理局申请复核。北京市公安局公安交通管理局维持原事故认定。

孙某系鲁某雇佣的司机，事发时属于执行劳务，孙某驾驶的重型非载货专项作业车在某保险公司投保了交强险和第三者商业责任险（以下简称商业三责险）100 万元（含不计免赔条款），其中交强险死亡伤残赔偿限额为 18 万元、医疗费用赔偿限额为 1.8 万元、财产损失赔偿限额为 2000 元。

赵某生于 1979 年 6 月 8 日。赵某某、袁某系赵某的父母，农村居民，二人共生育有两名子女。齐某系赵某之夫，齐某 1、齐某 2 系赵某之子女。

原告袁某、赵某某、齐某、齐某 1、齐某 2 将被告石某、孙某、鲁某、某保险公司诉至审理法院，请求判令被告赔偿死亡赔偿金（含被扶养人生活费 795192 元）2425552 元、丧葬费 56443 元、医疗费 757 元、精神损害抚慰金 10 万元、电动车损失费 2000 元，以上共计 2584752 元，上述损失由某保险公司在机动车第三者责任强制保险（以下简称交强险）范围内先行赔偿，超出交强险限额部分由某保险公司在商业三责险范围内赔偿，交强险和商业三责险不足部分由三被告共同承担赔偿责任。原告主张的死亡赔偿金计算方法为 81518 元 / 年 ×20 年 =1630360 元，原告要求确认的被扶养人有齐某 1、齐某 2、赵某某、袁某，四人均为农村居民，共计主张的被扶养人生活费 795192 元，系按照北京市上一年度城镇居民人均消费支出标准计算。

三、法院裁判

法院经审理后认为：侵害他人造成人身损害的，应当赔偿医疗费、护理费、交通费等为治疗和康复支出的合理费用，以及因误工减少的收入。造成残疾的，还应当赔偿残疾生活辅助器具费和残疾赔偿金；造成死亡的，还应当赔偿丧葬费和死亡赔偿金。侵害自然人人身权益造成严重精神损害的，被侵权人有权请求精神损害赔偿。侵害他人财产的，财产损失按照损失发生时的市场价格或者其他方式计算。关于原告请求的各赔偿项目，根据相关法律、司法解释的相关规定作如下认定：原告请求的医疗费、丧葬费、死亡赔偿金（含被扶养人生活费），均属于原告合理损失范围，且死亡赔偿金（含被扶养人生活费）按照北京市上一年度城镇居民标准计算符合人身损害赔偿标准城乡统一试点精神，法院予以支持。关于精神损害抚慰金，原告请求数额偏高，法院综合案情予以酌定 6 万元。关于电动车损失，法院综合现有证据考虑车辆使用期限和一定的残值予以酌情支持 1500 元。综上，法院审核确认原告因此事故造成合理损失项目及数额如下：医疗费 757 元，死亡赔偿金 2425552 元（含被扶养人生活费 795192 元）、丧葬费 56443 元、精神损害抚慰金 6 万元、电动车损失 1500 元。

行为人因过错侵害他人民事权益造成损害的，应当承担侵权责任。机动车发生交通事故造成损害，属于该机动车一方责任的，先由承保机动车强制保险的保险人在强制保险责任限额范围内予以赔偿；不足部分，由承保机动车商业保险的保险人按照保险合同的约定予以赔偿；仍有不足或者没有投保机动车商业保险的，由侵权人赔偿。个人之间形成劳务关系，提供劳务一方因劳务造成他人损害的，接受劳务一方承担侵权责任。本案中，公安交通管理部门作出的事故认定适当，法院予以确认。根据上述赔偿原则，对于原告的前述合理损失，法院确定由某保险公司首先在交强险相应责任限额内不区分责任予以赔偿；交强险赔付不足的部分，由石某负担70%的赔偿责任，由孙某负担30%的赔偿责任。对孙某应当负担的部分，因孙某受雇于鲁某且其所驾车辆在某保险公司亦投保了商业三责险，故先由某保险公司在商业三责险限额内予以赔偿，不足部分由鲁某予以赔偿。

综上，依照《民法典》第一千一百六十五条、第一千一百七十九条、第一千一百八十三条、第一千一百八十四条、第一千一百九十二条第一款、第一千二百一十三条，《人身损害赔偿解释》（2020年修正）第十四条、第十五条、第十六条、第十七条之规定，判决如下：

一、被告某保险公司在机动车第三者责任强制保险范围内赔偿原告袁某、赵某某、齐某、齐某1、齐某2死亡伤残赔偿金18万元、医疗费用赔偿金757元、财产损失赔偿金1500元，共计182257元，于本判决生效之日起7日内执行；

二、被告某保险公司在商业三责险范围内赔偿原告袁某、赵某某、齐某、齐某1、齐某2各项损失共计708598.5元，于本判决生效之日起7日内执行；

三、被告石某赔偿原告袁某、赵某某、齐某、齐某1、齐某2各项损失共计1653396.5元，于本判决生效之日起7日内执行；

四、驳回原告袁某、赵某某、齐某、齐某1、齐某2的其他诉讼请求。

第十八条 赔偿权利人举证证明其住所地或者经常居住地城镇居民人均可支配收入高于受诉法院所在地标准的，残疾赔偿金或者死亡赔偿金可以按照其住所地或者经常居住地的相关标准计算。

被扶养人生活费的相关计算标准，依照前款原则确定。

【条文主旨】

本条是关于权利人住所地或者经常居住地收入高于受诉法院所在地标准时的计算问题的规定。

对于残疾赔偿金、死亡赔偿金和被扶养人生活费的赔偿，适用受诉法院所在地标准是国际上各个国家的通例，本解释采用了这一做法。但由于残疾赔偿金是赔偿权利人因劳动能力丧失和没有生活来源而获得的赔偿；死亡赔偿金是由于受害人死亡导致家庭成员在财产上蒙受消极损失而获得的赔偿；被扶养人生活费是被扶养人因扶养人受到损害丧失劳动能力而获得的赔偿；受害人致残后，其本人和被扶养人，或者受害人死亡后其家庭成员仍要在其住所地或者经常居住地生活，如果其住所地或者经常居住地城镇居民人均可支配收入高于受诉法院所在地标准，赔偿权利人依据受诉法院地的标准获得赔偿，并不能填平其损失，这对于赔偿权利人来说是不公平的，也不符合损害赔偿法的原理。因此，在赔偿权利人的住所地或者经常居住地城镇居民人均可支配收入高于受诉法院所在地标准的情况下，残疾赔偿金或者死亡赔偿金可以按照其住所地或者经常居住地的相关标准计算。但赔偿权利人要对其住所地或者经常居住地城镇居民人均可支配收入是否高于受诉法院所在地标准、高出多少进行举证。

【理解与适用】

一、制定背景

本条款在2020年12月23日第一次修改时未作变动，在2022年2月15日第二次修改时，因应本解释第十二条、第十五条、第十七条规定的残疾赔偿金、死亡赔偿金以及被扶养人生活费计算不再区分城镇居民标准和农村居民标准这一重大变化，在表述上删除了“或者农村居民人均纯收入”，其余无变化。本条款规定的初衷，是因为因侵权提起的诉讼，由侵权行为实施地或者侵权结果发生地或者赔偿义务人住所地法院管辖，而赔偿义务人赖以生活的住所地或者经常居住地与受诉法院地可能不一致。在此情况下，由于我国各地经济发展水平差距较大，以哪一地作为赔偿地标准更能体现损害赔偿的公正性，是本条所要解决的问题。在本解释讨论稿中，曾经写为：当事人双方举证证明受害人或者被扶养人住所地或者经常居住地城镇居民人均可支配收入或者农村居民人均纯收入高于或者低于受诉法院所在地标准的，按照受害人或者被扶养人住所地或者经常居住地的相关标准计算。后来在讨论的过程中，我们认为，根据这样的规定，在任何案件中，双方当事人为了自己的利益，都可举证受害人或者被扶养人住所地或者经常居住地的相关标准，无论这一标准高于还是低于受诉法院地标准，它都将被采用，这实际上使残疾赔偿金、死亡赔偿金和被扶养人生活费赔偿条款中规定的受诉法院地标准失去意义，从而否定了国际通行的受诉法院地标准。现在的规定则确立了对于残疾赔偿金、死亡赔偿金和被扶养人生活费的赔偿标准地就高不就低原则。

二、就高不就低原则的理论依据

残疾赔偿金、死亡赔偿金及被扶养人生活费，在损害赔偿理论中被称为消极损失，又称为所受损失，是指受害人由于损害丧失本应该获得的利益，即逸失利益。残疾赔偿金和死亡赔偿金按照受诉法院所在地上一年度城镇居民人均可支配收入计算，被扶养人生活费按照受诉法院所在地上一年度城镇居民人均消费支出标准计算。损害赔偿额的计算依照受诉法院地标准，是国际上各国的通例。本解释参照了各国的规定，采用客观计算（抽象计算）标准，将残疾赔偿金、死亡赔偿金及被扶养人生活费的赔偿标准地与医疗费、误工费、护理费等一样，也定位于受诉法院所在地，这体现了本解释既保障受害人利益，又适当兼顾社会公平的指导思想。

受诉法院地的确定，来自对管辖法院的确定。《民事诉讼法》第二十九条规定："因侵权行为提起的诉讼，由侵权行为地或者被告住所地人民法院管辖。"《民事诉讼法司法解释》第二十四条又将该条的侵权行为地解释为包括侵权行为实施地和侵权结果发生地。据此规定，人身侵权行为的受诉法院地有可能是侵权行为实施地、侵权结果发生地或者被告即赔偿义务人住所地（自然人住所地与经常居住地不一致的，则为经常居住地；法人以其主要办事机构所在地为住所地）。但不论是何地，均有可能与原告即赔偿权利人的住所地或者经常居住地不一致。也就是说，赔偿权利人的住所地或者经常居住地与受诉法院地可能是同一的，也可能不是同一的。在后者的情况下，由于我国幅员辽阔，各地经济发展不平衡，居民生活水平差距较大，受诉法院地与赔偿权利人住所地或者经常居住地的城镇居民人均可支配收入标准及城镇居民人均消费支出标准可能是不同的。在此前提下，本解释遵循主观计算（具体计算）标准与客观计算（抽象计算）标准相结合的原则，确立了赔偿权利人的残疾赔偿金、死亡赔偿金及被扶养人生活费的赔偿以受诉法院地标准客观计算为主，以赔偿权利人住所地或者经常居住地标准主观计算为例外的赔偿原则。

如前所述，赔偿权利人提起诉讼，只能选择赔偿义务人住所地或者经常居住地、侵权行为实施地或者侵权结果发生地法院，而其日常的生活则可能并不在以上各地中的任何一地，当其住所地或者经常居住地的城镇居民人均可支配收入标准及城镇居民人均消费支出标准高于受诉法院所在地标准时，对其残疾赔偿金、死亡赔偿金及被扶养人生活费等逸失利益损失的赔偿按照其住所地或者经常居住地的标准计算，体现了本解释的公平性及对于赔偿权利人的人性化关怀。因为残疾赔偿金、死亡赔偿金及被扶养人生活费是因受害人受到侵权损害致残丧失劳动能力或致死，而使赔偿权利人受到的损失，赔偿权利人平常赖以生活的地方是其住所地或者经常居住地，以此地作为赔偿标准，能够相对公平地填补赔偿权利人的损害；否则，如果受诉法院地标准较低甚至很低，赔偿权利人获得的赔偿将不足以维持其日后在住所地或者经常居住地的基本生活，那对于赔偿权利人来说是极其不公平的。

也许有人会问，以高于受诉法院地标准的赔偿权利人住所地或者经常居住地标准进行赔偿，对于赔偿义务人是否公平？赔偿义务人由于故意或者过失给赔偿权利人造成损害，恰当地保护赔偿权利人的利益，是侵权法所应体现的基本理念，不论是损益相抵还是衡平的赔偿原则，均应站在受害人立场上进行考虑。通俗地讲，如果不是赔偿义务人的致害行为，赔偿权利人则不会受到损害，也不需要赔偿；当赔偿权利人应当得到赔偿时，站在其是受害人的角度，确定这一对其有利的赔偿原则，只是对赔偿权利人损害的补足。换句话说，以赔偿权利人住所地或者经常居住地标准进行赔偿，只是填补其受到损害后所受的损失，其并未得到额外的利益，因此对于赔偿义务人来说，并没有承担额外的负担，也不存在不公平。另外，侵权损害赔偿还有惩罚加害人违法行为的作用，此原则即体现了对赔偿义务人惩罚的功能。

举例说明：2000 年 1 月 11 日，北京居民金某到某地高医生处整容，回京后即出现浮肿、瘙痒、疼痛和皮疹，经多次治疗无效，遂向高医生所在地中级人民法院提起诉讼，请求判令高医生支付治疗费、交通费、精神损害费、残疾生活补助费等。一审期间，金某的伤情经鉴定为十级伤残。一审法院经审理，认为是高医生操作上的失误造成金某十级伤残的严重后果，对此应承担全部的民事责任，故判决其赔偿金某的医疗费、交通费、误工费等费用；对于金某的伤残补助费，则考虑金某伤残部位面部对劳动能力的影响程度，比照当地 2000 年度城镇居民人均可支配收入标准 7835 元计算，自定残之日的 2001 年 3 月 12 日起至 2021 年 3 月 11 日止，赔偿 20 年的 20%，即 7835 元 ×20 年 ×20% = 31340 元。金某对此不服，向上一级人民法院提起上诉称：因其生活在北京，伤残生活补助费应按照其住所地北京市 2000 年的人均可支配收入 10350 元计算。二审法院对此未予支持。这样的判决，来源于对《民法通则意见》第一百四十六条“侵害他人身体致使其丧失全部或者部分劳动能力的，赔偿的生活补助费一般应补足到不低于当地居民基本生活费的标准”规定的理解。司法实践中，一般把“当地”理解为“侵权行为地”，因此该判决不能说是错误的。而本解释对这一规定作了明确：首先将伤残生活补助费规范称为残疾赔偿金，这也是与《国家赔偿法》

的概念相统一；其次，明确了赔偿标准为受诉法院地；最后，确定了当赔偿权利人的住所地或者经常居住地标准高于受诉法院地标准时，依赔偿权利人住所地或者经常居住地标准的就高不就低原则。

三、对外国人赔偿标准地问题的探讨

在赔偿权利人为外国人特别是发达国家的居民时，应如何确定赔偿的标准地呢？本解释没有涉及。在其他国家也存在就此问题的多种观点，如在日本，关于外国人的交通事故损害赔偿，《日本民法典》或《日本机动车损害赔偿保障法》对损害赔偿额的具体计算方法均未作规定，而在学术界，存在母国基准说（即受害人本国基准）、日本基准说（即损害发生地基准）和生活实态说。生活实态说认为，损害赔偿额的计算应当以填补受害人的实际损失为准；对于受害人未来可得利益损失，其在日本居住期间以日本的标准计算，其回国以后的期间以本国的标准计算；对于受害人的精神损害抚慰金，如果受害人在日本滞留，则按日本的标准计算，如果受害人回国或者因事故死亡，对其本人或者其家属的抚慰金则以其本国基准计算。在我国，有学者认为，如果对外国人的赔偿标准一律按照我国法院地的标准计算，首先违背法律规定的侵权行为法填补受害人损害的价值功能，由于各国的经济发展水平相差悬殊，不同国家国民的生活费用和工资收入水平相差较大，一律按我国境内标准赔偿，对于经济较我国发达的国家的公民而言，由于不能补足其损害，有违我国侵权行为法制定的价值和目的；其次与国际公约的有关规定相悖，我国已加入的《公民权利与政治权利国际公约》和《经济、社会权利与文化权利国际公约》对人的生存权给予明确、具体的规定，而成员国国内法的侵权法制度正是保障人的生存权的一项措施，最大限度地填补受害人的损害，是保障人的生存权的要求，也是履行国际公约规定的义务；最后，适用中国标准不一定是法律面前人人平等的表现，如果不考虑受害人的实际情况，一律按我国的标准赔偿，对来自较我国经济发达国家的受害人来说，不能补足其损失，对来自较我国经济落后国家的受害人来说，则可能存在不当得利。因此，主张参照日本的生活实态说，对外国受害人的赔偿，伤亡者本人有固定收入的，在我国居留期间，按照我国职工平均收入标准计算，在本国期间，按照其所在国或地区正常年度内的收入计算；伤亡者无固定收入的，在我国居留期间，按照我国居民平均生活水平计算，在本国期间，按照其所在国或地区的平均生活水平计算。①

但是，不容忽视的是，我国目前尚处于发展中国家，与发达国家在人均可支配收入、人均消费性支出等方面均存在很大的差距，如果按照本条的原则进行处理，由于我国的赔偿义务人负担能力有限，即使考虑其经济能力，也可能出现外国赔偿权利人的利益得不到实际保护的情形，也会使法院的判决成为一纸空文。

针对本问题，司法裁判时应注意：根据《涉外民事关系法律适用法》第四十四条的规定，“侵权责任，适用侵权行为地法律，但当事人有共同经常居所地的，适用共同经常居所地法律。侵权行为发生后，当事人协议选择适用法律的，按照其协议”，法院裁判时应当首先审查在侵权行为发生后，当事人是否存在协议选择适用法律，如经当事人协商一致，则应以协议选择适用的法律为准。如当事人未协议选择，则在各方当事人均有共同经常居所地的情况下，应适用共同经常居所地法律。在不符合上述条件时，则适用侵权行为地法律。

---

① 冯彦彬：《金英淑诉高明国人身损害赔偿案》，载最高人民法院民事审判第一庭编：《民事审判指导与参考》2003年第1卷，法律出版社2003年版，第379~382页。

四、对赔偿权利人经常居住地的认定

在诉讼过程中，赔偿权利人住所地或者经常居住地与受诉法院地的城镇居民人均可支配收入及城镇居民人均消费支出标准孰高孰低，首先要由赔偿权利人进行判断，当其认为住所地或者经常居住地标准高于受诉法院地标准时，应当举证证明之。如果不能提供证据证明，人民法院还是应当以法院地标准为准。

在诉讼过程中，因为要涉及具体的赔偿数额，当事人可能会对赔偿权利人的住所地或者经常居住地的认定产生争议，尤其是当赔偿权利人的住所地与经常居住地的标准不一致时。自然人的住所是其生活的主要场所和基地，其社会关系、工作场所、生存环境均依赖于此。《民法典》第二十五条规定："自然人以户籍登记或者其他有效身份登记记载的居所为住所；经常居所与住所不一致的，经常居所视为住所。"但是，现代社会，人们由于生活和工作的需要，活动的范围更为宽广，由于交通的发达，带来交往的频繁。于是，人们不一定固定在户籍所在地居住生活，一些人离开住所外出学习、工作，一些人选择更适合自己居住的地方。人们在一定时期内居住的地方被称为经常居住地。已失效的《民法通则意见》第九条将经常居住地解释为："公民离开住所地最后连续居住一年以上的地方……但住医院治疗的除外。"《民事诉讼法司法解释》将经常居住地解释为："公民离开住所地至起诉时已连续居住一年以上的地方，但公民住院就医的地方除外。"两者规定基本一致。

按照《民事诉讼法司法解释》规定，对于经常居住地的认定有以下四个关键词，即"离开住所""连续居住""至起诉时""一年"。离开住所，单从字义理解是很清楚的，即离开其户籍所在地。但对于离开时间的认定，则是司法实践中的一个难题。一般而言，住所即户籍所在地是家庭居住的地方，一个人因为学习和工作等需要，离开住所到另一地生活，而后因为工作或亲情的需要可能要偶尔或经常回到住所，比如回去出差、探亲等，那么他离开住所的时间是最初离开的时间，还是最后一次回去出差或探亲的时间呢？我们认为，离开住所的时间应该是最初为学习、工作或生活离开的时间。因为参考我国台湾地区意思住所废止的规定，此时主观上有离开的意思，客观上并有离去的事实。而且在现代社会，交通便利，交往频繁，要求人们在相当长的时间内固守在一个地方是极其不现实的。

与此相关的是对于连续居住的认定。连续，不能认为是不间断的。现实中，一个人即使长期居住在一个地方，也不可能一年 365 天都不离开，他有可能回家探亲，也有可能出差外地，只要他将某地作为其学习、工作或者生活的地方，在其到达此地后居住满一年，或者在起诉前的最后一年大部分时间都居住于此，就应认定为连续居住。

有的人在其离开住所后，可能在数个地方均连续居住满一年以上，那么对其经常居住地的认定应当是其在起诉前最后连续居住一年以上的地方。

2015 年国务院颁布《居住证暂行条例》，其第二条规定："公民离开常住户口所在地，到其他城市居住半年以上，符合有合法稳定就业、合法稳定住所、连续就读条件之一的，可以依照本条例的规定申领居住证。"第四条规定："居住证登载的内容包括：姓名、性别、民族、出生日期、公民身份号码、本人相片、常住户口所在地住址、居住地住址、证件的签发机关和签发日期。"综合该两条规定，当事人若持有居住证，可以作为其经常居住地判断的有力证据。

【案例】

李某诉王某、甲公司、车辆保险公司交通事故责任纠纷案

一、裁判要旨

赔偿权利人举证证明其住所地或者经常居住地城镇居民人均可支配收入高于受诉法院所在地标准，就此主张残疾赔偿金、被扶养人生活费按照其住所地或者经常居住地的相关标准计算的，可予支持。

二、简要案情

2018 年 9 月 25 日，王某驾驶甲公司所有的轻型普通货车，在安徽合肥绕城高速与方某驾驶的小型轿车碰撞，造成两车和护栏损坏，王某、方某及轿车乘坐人李某等受伤的道路交通事故。交警部门认定，王某负事故全部责任，方某、李某等无责任。事故发生后，李某被送医救治。2019 年，李某向事故发生地法院提起诉讼，请求王某、甲公司、车辆保险公司共同赔偿医疗费、护理费、误工费、残疾赔偿金、精神损害抚慰金等各项损失。期间，法院委托司法鉴定，鉴定意见认为李某构成九级伤残。李某系河南农村居民，自 2016 年 1 月起在浙江湖州某地从事油漆工工作。其母亲张某于 1942 年 6 月 7 日出生，育有 3 个子女。

三、法院裁判

一审法院审理认为，李某自 2016 年 1 月起在浙江农村居住、工作，因本案其他伤者适用城镇居民人均可支配收入标准，其残疾赔

偿金标准可按照受诉地法院所在地即安徽省上一年度城镇居民人均可支配收入计算；年数为 20 年，系数为 20%，计 137572 元（34393 元 / 年 ×20 年 ×20%）；被扶养人生活费标准按照上一年度安徽省城镇居民人均消费性支出计算，年数为 5 年，系数为 20%，人数为 3 人，计 7174.33 元（21523 元 / 年 ×5 年 ×20% ÷ 3 人）。

宣判后，李某不服，提出上诉。二审法院认为：李某一审中提交的浙江省居住证、流动人口登记表、租房协议、劳动合同书等证据可以证明李某受伤前的经常居住地为浙江省某地且收入来源为非农行业。结合李某在二审中提交的浙江政务服务网答复网页截图，可以认定李某在事故发生前的经常居住地为浙江省城镇区域。根据本解释规定，其残疾赔偿金及被扶养人生活费均可以按照浙江省城镇居民标准计算，改判李某的残疾赔偿金为 222296 元（55574 元 / 年 ×20 年 ×20%），被扶养人生活费为 11532.67 元（34598 元 / 年 ×5 年 ×20% ÷ 3）。

第十九条 超过确定的护理期限、辅助器具费给付年限或者残疾赔偿金给付年限，赔偿权利人向人民法院起诉请求继续给付护理费、辅助器具费或者残疾赔偿金的，人民法院应予受理。赔偿权利人确需继续护理、配制辅助器具，或者没有劳动能力和生活来源的，人民法院应当判令赔偿义务人继续给付相关费用五至十年。

【条文主旨】

本条是关于赔偿费的再诉给付的规定。

根据本解释第八条、第十二条、第十三条的规定，人民法院对于赔偿义务人给付赔偿权利人的护理费、辅助器具费或者残疾赔偿金的时间，最长不能超过20年。超过法定或者判决确定的护理期限、辅助器具费给付年限或者残疾赔偿金给付年限的，如果赔偿权利人仍然生存，就护理费、辅助器具费或者残疾赔偿金的继续给付，向人民法院提起诉讼的，人民法院应当予以受理。人民法院经过审理，认为赔偿权利人仍然需要继续护理或者配置残疾辅助器具，或者没有劳动能力和生活来源，应当在综合考虑受害人的年龄、护理依赖程度、生活状况等相关因素后，按照本解释规定的标准，判令赔偿义务人继续给付护理费、辅助器具费或者残疾赔偿金5年至10年。

【理解与适用】

一、制定的背景

本条款规定的目的是解决赔偿权利人继续诉讼的问题。实践中，赔偿权利人的护理费、辅助器具费或者残疾赔偿金超过给付年限后继续发生的费用，往往得不到保障。向人民法院起诉，有的法院以没有法律规定为由而不予受理。这样的结果，对于赔偿权利人是极其不公平的，也不符合损害赔偿填平受害人损失的原理。本条款规定的初衷即是对受害人实施更加有力的保护。因此，自本解释起草以来，本条款的内容一直被予以保留，2020 年 12 月、2022 年 2 月两次司法解释修改均未作变动。

本条款的内容主要有两层：一是对赔偿权利人继续诉讼程序上的保护，二是对赔偿权利人继续诉讼实体权利上的保护。

二、程序上的保护

受害人因侵权受到人身伤害，需要护理的，根据本解释第八条的规定，护理人的护理费根据其收入状况和护理人数、护理期限确定；护理期限应计算至受害人恢复生活自理能力时止，不能恢复生活自理能力的，可以根据其年龄、健康状况等因素确定合理的护理期限，最长不超过 20 年。在 20 年的期限内，人民法院可以根据受害人的受伤害程度、具体的病情、生活自理能力，确定受害人应受护理的年限。但是，人民法院对于护理年限的确定，毕竟受到法官对受害人受损害程度及痊愈程度预知有限的影响，对于受害人须护理年限的判断往往是不准确的。当法院判决确定的护理年限期满后，受害人认为仍需要护理的，可否再向赔偿义务人请求所需的护理费用？

受害人因侵权受到人身伤害，造成伤残，需要配置假肢、代步车等辅助器具的，根据本解释第十三条的规定，其费用由赔偿义务人负担；辅助器具的更换周期和赔偿期限参照配置机构的意见确定。但由于辅助器具种类繁多，性能各异，加之使用者的个体差异，以及本解释在此问题上赋予法官的自由裁量权和法官对未来更换周期、需使用年限预知的限制，当辅助器具费给付年限到来时，受害人仍请求赔偿义务人继续支付辅助器具费时，是否可以？

受害人因侵权受到人身伤害，造成伤残，依照本解释第十二条的规定可以根据受害人丧失劳动能力程度或者伤残等级，按照受诉法院所在地上一年度城镇居民人均可支配收入标准，由赔偿义务人负担残疾赔偿金，自定残之日起计算 20 年；60 岁以上的，年龄每增加 1 岁减少 1 年；75 周岁以上的，按 5 年计算。残疾赔偿金是受害人因受损害导致劳动能力丧失与减少，带来生活来源的丧失或减少，如果受害人 20 年后，或者 60 岁以上的受害人扣除合理年限后，或者 75 岁以上受害人 5 年后仍然生存，其必然仍需要维持其生活的费用。此时，赔偿权利人还可以向赔偿义务人主张权利吗？

根据本条前半段的规定，以上问题的答案都是肯定的，即当赔偿权利人就以上费用继续向人民法院起诉请求继续给付时，人民法院应予受理。这是因为：（1）护理费、辅助器具费和残疾赔偿金均属于继续性发生的费用，当超出法律规定和人民法院判决确定的年限后，受害人继续生存的，为维持其生存和生活，可能还要发生以上费用。当赔偿权利人与赔偿义务人对以上继续发生和将要发生的费用产生争议后，应当允许双方通过诉讼解决。（2）从程序法意义上讲，诉是在发生民事争议时由一方当事人向法院提出关于解决争议的请求。按照理论上的通说，诉的结构主要包括诉的标的和诉的理由两个要素，前者是指双方当事人争议的、要求法院解决的民事权利义务关系，后者是指原告提出诉讼请求所根据的客观事实。当赔偿权利人因受伤害产生的护理费、辅助器具费或者残疾赔偿金超过法定和判决期限后的费用，向人民法院主张赔偿义务人继续给付时，既具备了诉的要素，同时也具备了请求人民法院行使审判权以保护其权利的诉权。当赔偿权利人向人民法院提起诉讼时，只要其起诉符合《民事诉讼法》第一百二十二条的规定，人民法院就应受理。（3）赔偿权利人和赔偿义务人在人民法院的第一次诉讼，已将双方在法定或法院判决期限内的争议解决；当期限超过时，如果护理费、辅助器具费或者残疾赔偿金继续发生，便在双方当事人之间产生新的权利义务关系，赔偿权利人在诉讼时效内当然可以就新的争议再次请求人民法院予以审判。

三、实体权利保护的理论依据

本条后半段是对赔偿权利人提出的继续给付护理费、辅助器具费或者残疾赔偿金诉讼请求的实体保护。

本解释对于赔偿标准采取的是差额赔偿与定型化赔偿相结合的原则。差额赔偿是以受害人发生损害前后费用增加或者财产减少的算术差额作为赔偿依据的赔偿原则。由于损害的发生，可能带来受害人费用的增加或财产的减少，按照损害赔偿法原理，损害赔偿的基本价值理念是要实现平均的正义或者矫正的正义，赔偿的目的是要使受害人的状况恢复到如同损害没有发生过一样。而采用差额赔偿，通过比较受害人如果没有出现加害原因所应有的利益状态与遭受加害之后的现在的利益状态，计算出赔偿权利人所应获得的赔偿额，在一定意义上能够填平受害人所受损失。因此，传统损害赔偿理论采用差额赔偿。但由于其过分与个人的收入状况相联系，客观上导致损害赔偿的两极分化和贫富差距，在现代损害赔偿理论中受到批判，其中主要是针对逸失利益采差额赔偿时所带来的受害人间个体上的差异。

逸失利益，也就是应得利益。在差额赔偿的情况下，通常在受害者死亡的情况下是从其年收入中扣除生活费等，在此基础上乘以就职就劳可能年数算出的（关于伤害，年收入乘以劳动能力丧失率，再乘以就职就劳可能年数或者劳动能力丧失期间），这种计算是以某种盖然性为基础的。因为，即使对于现在得到比较稳定收入的工薪阶层来说，也不能确切地断言将来的收入，对自营业主等事业所得者预测将来的收入更是困难的。再者，关于现在没有收入的主妇、幼儿等，作为赔偿额计算的基础，以何种程度的确实性举出何种程度的预想得到的收入合适，是一个极其微妙的问题。进一步地说，差额赔偿将通过上述方法得来的不确切的年收入乘以就职就劳可能年数，算出终身的逸失利益；而关于该受害者在该期间中实际上的劳动可能的盖然性程度也是不明确的。因此，差额赔偿使本来应该是平等的对受害人生命、身体的赔偿额产生了极端的个人之间的差别，从法律理念来看不是理想的状况；而对于当事人来说，其最关心的事是作为整体的赔偿额，为简易、迅速地处理人身损害赔偿问题，谋求定型化、类型化是切实有效的。[①] 于是，定型化赔偿的标准被确立。

定型化赔偿则不考虑具体受害人财产损失的算术差额，而是从损害赔偿的社会妥当性和社会公正性出发，为损害确定固定标准和期限的赔偿原则。但是，差额说本身并未被彻底否定，因为差额说在根本上符合填平损害的损害赔偿价值理念。有鉴于此，本解释采

① 于敏：《日本侵权行为法》，法律出版社 1998 年版，第 365~366 页。

取了折中的原则，具体损失即根据受害人的具体情况和特点等主观利益损失量化计算的损失，如医疗费、误工费、交通费、营养费等采取差额赔偿，实际支出或者损失多少就赔偿多少；抽象损失即因劳动能力丧失或受害人死亡等因素只能抽象评价的未来收入损失，如残疾赔偿金、死亡赔偿金等采取定型化赔偿，设置有固定的赔偿标准和期限。需要说明的是，有一些损失如护理费、辅助器具费既具有具体损失性质，又具有抽象损失的性质，就现在已经发生的费用而言，它们是具体的，因而可采取差额赔偿，就将来还要发生的费用而言，则是抽象的，这是因为，本解释中第八条护理费在雇佣护工的情况下，按照当地从事同等级别护理的劳务报酬标准计算，最长不超过20年的规定；第十三条残疾辅助器具费按照普通适用器具的费用标准计算和参照配置机构的意见确定赔偿期限的规定，所确定的计算标准是抽象的，因而采取定型化赔偿标准。

在本解释起草过程中，就残疾赔偿金等究竟采取“差额赔偿”还是“定型化赔偿”曾经反复争论，最终认为，抽象损失仍以采定型化赔偿为宜，因为：（1）可与本解释起草时的有关立法、解释相衔接。如《道路交通事故处理办法》规定，残疾者生活补助费根据伤残等级，按照交通事故发生地平均生活费计算，自定残之日起赔偿20年；50周岁以上的，年龄每增加1岁减少1年，最低不少于10年；70周岁以上的按5年计算。（2）已被审判实践所肯定并被社会所普遍接受。在2003年本解释制定之前，审判实践中对于人身损害赔偿多是参照前述《道路交通事故处理办法》的规定，计算受害人的生活补助费。（3）有法理依据，前已论述。（4）具有社会妥当性。例如，残疾者生活补助费如按人均期望寿命减去受害人定残时的实际年龄计算赔偿期限，可能导致赔偿期限过长，赔偿义务人负担过重；如果受害人实际生存年龄远低于平均寿命，其继承人会因此获得不当利益，有损社会公平。此外残疾赔偿和死亡赔偿如果是一次性支付的，按照国际惯例都要扣除中间利息，我国一次性赔偿虽限制为20年，但不扣除中间利息，因此，与以平均寿命为标准的差额赔偿比较，对受害人来说未必不利。

但是，应当看到，采取定型化赔偿也是有弊端的，即可能产生法定期限或判决期限与受害人的实际生存不一致的情况，因为受害人的个体毕竟是有差异的，统一的年限规定不可能适用于每个人，况且按平均寿命计算同样会存在这一问题。对此，解释采取了补救办法，即本条款规定的：残疾赔偿20年期满受害人仍然生存，且没有生活来源的，赔偿权利人可以再行起诉。

人民法院受理赔偿权利人的起诉后，对于其继续给付护理费、辅助器具费或者残疾赔偿金的诉讼请求，经审查后，如果认为其生活仍不能自理，确需继续护理；或者行动不便，需要继续配置辅助器具；或者仍没有恢复劳动能力，缺少生活来源的，人民法院应当判决给付以上的费用。这是因为超过法定或者法院判决的年限，受害人的伤残仍然没有恢复，就仍需对其损害进行赔偿。第一次的判决受各方面因素的限制，只是对其一定时期内的赔偿。这种赔偿基于社会的妥当性和社会的公正性来说是适当的，但对于受害人来说，公正性只是相对的。如果受害人超过了期限仍然生存，且其损害后果仍然存在，根据损害赔偿的原理，自应对受害人的损失继续赔偿。否则，受害人的损害得不到填平，对于受害人来说是不公平的，也是不人性的，同时也是对社会公正的挑战。

四、审判实践中应注意的问题

在审判过程中，应当注意以下问题：

1. 赔偿权利人就其护理费、辅助器具费或者残疾赔偿金超过法定或者判决期限，继续发生的损害请求赔偿的争议必须是基于与第一次诉讼相同的侵权事实和理由。即其继续的损害也是由第一次诉讼所确定的侵权行为、侵权事实所致，且与之存有因果关系。如果赔偿权利人现在的损害是由另外的加害人的侵权行为所致，或是由于自己的不慎造成了损害的产生或加重，护理费、辅助器具费或者残疾赔偿金的继续给付则不能由赔偿义务人负担。反之，符合侵权事实同一、具备因果关系条件的，即使赔偿义务人死亡，赔偿权利人也有权请求其继承人在继承遗产的范围内承担赔偿责任。

2. 对于赔偿权利人继续发生的损害的认定，应当根据医疗机构的诊断、鉴定机构或者辅助器具配置机构的意见、受害人的实际情况确定。其实际情况符合本条款规定情形的，人民法院应当综合考虑受害人的年龄、护理依赖程度、生活状况等相关因素后，按照本解释第八条、第十二条、第十三条确定的标准，判令赔偿义务人在5年至10年内承担继续给付义务。此外应当注意，相较于第一次诉讼中仅根据受害人丧失劳动能力程度或者伤残等级确定应否给付残疾赔偿金，本条款规定，残疾赔偿金的继续给付还以受害人没有劳动能力和生活来源为条件，审判实践中不应忽视对赔偿权利人劳动能力和生活来源的审查。

3. 对于赔偿权利人就护理费、辅助器具费或者残疾赔偿金继续给付的请求，人民法院只能根据实际情况，判决给付5年至10年。如果5年至10年后赔偿权利人依然生存，还需要继续护理、配置辅助器具或者没有劳动能力和生活来源，是否还可以再次起诉，本解释没有规定。从侵权责任的原理讲，应当是允许的，只要损害存在，赔偿权利人请求法院保护其权利的诉权不应受到诉讼次数的限制。

4. 根据本解释第八条、第十二条、第十三条的规定，按照护理人员的收入或者当地护工从事同等级别护理的劳务报酬标准计算护理费，按照受诉法院地上一年度城镇居民人均可支配收入标准计算残疾赔偿金，按照普通适用器具的费用标准或者辅助器具配置机构的意见计算残疾辅助器具费。但是，在第一次诉讼判决给付护理费、残疾辅助器具费、残疾赔偿金期限经过的期间内，护工的收入或者劳务报酬水平可能增加，城镇居民人均可支配收入标准可能提高，物价可能上涨，辅助器具费用可能增加，在此情况下，一次性支付的赔偿金可能在法定或者判决的期限内提前用完，赔偿权利人可否再行就增加费用提起诉讼呢？回答是否定的。因为如前所述，一方面，本解释第八条、第十二条、第十三条规定的定型化赔偿标准，是从社会妥当性和社会公正性的角度出发，已经考虑了可能出现的各种因素；另一方面，本解释对于赔偿权利人的损害赔偿金确立了一次性给付的原则，如果法院判决赔偿义务人一次性给付赔偿权利人 20 年的损害赔偿金，而该赔偿权利人中途因其他原因如车祸死亡，赔偿义务人可否对其剩余期间的诸如护理费、残疾赔偿金提起诉讼，请求将剩余部分收回呢？回答也是否定的。因为一次性给付损害赔偿金是司法解释规定的给付原则，法院判决赔偿义务人一次性给付后，即产生既判效力，赔偿权利人获取这笔款项后，所有权即发生转移，其如何使用，在几年内使用，是赔偿权利人的权利，赔偿义务人在赔偿权利人死亡后，无权再索回。这在某种程度上，也体现了对赔偿义务人侵害行为的惩罚。

【案例】

王某某诉遵义市某医院医疗损害赔偿责任纠纷案

一、裁判要旨

赔偿权利人根据本解释第十九条规定请求赔偿义务人继续给付护理费、辅助器具费或者残疾赔偿金的，人民法院应予支持，并根据实际情况确定5年至10年的给付期间。上述给付期间届满后，赔偿权利人依然生存，还需要继续护理、配置辅助器具或者没有劳动能力和生活来源，再次起诉主张护理费、辅助器具费或者残疾赔偿金的，人民法院应予支持。

二、简要案情

2008年5月，王某某在遵义市某医院行肠镜检查时发现乙状结肠穿孔，随即转外科行剖腹探查术、浆膜破损修补术、乙状结肠双口造瘘术等，后因王某某年迈且患有多种基础疾病，无法再行手术闭瘘，终致其终身残疾。经遵义市医学会医疗事故技术鉴定，本病例为三级甲等医疗事故，医方承担完全责任。另经鉴定，王某某属部分护理依赖。2009年6月，王某某（时年77岁）向遵义市汇川区人民法院提起诉讼，主张残疾赔偿金、护理费、残疾用具（用品）费等各项损失共计23万余元。同年，该院作出判决，对各项损失计算5年，共计17万元。2014年10月，王某某再次向该院起诉，主张按照8年期限继续赔偿护理费、残疾用具（用品）费、残疾赔偿金共计26万余元，同年，该院作出判决，对各项损失计算5年，共计15万余元。上述5年期限届满后，王某某再次提起本案诉讼，主张按照5年期限继续赔偿护理费、残疾用具（用品）费、残疾赔偿金共计23万余元。

三、法院裁判

法院经审理认为：根据本解释的相关规定，王某某继续主张5年的各项赔偿费用，于法有据，予以支持。遂判决：遵义市某医院赔偿王某某残疾赔偿金、护理费、残疾用具（用品）费共计23万余元。

第二十条 赔偿义务人请求以定期金方式给付残疾赔偿金、辅助器具费的，应当提供相应的担保。人民法院可以根据赔偿义务人的给付能力和提供担保的情况，确定以定期金方式给付相关费用。但是，一审法庭辩论终结前已经发生的费用、死亡赔偿金以及精神损害抚慰金，应当一次性给付。

【条文主旨】

本条是关于定期金的适用与限制的规定。

2003年《人身损害赔偿解释》第三十一条确立了人身损害赔偿金一次性给付的原则，《民法典》第一千一百八十七条规定："损害发生后，当事人可以协商赔偿费用的支付方式。协商不一致的，赔偿费用应当一次性支付；一次性支付确有困难的，可以分期支付，但是被侵权人有权请求提供相应的担保。"但是，如果赔偿义务人根据自己的实际生活状况和支付能力，认为一次性支付将给自己的生活带来巨大压力，可以请求将残疾赔偿金、残疾辅助器具费以定期金的方式给付，但同时应为将来履行判决提供相应的担保。人民法院对于赔偿义务人的请求，可以根据赔偿义务人的给付能力、生活状况及提供担保的情况，确定将上述费用以定期金方式给付。如果赔偿义务人具有一次性给付能力，或者不能提供担保，或者赔偿义务人与赔偿权利人的住所地或者经常居住地不一致，采用定期金方式支付将会实际增加赔偿权利人的负担，则人民法院对于赔偿义务人的请求应不予支持。但是，对于一审法庭辩论终结前已经实际发生的费用，包括医疗费、误工费、护理费、交通费、住院伙食补助费、营养费、丧葬费和残疾赔偿金、残疾辅助器具费，以及死亡赔偿金、精神损害抚慰金，应当一次性给付。只有对于残疾赔偿金、残疾辅助器具费将来给付的金额可以采取定期金的支付方式。因被扶养人生活费被并入到残疾赔偿金计算，因此2020年司法解释修改时对本条进行了修改，将原来的第三十三条中的“被扶养人生活费”删除。

【理解与适用】

一、制定的背景

在以往的审判实践中，对于人身损害一般采取一次性赔付的方式赔偿受害人损失。但一次性支付赔偿金有诸多弊端：一方面这会过分加重侵权人一方的赔偿负担，甚至有可能导致侵权人支付不能或者企业破产，最终使受害人一方的利益受到损害；另一方面这可能导致受害人不能对赔偿金进行合理的分配使用，使赔偿目的落空，或者被其他人（如未成年人的监护人）挪用、侵吞，获得不当利益等。为避免这些问题出现，本解释借鉴有关国家和地区的经验，对赔偿金的支付兼采一次性支付和定期支付两种形式，以一次性支付为原则，定期支付为补充。同时规定定期支付的，赔偿义务人应当提供担保，进一步完善了定期支付的保障制度，将会给今后的审判实践带来重大影响。

在本解释出台之前，一些法院的审判实践已经出现采用定期金赔偿的方式，只是没有明确使用定期金的概念。例如，早在1990年，《北京市高级人民法院关于审理人身损害赔偿案件中几个问题的处理意见》中即规定，被扶养人是未成年的，抚养费给付到其独立生活为止。一次性给付一般计算到18周岁。被扶养人是丧失劳动能力的成年人的，给付到其恢复劳动能力或死亡时止，但这种费用不宜一次性给付。

二、社会各界的意见

本解释征求意见稿在媒体上公布后，社会各界对有关定期金的问题提出了一些意见，主要有：

1. 关于提供担保的问题。有的网友提出：当今社会千变万化，在商品经济条件下，几年中人们的经济生活就会变动很大，对于人身损害赔偿有的一赔就是几十年，没人能保证担保人会不发生变化。如果担保人经济状况发生变化，将严重损害被害人的权利，而受害人毕竟是生活中的弱者，法院判决定期金的支付方式不仅改变不了执行难的现状，而且使执行难潜伏在以后的日子里，将面临更大的危机，同时使被害人长期生活在担忧恐惧之中。本条应在判决一次赔偿损失之后，可由法官调解，如果赔偿权利人同意以定期方式支付的，可在一定程度上对支付作时间调整。

2. 关于赔偿金额的支付方式，区分“一次性支付”和“定期支付”不妥。定期支付仅有时间要求，没有量的要求。定期支付中显然可以包含一次性支付。一次性支付应当对应的是分期支付；而定期支付对应的是不定期支付，因此“定期”改“分期”为宜。

对于以上意见和建议，本解释在文字中没有体现，原因是：（1）定期金制度在我国尚属陌生，人们对于一些概念比如“定期”与“分期”还存在混淆；（2）对定期金的支付须提供担保是各国和地区的通例，而我国的定期金保证制度尚未健全，采用定期金方式支付确实可能给赔偿权利人带来一些不便，但如果赔偿义务人不具有一次性支付的能力而判决其一次性支付，对赔偿权利人的利益更加难以保护；（3）是否以定期金方式支付，如必须经赔偿权利人同意，定期金制度的设定便失去了意义。

三、关于定期金的概念

定期金是指法院判决加害人在未来一段时间按照一定的期限（如按年或者按季、按月）向受害人支付赔偿金额，主要适用于残疾赔偿金、继续治疗费用、护理费用、更换辅助器具费等需要以后继续支出费用的场合。法院判决确定的赔偿额既可以是每次支付的一个固定的数额，也可以是一个相对确定的计算标准（如上一年度国民人均收入或者当地人均收入的N倍）；判决确定的赔偿期限或支付的次数可以是固定的（如判决加害人赔偿受害人20年的残疾赔偿金，每年支付一次，每次支付5000元），也可以是相对确定的（如判决加害人赔偿受害人残疾赔偿金，每年支付一次，支付的标准为上一年度当地人均收入，直至受害人死亡）。①

定期金具有如下特征：（1）定期金的存续期间是以赔偿权利人的生存期为标准，由赔偿义务人在赔偿权利人的生存期内按期给付（被扶养人是在其受扶养年限内按期给付）；（2）定期金的数额由法院根据法律对于各项费用赔偿的规定确定；（3）定期金的给付期由法院根据赔偿义务人的支付能力、赔偿金总额、赔偿权利人可能生存年限等因素，确定是按月、按季，还是按年给付；（4）定期金的终止系赔偿权利人死亡。

国际上，一些国家和地区对于人身损害赔偿金的给付方法一般有两种：一种是给付定期金；另一种是一次性给付赔偿总额。以德国为例，采用的是以定期金给付为原则，一次性给付为例外。《德国

① 张新宝：《侵害生命、健康、身体权的民事责任探讨》，载《人民法院报》2001年8月12日。

民法典》第843条第1项和第3项规定："因身体或健康受到伤害致使受害人的劳动能力全部或部分丧失，或其损害上需要增加的，应以支付金钱定期金的方式向受害人给付损害赔偿；有重大事由的，受害人可以不请求定期金而请求一次性付款的赔偿。"

以往，无论是在我国的立法和司法解释规定中，还是在司法实践中，对于赔偿金的支付一般都是采取一次性给付的方式。这种方式简便易行，为法院所乐意采用。但一次性给付存在一定的弊端：如果赔偿权利人一次性获得全部赔偿金，他可能将这些赔偿金消耗殆尽，之后又要求社会予以救济和援助，重新成为社会的负担；即便是最谨慎的人，也可能会遇到通货膨胀，当一次性给付的赔偿金因为通货膨胀而不能满足赔偿权利人的要求时，其又再次要求赔偿义务人支付赔偿金，便违反了一次性给付全部赔偿金的宗旨。因此，有学者提出，对于因人身损害而遭受的损失而言，受害人已实际支出的各项费用，应采用一次性给付赔偿方式，而对于未来不确定的损失，则可以探讨采用定期金给付的方式。

以定期金方式支付损害赔偿金的优越性是显而易见的：（1）避免了加害人因一次性支付过多的赔偿金而破产或支付不能；（2）避免了通货膨胀等给受害人带来的可能不利；（3）避免受害人（尤其是受害人的监护人）提前花费赔偿金而使其未来生活发生重大困难；（4）避免受害人近亲属得到重大不当得利（如受害人在判决生效后很短时间内因其他原因死亡，而判决确定的是一次性支付20年的残疾赔偿金）；[①]（5）避免当事人的多次诉讼。有鉴于此，《触电损害赔偿解释》第一次在我国法律中提出定期金的概念，其中第五条规定："计算的各种费用，凡实际发生和受害人急需的，应当一次性支付；

① 张新宝：《侵害生命、健康、身体权的民事责任探讨》，载《人民法院报》2001年8月12日。

其他费用，可以根据数额大小、受害人需求程度、当事人的履行能力等因素确定支付时间和方式。如果采用定期金赔偿方式，应当确定每期的赔偿额并要求责任人提供适当的担保。”但这一解释对于定期金制度并未给予更加具体、全面的规定。本解释将定期金制度应用于人身损害赔偿，对于我国的民法是一大贡献，对于审判实践也具有重要意义。

四、关于定期金的担保

采用定期金方式给付损害赔偿金需要有相应的配套制度，需要相应的担保作为保障。对此，以往我国的司法实务并未予以重视。由于定期金履行期限长，赔偿义务人的履行状况可能发生不利于赔偿权利人的变化，也可能发生赔偿义务人逃逸或采取逃避债务等情况，使受害人的赔偿权利难以实现。本条规定了赔偿义务人请求以定期金方式给付相关费用时，应当提供相应的担保。但应如何提供担保，没有更详尽的规定。《德国民法典》第 843 条第 2 项关于“赔偿义务人应以何种方式，并在何种金额范围内提供担保，应视情形确定”的规定，可供参考。为了保证加害人未来履行判决义务，需由其提供相应担保，或者是提供具有良好资信的人的担保（如银行、保险公司的担保），或者提供高保值的财产担保（如以不动产作折价抵押）。此外，需要提高执行部门管理定期金损害赔偿支付方式的水平，还需要加害人（债务人）开户银行的配合等。[①] 就我国而言，《民法典》规定的担保方式有保证、抵押、质押、留置和定金等方式，对于人身损害赔偿而言，只能适用保证、抵押和质押三种方式。除此之外，也可以采取其他方式以起到担保作用，如由银行代管、代

---

① 张新宝:《侵害生命、健康、身体权的民事责任探讨》，载《人民法院报》2001 年 8 月 12 日。

发赔偿金等。

五、适用定期金给付的范围

在本解释规定的人身损害赔偿的各项目当中，并不是所有的都可以定期金的方式支付。对于已经发生的损失，适合一次性给付。因为此时受害人已经为损害支出了相关的费用和损失了相关的财产，一次性给付能够及时填平其损害。而对于将来可能发生的损失，因为损害结果发生在将来，以定期金方式给付更符合公平原则。因此，本条规定对于一审法庭辩论终结前已经发生的费用、死亡赔偿金以及精神损害抚慰金，应当一次性给付；对于将来的残疾赔偿金、残疾辅助器具费，经赔偿义务人申请，可以定期金方式给付。这是因为：

1. 从受害人受到损害之时起，相关费用便开始发生：受害人要及时进行治疗，为此要花费医疗费、交通费、住院伙食补助费、营养费，还要带来护理费、误工费、残疾用具费。对于以上受害人已经发生的费用和减少的收入，一次性给予赔偿，能够及时填补由于损害给受害人带来的财产和精神上的损失，符合损害赔偿法的原理。但是，对于受害人的实际损失应计算至何时呢？对此曾有不同的意见。有人主张计算至判决生效时，有人主张计算至赔偿义务人实际履行之日。我们认为，实际已经发生的费用，应是一个确定的数额，在法院的判决书中应有明确、具体的体现，并有准确的判决。如果计算至判决生效时或赔偿义务人实际履行之日，由于判决后送达需要时间、一审判决后需要经过上诉的时间且不知当事人是否上诉、判决生效后不知赔偿义务人何时能够履行，而在这些经过的时间中，赔偿权利人的费用还会再增加，从而带来赔偿数额的不确定。而根据《民事诉讼法》第一百二十二条的规定，原告向人民法院起诉必须有具体的诉讼请求和事实、理由，必须指出请求人民法院予以保护的民事权益的具体内容。而在一审法庭辩论终结前，原告可以变更自己的诉讼请求，调整自己具体的利益请求，被告也可以就原告变更后的诉讼请求充分行使自己的抗辩权，以维护自己的合法利益。因此，将赔偿权利人实际发生的费用计算至一审法庭辩论终结前，符合民事诉讼程序法的原理。

2. 在人身侵权场合，精神损害是指自然人人格权益遭受侵害导致的精神痛苦和肉体痛苦。这里的精神损害是狭义上的概念，判决一定数额的精神损害抚慰金有利于填补受害人所遭受的精神和肉体痛苦。我们知道，精神损害是无形损害，无法用财产的标准加以衡量，但确立精神损害赔偿的目的就是以财产方式补偿受害人所遭受的精神损害，因此就其损害赔偿而言，仍然是以财产赔偿为其表现形式。但由于涉及精神损害的情况多种多样，每一个案件的具体侵权状况和引起的后果各不相同，各侵权行为发生地的经济状况和当事人的收入水平也不尽一致，《精神损害赔偿解释》将确定精神损害赔偿数额的原则归纳为：侵权人的过错程度（法律另有规定的除外），侵权的手段、场合、行为方式等具体情节，侵权行为所造成的后果，侵权人的获利情况，侵权人承担责任的经济能力，受诉法院所在地平均生活水平。尽管如此，确定精神损害赔偿数额的原则仍然是抽象的，法官只能在以上原则的基础上自由裁量，得出的赔偿金的数额即是对整个侵权行为所造成的精神损害的赔偿。因此，从此意义上讲，一个侵权行为所造成的精神损害赔偿应是一次性的，不存在将来继续赔偿的情况，故精神损害抚慰金的给付应当是一次性的。

3. 残疾赔偿金是指受害人因受损害致残，导致不能胜任正常的工作或劳动而给予的生活补助费；残疾辅助器具费是指因残疾而造成身体功能全部或部分丧失需要配置辅助功能器具的费用。以上两种费用具有共同的特点，即时间的持续性、将来性和费用数额的不确定性。说其具有时间上的持续性和将来性，是因为受害人致残后如果不能马上康复，其损害后果将会在一定时期内持续存在，而这种损害后果的存在更多地发生在将来。说其具有费用数额的不确定性，是因为受害人致残后，对于残疾赔偿金、辅助器具费的需要总额是不确定的，因为受害人可以生存多长时间是不确定的，辅助器具费的价格水平、对于残疾赔偿的给付标准随着社会经济的发展也是不确定的，所以难以计算出赔偿权利人究竟需要多少赔偿金总额。因此，对于以上的费用，采用定期金的给付方式可以使将来损害的发生与对损害的赔偿在时间上和赔偿标准的价值比上更趋于接近，从而也更趋于公平。

通过以上分析，可以看出，对于人身损害所造成的各项损害赔偿金，已经发生的费用如医疗费、误工费、护理费、交通费、住院伙食补助费、营养费；一次性发生的费用如精神损害赔偿金、丧葬费、死亡赔偿金，均适合采取一次性给付的方式。而对于将来持续发生的费用如残疾赔偿金、残疾辅助器具费则经过当事人的申请，适宜采取定期金的给付方式。但以上的划分并不是绝对的。根据本条的规定，对于一审法庭辩论终结前发生的残疾赔偿金、残疾辅助器具费也应当一次性给付。而对于受害人将来继续治疗所需要的医疗费、护理费、交通费、营养费等是否可以定期金的方式支付，本解释没有规定。由于本条对于依当事人申请可采取定期金方式给付的赔偿项目采取列举式的方式予以明示，即表明除残疾赔偿金、残疾辅助器具费以外的其他赔偿项目，赔偿义务人是不可以申请以定期金方式给付的。这样的规定，也是因为对于医疗费、护理费、交通费、营养费等项目的赔偿采取的是差额赔偿原则，即以受害人发生损害前后费用的增加或财产减少的差额作为赔偿依据，受害人支出或损失多少就赔偿多少。

2003年《人身损害赔偿解释》第三十三条规定："赔偿义务人请求以定期金方式给付残疾赔偿金、被扶养人生活费、残疾辅助器具费的，应当提供相应的担保。人民法院可以根据赔偿义务人的给付能力和提供担保的情况，确定以定期金方式给付相关费用。但一审法庭辩论终结前已经发生的费用、死亡赔偿金以及精神损害抚慰金，应当一次性给付。"后被扶养人生活费并入残疾赔偿金，因此该条解释规定的适用定期金的给付范围虽表述为残疾赔偿金、残疾辅助器具费，但实际上也包含了被扶养人生活费。

六、审判实践中应注意的问题

1. 定期金赔偿与一次性赔偿总额这两种方法并不互相排斥。在一般情况下，适用定期金方法，按照受害人的实际寿命进行赔偿，对受害人和加害人都有好处；而适用一次性给付方法，可以尽早消灭赔偿法律关系，有利于维护正常的生活和民事流转秩序。对于残疾赔偿金、残疾辅助器具费是适用一次性给付，还是定期金给付，需要赔偿义务人经过选择后，提出申请，然后由人民法院根据赔偿义务人的实际经济水平、给付能力、提供担保的情况及定期给付的现实性决定给付方式。如果赔偿义务人不能提供担保，或者不具备定期给付的现实性，比如侵权行为地、赔偿义务人住所地或经常居住地与赔偿权利人的住所地或经常居住地不一致，采取定期金方式给付将会实际增加赔偿权利人的负担，人民法院则不应决定采取定期金方式给付。需要强调的是，人民法院不能不经赔偿义务人申请，依职权主动决定对残疾赔偿金、残疾辅助器具费适用定期金的给付方式。

2. 定期金给付与分期付款是不同的。定期金给付是在未来一段时间内，赔偿义务人按照一定期限（如按年或者按季、按月）向赔偿权利人支付一定的赔偿金额。定期金给付是以赔偿权利人的生存年限为限，由于其今后能够生存多少年是不确定的，因而赔偿金的给付年限、给付次数和给付总额也是不确定的。而分期付款是在赔偿总额一定的情况下，赔偿义务人经法院判决可以分N次给付。但在一次性给付原则下，由于赔偿的期限和标准是固定的，在最长20年的时间内，每次给付的数额和分期给付的次数是确定的。另外，定期金给付要经赔偿义务人申请，由人民法院决定，不需赔偿权利人同意，且只限于残疾赔偿金、残疾辅助器具费的场合；而分期给付因为是对法律规定的一次性给付的具体执行方式的变通，一般来说，需要赔偿权利人同意，且没有赔偿项目类型的限制。

3. 采用定期金给付的场合，如果赔偿义务人发生了重大的影响其履行义务的原因，如可能破产或被撤销等，赔偿权利人可以请求一次性给付。此种情况下，人民法院可以将定期金给付改为一次性给付。

【案例】

王某甲诉某运输公司、张某甲、财保某县公司交通事故责任纠纷案

一、裁判要旨

赔偿义务人请求以定期金方式给付残疾赔偿金、残疾辅助器具费的，应当提供相应的担保。赔偿义务人提供虚假担保的，对其主张不予支持。

二、案情

2005年11月12日，王某甲乘某运输公司客车从洛表到巡场，因驾驶员在弯道超车，车速过快且操作不当，发生车祸，致王某甲头部受伤。王某甲受伤后即被送入某县人民医院抢救，因病情危重，3日后送入某市二医院住院治疗。2006年1月11日转入某西部医院住院治疗，2006年1月31日转回某市二医院住院治疗至2006年5月10日出院。出院当日，王某甲又再次入院治疗至2006年8月10日出院。王某甲受伤后在各医院住院共282天。2006年9月7日，某市司法鉴定中心作出司法鉴定书，其结论为：（1）王某甲因车祸伤致重型颅脑损伤，现呈植物人状态，评定为I级伤残；右侧颅骨缺失评定为X级伤残。（2）王某甲现仍呈植物人状态，故不能确定其医疗时限和医疗费用。王某甲伤后在某县医院住院的医疗费未结算，在某市二医院住院期间，某运输公司仅向某市二医院预交医疗费6万元，余款尚未结清。2006年1月5日、1月11日，某运输公司两次共转款44000元给王某乙。该款中的25422.3元用于支付王某甲在某西部医院的住院费用，2000元用于预交王某甲在某市二医院的住院费。王某甲住院期间其家属还购有自费药品“施捷因”17297.4元、“惠尔血”3840元。王某甲之子王某乙曾于2006年1月22日向某运输公司借款1万元，用于支付王某甲住院期间的生活费。王某甲住院期间，其家属用去交通费476.2元，住宿费420元，购买残疾辅助器具轮椅1180元、甘油注射器200元，医疗器械一批4648.1元，以及购买成人“尿不湿”2266.8元，营养粉、奶粉等11266.2元。案涉客车的法定车主是某运输公司，实际所有人是银某甲。2005年5月22日，某运输公司在财保某县公司为该车购买了保险。其中车上人员责任险为16万元/座。本案交通事故，经某市公安局交警大队认定，驾驶员银某乙负全责。王某甲伤前系城镇居民，王某甲与其妻周某甲育有二子，长子王某乙已成年，次子王某丙 1990 年 4 月 24 日出生，现尚在学校读书。

三、法院裁判

人民法院认为，本案被王某甲因乘坐某运输公司的案涉客车，发生交通事故造成Ⅰ级伤残，经某市公安局交警大队认定事故责任由驾驶员负全责。受害人王某甲以交通事故人身损害赔偿提起诉讼，根据《民法通则》第一百二十三条“从事高空、高压、易燃、易爆、剧毒、放射性、高速运输工具等对周围环境有高度危险的作业造成他人损害的，应当承担民事责任；如果能够证明损害是由受害人故意造成的，不承担民事责任”，以及 2007 年《中华人民共和国道路交通安全法》第七十六条第一款第二项“机动车与非机动车驾驶人、行人之间发生交通事故，非机动车驾驶人、行人没有过错的，由机动车一方承担赔偿责任；有证据证明非机动车驾驶人、行人有过错的，根据过错程度适当减轻机动车一方的责任”的规定，交通事故人身损害属于特殊侵权范畴，特殊侵权依法适用无过错归责原则，某运输公司主张按一般侵权的过错归责原则处理本案，缺乏法律依据。某运输公司作为肇事车辆的法定登记车主，依法属于法律规定的“机动车一方”，应当对该交通事故承担民事责任。由于本起事故的全部责任在机动车驾驶员，某运输公司作为“机动车一方”不能证明其具备免责事由，其根据车辆在买卖过程中发生交通事故的司法解释和部门规章主张免责，因本案交通事故不是发生在车辆买卖过程中，因此，某运输公司主张适用车辆买卖过程中发生交通事故的司法解释免除其民事责任，缺乏事实依据，其主张法院不予支持。对于某运输公司与肇事车辆的实际所有人银某甲之间，以及银某甲与肇事车辆的驾驶员银某乙之间，则属于“机动车一方”的内部关系，不属于本案审理范围。原审判决肇事车辆的法定车主某运输公司和实际所有人银某甲共同承担赔偿责任。

对于某运输公司请求以定期金方式支付王某甲终身残疾赔偿金的问题，依照2003年《人身损害赔偿解释》第三十三条“赔偿义务人请求以定期金方式给付残疾赔偿金、被扶养人生活费、残疾辅助器具费的，应当提供相应的担保。人民法院可以根据赔偿义务人的给付能力和提供担保的情况，确定以定期金方式给付相关费用。但一审法庭辩论终结前已经发生的费用、死亡赔偿金以及精神损害抚慰金，应当一次性给付”的规定，要求某运输公司提供担保。但是，某运输公司提供的由“文某某”签字“同意”的担保证据，以及信用联社营业部一并出具的《承诺书》，不具有真实性，该证据属于伪证。人民法院已依法对提供该证据的某运输公司和出具《承诺书》的信用联社营业部进行了训诫。虽然某运输公司的法定代表人后来以个人名义重新提供担保，但由于某运输公司提供伪证，缺乏诚信，因此，根据本案实际情况，综合全案考虑，对某运输公司分期支付残疾赔偿金的主张不予支持。本案是侵权人身损害赔偿案件，财保某县公司与受害人之间不存在侵权法律关系，王某甲作为保险合同的被保险人与财保某县公司之间的保险法律关系不属于本案的审理范围，财保某县公司不承担侵权损害赔偿责任。

第二十一条 人民法院应当在法律文书中明确定期金的给付时间、方式以及每期给付标准。执行期间有关统计数据发生变化的，给付金额应当适时进行相应调整。

定期金按照赔偿权利人的实际生存年限给付，不受本解释有关赔偿期限的限制。

【条文主旨】

本条是关于定期金的判决与执行的规定。

定期金给付是人民法院判决赔偿义务人在未来的一定时间按照一定期限向赔偿权利人支付赔偿金的方式。由于是在未来的一定期限内给付，人民法院必须要在法律文书中写明给付时间是按月支付、按季支付还是按年支付，每一个给付期内是先予给付还是后予给付；给付方式是通过银行划款、邮局汇款，还是送款上门；每一期赔偿金的给付金额是固定数额，还是按照一定的标准给付。如果是按照一定的标准给付，在有关统计数据发生变化时，应当据此对给付金额进行适当的调整。定期金的给付年限不受最长20年的限制，应当按照赔偿权利人的实际生存年限予以给付。

【理解与适用】

一、制定的背景

定期金给付在我国的立法中尚属新的概念，虽然在《触电损害赔偿解释》中已经使用过，但没有更加详细的规定。定期金制度在世界上的许多国家和地区特别是大陆法系国家和地区被广泛使用，实践证明，它是一种行之有效且更为公平的制度，对于受害人持续发生的损失持续性给予赔偿，可以避免赔偿义务人因一次性支付赔偿金过多而破产或支付不能，也可以避免因通货膨胀等可能会给赔偿权利人带来的不利。因此，我们借鉴有关国家的经验，对赔偿金的支付兼采一次性支付和定期金支付两种形式，以一次性支付为原则，定期金支付为补充。但由于定期金方式在我国司法实践中尚属陌生，也由于定期金本身的特点和具体实施中的要求，其对判决和执行提出了更高的要求。为防止适用过程中出现纰漏，本条明确规定了人民法院在审判实践中应注意的事项，其中包括定期金的给付年限、法律文书的写法、执行期间对给付金额的调整等。

二、实践中应注意的问题

1. 按照本解释第十二条、第十三条、第十七条的规定，残疾赔偿金和被扶养人生活费的最长给付年限为20年，残疾辅助器具费的赔偿期限参照配置机构的意见确定。在一次性给付的前提下，根据本解释第十九条的规定，残疾赔偿金和残疾辅助器具费超过确定的给付年限，赔偿权利人可以继续向人民法院提起诉讼；根据《民事诉讼法司法解释》第二百一十八条“赡养费、扶养费、抚养费案件，裁判发生法律效力后，因新情况、新理由，一方当事人再行起诉要求增加或者减少费用的，人民法院应作为新案受理”的规定，被扶养人生活费超过给付年限的，也可以向人民法院继续提起诉讼。这是因为，超过确定的期限，赔偿权利人仍然生存，而损害后果依然存在，其理应再获得赔偿。无论是一次性给付，还是定期金给付，原则上都是以赔偿权利人的生存为限，但定期金给付是按照赔偿权利人的生存年限按期支付赔偿金，而不是由法律或判决确定每一次的给付年限，因而与赔偿权利人的生存年限更为接近。定期金的给付可以免除当事人多次诉讼的讼累，也可以避免一次性给付带来的赔偿数额的相对不确切性，以及由于赔偿权利人生存年限的不确定性导致其可能于给付期限内死亡而多支付的赔偿金不能索回的情况。因此，本条明确规定定期金的给付年限不受本解释第十二条、第十三条、第十七条规定的赔偿年限的限制，而以赔偿权利人的实际生存年限为限。

2. 定期金的给付时间可以年为期，也可以季或月为期。以季或月为期，给付次数较为频繁，一般来说，以年为期较为合适。本解释在公开征求意见时，有人提出：规定"定期支付"时，没有明确费用是先支付还是后支付，也就是定期支付的是前一段时间的赔偿金，还是此后一段时间的赔偿金，建议规定定期支付此后一段时间的费用。

关于定期金给付是在一定期限内开始时给付还是结束时给付，法律没有规定。在一次性给付为原则、定期金给付为补充的情况下，在开始时给付，即给付的是此后一段时间内的赔偿金，与一次性给付的原理较为吻合。但在定期金给付之后，下一期给付之前，如果赔偿权利人死亡，赔偿义务人可否请求将剩余部分取回？比如，定期金给付以一年为期，赔偿权利人在半年时死亡，赔偿义务人可否对后半年剩余的款项索回？回答是否定的。因为在一次性给付的场合，已经支付的金额不允许再取回，在法律规定一次性给付为原则，定期金给付为补充的情况下，已经支付的本期定期金也不应当允许取回。这也与一次性给付的情况相一致。

定期金的给付期限以赔偿权利人的死亡为准，如果赔偿义务人死于权利人前，赔偿权利人是否还能继续获得赔偿呢？在一些国家和地区，定期金制度设立的同时，都规定了对于定期金支付的担保，如《德国民法典》第 843 条第 1 项和第 3 项规定：因身体或健康受到伤害致使受害人的劳动能力全部或部分丧失，或其损害上需要增加的，应以支付金钱定期金的方式向受害人给付损害赔偿；对于此项定期金，赔偿义务人是否应提供担保、应以何种方式担保以及应在何种金额范围内提供担保，依情形定。本解释第二十条也规定，采用定期金方式支付的，应当提供相应的担保。因此，如果赔偿义务人先于赔偿权利人死亡，应由其提供的担保财产进行赔偿；如果担保财产不足以支付赔偿金的，赔偿义务人的继承人得在其继承的遗产范围内，承担赔偿金的给付义务。

3. 定期金每期的给付方式可以根据赔偿义务人的支付能力、给付的现实性、当地的经济发展水平来确定。可以采用银行划款、邮局汇款方式，也可以由赔偿义务人每期送款上门。在确定定期金的支付方式时，一定要考虑付款的现实性，如果当事人的住所地或经常居住地为经济发达地区，银行业务种类繁多，则可以委托银行代为定期向赔偿义务人支付；反之，在经济欠发达地区，银行业务尚不繁荣，就不宜采取此种方式。

4. 定期金每期的给付标准应当与本解释第十二条、第十三条、第十七条规定的一次性给付原则下的赔偿相一致，即残疾赔偿金按照受诉法院所在地上一年度城镇居民人均可支配收入，被扶养人生活费按照受诉法院所在地上一年度城镇居民人均消费支出标准，残疾辅助器具费按照普通适用器具的费用标准。定期金给付与一次性给付只是赔偿金给付方式的不同，赔偿金给付的计算标准不应因为给付方式不同而不同。

定期金的给付标准在法律文书中可以有两种表现形式：一种是按照上述标准计算出每期给付的准确数额，另一种是笼统写明每期按照上述标准给付，再在执行程序中由执行法官计算具体数额。但是后一种方式在有些场合是不适用的，比如委托银行划款时，没有具体的数额会使银行无所适从。另外，在残疾辅助器具费的场合，由于给付标准是不具体且难以确定的，应在判决中明确具体的数额。

根据本解释第二十二条的规定，第十二条、第十七条中的“上一年度”是一审法庭辩论终结时的上一统计年度。而定期金给付的优越性之一就是可以避免通货膨胀等可能给赔偿权利人带来的不利，以赔偿权利人接受每一期定期金时的有关统计标准和辅助器具的价格标准作为给付标准，更符合定期金给付制度的本来意义。因此，定期金的给付标准应是每一期定期金给付时的“上一年度”有关统计标准和辅助器具的价格标准。也正因如此，本条第一款还规定，在执行期间，如果有关统计数据发生变化，实际给付金额应当适时给予相应的调整。这种调整可由赔偿权利人申请，也可由法院依职权进行。

5. 关于定期金给付是否支付利息的问题，一直存在争议。在网上征求意见稿中曾有一条：定期支付赔偿金的，其每一期的实际支付数额应当以上一期的实际支付数额为基数，加上该期银行存款利率。这样规定的理由是，一方面，法律规定的给付原则是一次性的，在此原则下本应一次性支付的赔偿金，由于赔偿义务人的申请，而改为定期金支付，赔偿义务人可以利用这些款项去存款以获取利息，或者去投资以获取利润；另一方面，赔偿权利人如果一次性获取这些赔偿金，他也可以去存入银行或进行投资。所以，赔偿义务人将赔偿金由现在一次性给付改为将来定期给付，应当向赔偿权利人支付利息。

以上观点，从一定角度上讲不无道理。但是，定期金给付不同于分期付款，其原理是对未来发生的损害随时给予的赔偿，也是为避免通货膨胀可能对赔偿权利人带来的不利益，其赔偿标准根据时间的推移、经济的发展、人们收入和消费水平的提高、物价的上涨等因素，而随时进行调整。此种情况下，再由赔偿义务人支付利息，与定期金制度设立的本意是不相吻合的。虽然从一次性给付的角度讲，似乎支付利息才公平，但这种认识忽视了一次性给付的场合，赔偿金数额所依据的计算标准是一审法庭辩论终结时的“上一年度”的相关统计标准，而定期金给付的场合，赔偿金数额的计算标准是每一期定期金给付时“上一年度”的相关统计标准，采用这样的标准时，已将赔偿权利人的利益考虑在内。所以，本解释在最后定稿时，没有采纳对定期金加付利息的意见。

【案例】

黄某甲诉A商户、某保险公司人身损害赔偿责任纠纷案

一、裁判要旨

赔偿义务人请求以定期金方式给付的，应当提供相应的担保。人民法院根据赔偿义务人的给付能力和提供担保的情况，确定以定期金方式给付残疾赔偿金、辅助器具费的，应当在法律文书中明确定期金的给付时间、方式以及每期给付标准。

二、案情

A商户系个体工商户性质，经营者为吴某。A商户为其工人在某保险公司购买意外伤害保险。2018年2月，黄某甲到A商户工地务工，同年4月10日14时许，黄某甲在工地工作过程中，被工友驾

驶铲车碾压双侧下肢致伤。黄某甲受伤后于当日被送至甲市人民医院住院治疗27天后，于同年5月7日出院，出院诊断为：（1）双下肢毁损伤；（2）失血性休克。出院医嘱："（1）住院期间陪人壹人，全休叁个月；（2）继续门诊换药，术后14~16天拆线；（3）3个月内避免患肢剧烈活动及负重；（4）如有切口渗液、化脓等不适，请及时复诊。"黄某甲出院后于当天转入乙市中医医院住院康复治疗21天，于2018年5月28日出院，出院诊断为："中医诊断：骨折病气滞血瘀；西医诊断：（1）双下肢截肢术后（双大腿中段以远）；（2）左大腿残端愈合不良；（3）高尿酸血症。出院医嘱：（1）保持患肢伤口干洁；（2）全休壹月，住院期间留陪人壹名；（3）如有不适，及时门诊就诊。"2018年10月12日，黄某甲在陪护人员的陪护下至丙市助康假肢矫形器有限责任公司进行为期161天的义肢调试和康复训练后安装假肢，开支假肢费12万元，开支伙食费及住宿费32200元。2018年10月30日，黄某甲到某司法鉴定中心对伤残程度及护理依赖程度进行鉴定，鉴定意见为：（1）黄某甲本次外伤致双下肢在膝关节以上缺失评定为二级伤残；（2）黄某甲目前日常生活需部分护理依赖。事故发生后，A商户经营者吴某除支付黄某甲住院治疗期间的全部医疗费及10万元的假肢费外，还向黄某甲支付了8.2万元的赔偿款。2018年11月20日，黄某甲以A商户、某保险公司为被告诉至人民法院，要求A商户、某保险公司赔偿其经济损失1913232.48元。本案在审理过程中，某保险公司根据保险合同向黄某甲支付赔偿款487384.31元后，黄某甲于2019年4月15日撤回对某保险公司的起诉。

黄某甲及其家庭成员均系农村居民。黄某甲子女均已成年，其母亲徐某某生于1942年3月5日，现年77岁，共生育黄某甲、黄某乙、黄某丙三个子女。

丙市助康假肢矫形器有限责任公司于2018年11月3日出具《伤残辅助器具配置证明书》，该证明书出具处理意见如下：（1）黄某甲适合配置国产普及型硅胶套合金气压膝大腿假肢（型号为：ZKAK325），该大腿假肢单边的价格为：陆万元（60000.00），两边假肢费用为：壹拾贰万元整（120000.00），假肢设计使用寿命为5年，每年的假肢维修费按现行安装假肢价格的5%计算。（2）初次装配，患者在我中心进行为期161天的义肢调试和康复训练，康复训练期间需陪护人员1名。床铺费为每人每天50元，伙食费为每人每天50元。（3）以后每次更换假肢需15个工作日，每次维修假肢需7个工作日。（4）该患者适合安装假肢至我国人均寿命75岁止。

本案审理期间，A商户向人民法院申请以定期金方式分期支付黄某甲的残疾辅助器具相关费用，吴某、王某某出具担保承诺书，承诺将其所有的房产一套［房产证号为三房权证字第 × 号，土地使用权证号为三国用（2016）第 × 号］为A商户在本案中的债务提供担保。

三、法院裁判

人民法院认为，首先，黄某甲提供丙市助康假肢矫形器有限责任公司出具的《伤残辅助器具配置证明书》，用于证实残疾辅助器具的更换周期和更换维修费用，A商户未能提供相反证据足以推翻该证明书，故黄某甲残疾辅助器具（假肢）的维修及更换相关费用可参照丙市助康假肢矫形器有限责任公司的意见确定。其次，黄某甲首次开始配制残疾辅助器具（假肢）的时间是2018年10月12日，由此产生的相关费用共计152200元，该费用与残疾赔偿金、医药费等费用由A商户一并一次性支付。再次，关于后续残疾辅助器具（假肢）相关费用如何支付的问题。参照配制机构出具的意见，黄某甲的残疾辅助器具（假肢）的后续更换购置相关费用已明确，同时为了节约诉讼成本，避免给当事人造成诉累，应一次性确定后续残疾辅助器具（假肢）相关费用的数额及支付方式。最后，黄某甲后续残疾辅助器具（假肢）相关费用应以定期金方式支付。理由如下：2003年《人身损害赔偿解释》第三十三条规定：赔偿义务人请求以定期金方式给付残疾赔偿金、被扶养人生活费、残疾辅助器具费的，应当提供相应的担保。人民法院可以根据赔偿义务人的给付能力和提供担保的情况，确定以定期金方式给付相关费用。但一审法庭辩论终结前已经发生的费用、死亡赔偿金以及精神损害抚慰金，应当一次性给付。第三十四条规定：人民法院应当在法律文书中明确定期金的给付时间、方式以及每期给付标准。执行期间有关统计数据发生变化的，给付金额应当适时进行相应调整。定期金按照赔偿权利人的实际生存年限给付，不受本解释有关赔偿期限的限制。本案中，A商户请求以定期金方式支付黄某甲后续残疾辅助器具（假肢）相关费用，并提供房产一套作为担保，为了更好地维护和保障双方当事人的合法权益，同时根据A商户的给付能力和提供担保情况，人民法院确认黄某甲的后续残疾辅助器具（假肢）相关费用以定期金方式给付，并对A商户提供的房产进行查封，查封期限届满前黄某甲可以申请续封，连续查封年限不得超过黄某甲的生存年限，如A商户拒不支付定期金，黄某甲可申请人民法院拍卖A商户提供担保的房产，用于清偿债务。另外，结合丙市助康假肢矫形器有限责任公司出具的《伤残辅助器具配置证明书》，可以确认每5年一次以定期金的方式向黄某甲支付后续残疾辅助器具（假肢）相关费用。黄某甲首次配制残疾辅助器具（假肢）的开始时间是2018年10月12日，因此从2018年10月13日起至黄某甲生命存续期间内，A商户每5年一次向黄某甲支付后续残疾辅助器具（假肢）相关费用，每次支付金额为155100元［假肢费12万元+维修费24000元（12万元×5%×4次）+更换假肢伙食补助费及床位费3000元（15天×2人×50元×1次+15天×2人×50元×1次）+维修假肢伙食补助费及床位费5600元（7天×2人×50元×4次+7天×2人×50元×4次）+更换及维修假肢交通费2500元（每次酌情支持500元×5次）］，支付时间为每5年的最后一年的10月13日前（即2023年10月13日前，2028年10月13日前，以此类推）。

综上，依照2003年《人身损害赔偿解释》第三十三条、第三十四条及2017年修正的《民事诉讼法》第一百七十条[①]第一款第二项之规定，判决如下：A商户于本判决生效之日起15日内继续赔偿原告住院伙食补助费、误工费、护理费、残疾赔偿金、交通费、精神损害抚慰金、残疾辅助器具费、鉴定费等共计202717.19元。从2018年10月13日起至黄某甲生命存续期间，A商户每5年一次向黄某甲支付后续残疾辅助器具（假肢）相关费用，每次支付金额为155100元［假肢费12万元+维修费24000元（12万元×5%×4次）+更换假肢伙食补助费及床位费3000元（15天×2人×50元×1次+15天×2人×50元×1次）+维修假肢伙食补助费及床位费5600元（7天×2人×50元×4次+7天×2人×50元×4次）+更换及维修假肢交通费2500元（每次酌情支持500元×5次）］，支付时间为每5年的最后一年的10月13日前（即2023年10月13日前，2028年10月13日前，以此类推）。

① 现为2021年修正的《民事诉讼法》第一百七十七条。

第二十二条 本解释所称“城镇居民人均可支配收入”“城镇居民人均消费支出”“职工平均工资”，按照政府统计部门公布的各省、自治区、直辖市以及经济特区和计划单列市上一年度相关统计数据确定。

“上一年度”，是指一审法庭辩论终结时的上一统计年度。

【条文主旨】

本条是关于本解释提到的相关术语的解释的规定。

相关术语即本条第一款中提到的“城镇居民人均可支配收入”“城镇居民人均消费支出”“职工平均工资”，第二款中提到的“上一年度”。

【理解与适用】

2020年12月本解释在第一次修正时，本条内容没有发生变化，仅条文顺序根据其他条文的修改进行了调整。2022年4月，本解释第二次修正，主要目的是实现人身损害赔偿城乡居民赔偿标准统一，本条内容随之进行了修改。今后，人身损害赔偿标准统一适用城镇标准，所以“农村居民人均纯收入”和“农村居民人均年生活消费支出”两项标准没有再继续保留的必要，予以删除。同时，“城镇居民人均消费性支出”这一标准的表述修正为“城镇居民人均消费支出”。“城镇居民人均可支配收入”这个术语是本解释第十二条和第十五条确定残疾赔偿金和死亡赔偿金的标准时所采用的术语。“城镇居民人均消费支出”是本解释第十七条确定被扶养人生活费的标准时采用的术语。“职工平均工资”是本解释第七条确定误工费的标准时采用的术语。“上一年度”是本解释第七条第三款、第十二条第一款、第十四条、第十五条、第十七条第一款和本条第一款、第二款提到的术语。如果不解释上述这些专门用语的含义，一般人都不理解。如果在涉及这些专门用语的条文后面立即解释其含义，可能不简洁，重复较多。用一个条文专门解释特定的专门用语的含义，不仅简洁、不重复，而且符合制定司法解释的规范性要求。

一、“城镇居民人均可支配收入”

要解释“城镇居民人均可支配收入”的含义，先要明确什么是“可支配收入”。所谓可支配收入，是指城镇居民可用于最终消费支出和其他非义务性支出以及储蓄的总和，即居民家庭可以用来自由支配的收入。它是家庭总收入扣除缴纳的所得税、个人缴纳的社会保障费以及调查户的记账补贴后的收入。计算公式为：

可支配收入 = 家庭总收入 - 缴纳所得税 - 个人缴纳的社会保障支出 - 记账补贴

其中家庭总收入是指生活在一起的所有家庭成员在调查期得到的工薪收入、经营净收入、财产性收入、转移性收入的总和，不包括出售财物和借贷收入。收入的统计标准以实际发生的数额为准，无论收入是补发还是预发，只要是调查期得到的都应如实计算，不作分摊。

“城镇居民人均可支配收入”是按家庭常住人口平均的可支配收入。

二、“城镇居民人均消费支出”

“城镇居民人均消费支出”是指城镇居民人均用于满足家庭日常

生活消费需要的全部支出。消费支出按照商品或服务的用途可分为食品、衣着、家庭设备及服务、医疗保健、交通和通讯、娱乐教育文化服务、居住、杂项商品和服务等八大类，不包括罚没款、丢失款和缴纳的各种税款。

三、“职工平均工资”

“职工平均工资”是指（在岗职工工资总额 + 不在岗职工生活费）÷（在岗职工人数 + 不在岗职工人数）。

在岗职工工资总额，是一个看似简单但实际上非常复杂的概念。它是指单位在报告期内直接支付给在岗职工的劳动报酬总额，包括基础工资、职务工资、级别工资、工龄工资、计件工资、奖金、各种津贴和补贴、旅游费、过节费、交通费、洗理费、书报费、伙食补助（出差人员在途的误餐补贴统计在工资外收入中）、住房、租房补贴以及由单位代扣代缴的个人所得税、住房基金、各项社会保险基金、住房水电费等。

在统计工资总额时不管是预算内资金，还是预算外资金；不管是单位自筹的资金，还是上级（或政府财政部门）下拨的资金；在财务账目上不管是工资科目，还是其他科目，只要符合工资统计指标的规定，就应统计在工资总额中。

各企业、事业、机关单位发放的住房提租补贴、通信工具补助、住宅电话补助应计入工资总额项中的各种津贴。

房改一次性补贴款，如补贴发放到个人，可自行支配的则计入工资总额内；如补贴为专款专用存入专门的账户，则不计入工资总额统计。

单位为职工缴纳的补充养老保险和补充医疗保险暂不作工资总额统计，其他各种商业性保险如储蓄性保险的性质为劳动报酬，因此应计入工资总额统计；单位给职工个人实报实销的职工个人家庭使用的固定电话费、职工个人使用的手机费、职工个人购买的服装费（不包括工作服）等各种费用，其实质为岗位津贴或补贴，应计入工资总额统计。有些地区为不休假的职工发放一定的现金或补贴，其性质为劳动报酬，计入工资总额统计；试行企业经营者年薪制的经营者，其工资正常发放部分和年终结算后补发的部分属于劳动报酬性质，应计入工资总额统计。

工资总额不包括以下项目：

（1）根据国务院发布的有关规定发放的创造发明奖、国家星火奖、自然科学奖、科学技术进步奖和支付的合理化建议和技术改进奖以及支付给运动员在重大体育比赛中的重奖。

（2）有关劳动保险和职工福利方面的费用。具体有：职工死亡丧葬费及抚恤费、医疗卫生费或公费医疗费用、职工生活困难补助费、工会文教费、集体福利费、探亲路费等。

（3）有关离休、退休、退职人员待遇的各项支出。

（4）支付给聘用或留用的离休、退休人员的各项补贴。

（5）劳动保护的各种支出。

（6）支付给外单位人员的稿费、讲课费及其他专门工作报酬。

（7）出差伙食补助费、调动工作的旅费和安家费。

（8）对自带工具、牲畜来企业工作的从业人员所支付的工具、牲畜等的补偿费用。

（9）实行租赁经营单位的承租人的风险性补偿收入。

（10）对购买本企业股票和债券的职工所支付的股息（包括股金分红）和利息。

（11）劳动合同制职工解除劳动合同时由企业支付的医疗补助费、生活补助费等。

（12）因使用劳务派遣工而在工资以外向提供劳动力单位支付的手续费和管理费。

（13）支付给家庭工人的加工费和按加工订货办法支付给承包单位的发包费用。

（14）支付给参加企业劳动的在校学生的补贴。

（15）支付给个人的医疗卫生费补贴。

（16）解除合同后企业一次性支付的各种费用。

（17）由单位缴纳的各项社会保险、住房公积金。

（18）冬季取暖补贴、防暑降温费、托儿补助、独生子女费、奶费、工作服洗补费、计划生育补贴、献血员营养补助、节约归己的出差补助、保健食品待遇等。

（19）支付给从保安公司招用的人员的补贴。

（20）一些单位职工集资入股或购买企业债券后发给职工的股息分红、债券利息以及职工个人技术投入后的税前收益分配。

（21）劳保福利费用统计、工资外收入统计有明确规定的。①

根据本条第一款的规定，上述三项标准，按照政府统计部门公布的各省、自治区、直辖市以及经济特区和计划单列市上一年度相关统计数据确定。

四、“上一年度”的理解

这实际上是损害赔偿计算的标准时的规定。所谓损害赔偿计算的标准时，是指依据有关赔偿参数计算损害赔偿金额的大小时，应当以哪一时间点为标准进行计算。例如残疾赔偿金，其赔偿参数是“上一年度城镇居民人均可支配收入”，该“上一年度”具体是指侵

① 见2003年10月北京市统计局制定的《劳动情况表填报手册》。

权行为发生时的“上一年度”抑或侵权结果发生时的“上一年度”，或者是指损害结果确定时的上一年度？审判实践中过去未明确界定。理论上对侵权损害赔偿计算的标准时主要有两个时间点：一是侵权行为时，具体也可区分为侵权行为发生时及侵权结果发生时；二是一审法庭辩论终结时。后一时间点靠近对受害人损失的实际填补，通常对受害人较为有利。但传统观点认为，应当以侵权行为发生时作为损害赔偿计算的标准时。我国立法对损害赔偿计算的标准时没有统一的界定。1991年《道路交通事故处理办法》（已废止）第三十七条第五项规定残疾者生活补助费“从定残之月起，赔偿二十年”，本质上并不是对损害赔偿标准时的规定，而是对赔偿年限起算时间的规定。《道路交通安全法实施条例》第九十五条第二款规定“交通事故损害赔偿项目和标准依照有关法律的规定执行”，亦未对损害赔偿标准时进行规定。本解释鉴于涉及损害赔偿计算标准时的主要是残疾赔偿金和死亡赔偿金，其对赔偿权利人利益损失的填补主要是指向未来，因此确定以最近实际填补时间的一审法庭辩论终结时作为损害赔偿计算的标准时。本条第二款就明确规定：“上一年度”，是指一审法庭辩论终结时的上一统计年度。

本解释在向社会公开征求意见后，针对本条提的意见主要是：“受诉法院所在地”指的是省级、地市级还是区县级？实际标准区别很大，应予明确。司法解释公布的条文已经采纳了上述合理意见，并增加了“经济特区和计划单列市”标准。本条明确规定：标准“按照政府统计部门公布的各省、自治区、直辖市以及经济特区和计划单列市上一年度”有关统计数据确定。

针对本条的规定，征求意见过程中，还有人建议增加一款：最高人民法院在《最高人民法院公报》或人民法院网公布上述统计数据，便于当事人查阅。理由：实践中，作为普通人购买查阅上述统计数据非常困难，特别是牵涉跨地区的时候，不利于当事人准确运用统计数据提出合理的诉讼请求，为实现司法便民、司法护民，最终实现司法为民，应当采用上述方式公布统计数据。我们认为，这一建议很好。只是这不是司法解释所要规定的内容，因为司法解释是适用法律的解释。

第二十三条 **精神损害抚慰金适用《最高人民法院关于确定民事侵权精神损害赔偿责任若干问题的解释》予以确定。**

【条文主旨】

本条是关于确定精神损害抚慰金适用依据的规定。

【理解与适用】

2003年的本解释第十八条规定："受害人或者死者近亲属遭受精神损害，赔偿权利人向人民法院请求赔偿精神损害抚慰金的，适用《最高人民法院关于确定民事侵权精神损害赔偿责任若干问题的解释》予以确定。精神损害抚慰金的请求权，不得让与或者继承。但赔偿义务人已经以书面方式承诺给予金钱赔偿，或者赔偿权利人已经向人民法院起诉的除外。"该条规定第一款虽然与本条内容类似，但本条内容并非根据上述规定第一款修正而来，而是属于2020年12月司法解释修正时新增加的条款。2022年4月本解释再次修正时继续保留，未作修改。按照2020年12月修正时本解释的修改说明，2003年本解释第十八条被删除，同时新增加了第二十三条即本条。增加本条是为了保持司法解释逻辑体例的完整性，以便与《精神损害赔偿解释》的适用相衔接，从而使人身损害赔偿制度设计更为完整，故本条属于指引性规定。删除原第十八条是因其内容已经被《民法典》吸收，上升为法律规定而没有保留必要。虽然从司法解释修改的角度来看，可以认为是删除了原第十八条的规定，新增了第二十三条；但从司法解释条款内容对照来看，原第十八条第一款与新增的第二十三条仍然存在一些关联。原司法解释条款被删除，并不意味着原条文内容错误或者过时，而是其内容已经被《民法典》吸收，司法解释为避免法律适用的混乱和重复才予以删除。原条款规定的内容和精神实际上对于民事主体、法律工作者正确理解适用《民法典》都具有重要作用，故本书结合司法解释新的规定和原条文规定对精神损害赔偿的相关内容予以介绍。

在我国民事立法中，《民法通则》第一百二十条最早正式规定了精神损害赔偿的基本制度，在《国家赔偿法》《中华人民共和国妇女权益保障法》《消费者权益保护法》和《道路交通事故处理办法》等法律法规中，也规定了一些精神损害赔偿的条文。2001 年 3 月 8 日，最高人民法院公布了《精神损害赔偿解释》①，并决定从 2001 年 3 月 10 日起实施。该解释在对自然人的人格权利和人格利益进行司法保护方面，以及在我国侵权责任法和人格权法的建设上，都具有非常重要的意义。可以说，《精神损害赔偿解释》在保护人格权方面，具有里程碑式的意义。在人民法院的审判实践中，该解释是一个非常重要的法律依据。从司法实践来看，该解释在实践中的确起到了为精神损害赔偿立法的探索作用，社会反响也非常好。《民法典》吸收了该解释的大部分内容。

由于本解释规定的残疾赔偿金和死亡赔偿金的性质已经不是精神损害抚慰金，因此有必要对此问题进行规定。关于精神损害抚慰金的请求权，能否让与或者继承，2003 年本解释发布以前的法律和司法解释都没有作出规定，而审判实践中又迫切需要解决这一问题，因此，2003 年本解释第十八条第二款对此作出了规定。2020 年 5 月通过的《民法典》第九百九十二条规定，人格权不得放弃、转让或

① 2020 年 12 月该解释进行了修正。

者继承。虽然人格权按照《民法典》的规定不得转让或者继承，但精神损害赔偿请求权属于人格权被侵害而产生的损害赔偿请求权，并非人格权。从上述规定来看，《民法典》对于精神损害赔偿的规定仍然是比较原则的，对于精神损害抚慰金的请求权是否能够让与或者继承，是否具有专属性，《民法典》并未明确，实践中也存有一些争议。因此，对于精神损害赔偿请求权的转让或者继承问题，仍有探讨的必要，本书将在下文予以论述。

本书分八部分对本条进行分解：

一、精神损害赔偿概述

所谓精神损害赔偿，是指自然人因其人身权受到不法侵害，使其人格利益和身份利益受到损害或遭受精神痛苦，受害人本人或者死者近亲属要求侵权人通过财产赔偿等方法进行救济和保护的民事法律制度。这里的精神损害，既包括积极的精神损害即精神痛苦和肉体痛苦，也包括消极的精神损害即知觉丧失与心神丧失。

精神损害赔偿的法律性质，是财产赔偿责任，因为赔偿精神损害，只能通过财产的方式进行。至于停止侵害、恢复名誉、消除影响、赔礼道歉等方式，不能被称为精神损害赔偿，它们只是承担民事责任的具体方式，与赔偿无关。

精神损害赔偿具有以下三项功能：

1. 填补功能。这是精神损害赔偿最主要的功能，强调精神损害的物质赔偿是以填补受害人或者死者近亲属所遭受的精神损害为最基本的目的，补偿损害为其最基本的功能，而对加害人的惩罚主要应归于刑法和其他法律，这是近代民刑法律分离的必然结果。

2. 抚慰功能。通过对精神损害的物质赔偿，在一定程度上抚慰了受害人或者死者近亲属的精神痛苦，使其痛苦得到一定程度的缓解。

3. 惩罚功能。关于精神损害赔偿的填补功能和抚慰功能，尤其是填补功能为学界通说。但是，精神损害赔偿是否具有惩罚功能，学者间看法并不一致。我们认为，只要要求加害人承担损害赔偿责任，就是对加害人的惩罚。应当强调的是，近现代法律分工，刑法担负惩罚职责，民法主要承担补偿职责，这是毫无疑问的。承认精神损害赔偿乃至整个损害赔偿制度具有惩罚性，并非对古代民法那种民刑不分的回复，而是在克服古代民法的上述弊端的同时，更加注意保护受害人的利益，加重对加害人的处罚，以达到防止侵权行为，稳定社会秩序的目的。此外，精神损害赔偿的惩罚功能，不是其最主要的功能，而是其填补功能和抚慰功能附带的一种功能。

受害人或者死者近亲属遭受精神损害，赔偿权利人向人民法院请求赔偿精神损害抚慰金的，适用《民法典》及《精神损害赔偿解释》予以确定。下面就相关问题分别予以说明。

二、生命权、健康权和身体权遭受侵害，受害人或者死者近亲属可以要求精神损害赔偿

需要说明的是，这里只提到物质性人格权遭受侵害，赔偿权利人可以要求精神损害赔偿，而没有提到精神性人格权遭受侵害，赔偿权利人可以要求精神损害赔偿。这是因为本解释的调整对象为物质性人格权遭受侵害（本解释第一条），没有涉及精神性人格权遭受侵害。精神性人格权包括精神性人格利益如姓名权、肖像权、名誉权、荣誉权、人格尊严、人身自由受到侵害，以及违反社会公共利益、社会公德侵害他人隐私或者其他人格利益，受害人可以侵权为由向人民法院起诉请求赔偿精神损害。

（一）生命权遭受侵害的精神损害赔偿

生命权是以自然人的生命安全的利益为内容的权利。生命权的客体是自然人的生命安全。生命权的基本内容是维护自然人的生命活动延续，禁止他人非法剥夺生命，而使人的生命按照自然界的客观规律延续，防止危害生命的情形发生，改变生命危险环境。生命权的保护对象是人的生命活动能力。

构成侵害生命权的民事责任，须具备以下要件：

1. 侵害生命权的损害事实

侵害生命权的损害事实通常包括三个层次：

（1）生命丧失的事实。即通常所说的自然人死亡。

（2）生命丧失导致死者家庭整体收入的减少以及近亲属的财产损失的事实。自然人死亡后，其家庭整体财产收入必然减少，为了弥补这方面的损害，加害人就有义务和责任赔偿死者近亲属死亡赔偿金，赔偿被扶养人的生活费。近亲属的财产损失包括支付的丧葬费，以及办理丧葬事宜支出的各项合理费用，包括交通费、住宿费和误工损失。

（3）死者近亲属遭受精神损害的事实。亲人之间的感情是长时间形成的最自然、最深厚的感情，亲人因加害人的行为或物件致其死亡后，其近亲属必然遭受巨大的精神痛苦。为了弥补这种精神痛苦，死者的近亲属可以要求加害人赔偿精神损害抚慰金。

2. 侵害生命权的违法行为

侵害生命权的违法行为，是指一切违反民事法律关于保护自然人生命权规定的行为，无论是作为的还是不作为的，都是侵害生命权的违法行为。

3. 违法行为与死亡之间具有因果关系

因果关系的判断采相当因果关系理论。审判实践中，经常遇到违法行为为诱因的案件，对这类案件如何处理，值得研究。实际上，受害人死亡的主要原因不是加害人的违法行为，受害人原存在的某些病变才是其死亡的主要原因，如加害人的一拳，并非打在受害人的要害部位，但受害人原来就有心脏病，由于加害人这一拳的诱因，导致受害人心肌梗死突然死亡。对于这类案件，实践中首先应当肯定该种违法行为与死亡结果之间有因果关系。违法行为虽然只是诱因，但是如果没有这种诱因，受害人就不会立即死亡。不能因为违法行为只是诱因，就否定其与死亡之间的因果关系。其次，应当肯定违法行为与死者自身的疾病是造成死亡的共同原因。如果仅有其中一个原因，都不会导致死亡的结果。

4. 归责原则不同，对加害人的主观心理状态要求就有区别

在适用过错责任原则和过错推定责任原则时，如果要求加害人承担赔偿责任，除以上三个要件外，还要求加害人主观上有过错；如果加害人主观上没有过错，则不承担赔偿责任。在适用无过错责任和公平责任时，不要求加害人主观上有过错，只要具备上述三个要件，加害人就须承担赔偿责任。

具备上述条件，死者近亲属就可以要求加害人赔偿精神损害抚慰金。需要注意的是，死者近亲属提出此要求的请求权基础，是死者近亲属遭受了精神损害，而不是死者遭受的精神损害。

（二）健康权遭受侵害的精神损害赔偿

健康权，是指自然人以其肌体生理机能正常运转和功能正常发挥，以其维持人体生命活动的利益为内容的人格权。健康权以人体的生理机能正常运转和功能的正常发挥为具体内容，以维持人体的正常生命活动为根本利益。健康权保护的是自然人身体功能的正常发挥，使其运转、运动自主。

构成侵害健康权的民事责任，具体包括以下要件：

1.侵害健康权的损害事实。包括健康受损的事实，如受外伤、内伤，疾患、精神病。健康受损导致受害人财产损失的事实，如因就医治疗支出的医疗费、护理费、交通费、住宿费、住院伙食补助费、营养费以及因误工导致收入减少。精神痛苦的损害事实，如愤怒、恐惧、焦虑、沮丧、悲伤、抑郁、绝望。

2.违法行为。这与侵害生命权的违法行为并无区别。

3.因果关系。违法行为与健康权受到损害之间必须有因果关系，加害人才承担赔偿责任。因果关系的认定，采相当因果关系理论。在违法行为直接引起健康权受到损害的情况下，因果关系的判断比较容易。在违法行为间接引起健康权受到损害的情况下，因为加入了其他致害原因，所以因果关系的判断就显得较为困难。这时，需要采取原因力的理论，看违法行为与其他致害原因对健康权损害后果的发生各自占多大比例，进而确定加害人承担责任的比例。

4.主观过错。在适用过错责任原则和过错推定责任原则的案件中，要求加害人承担赔偿责任，除上述三个要件外，还需加害人主观上有过错。在适用无过错责任原则和公平责任原则的案件中，只要具备上述三个要件，加害人就得承担赔偿责任，不要求加害人主观上具有过错。

具备侵害健康权的上述构成要件，受害人就可以要求加害人赔偿精神损害抚慰金。

（三）身体权遭受侵害的精神损害赔偿

所谓身体权，是指公民维护其身体的完全并支配其机体、器官和其他组织的人格权。实践中，身体权与健康权容易混淆。一般认为，所谓身体，系指肉体之组织。所谓健康，系指生理机能而言。身体和健康，应有区别。实践中，如强制文身、强制抽血、偷剪发辫、致人肢体残疾，乃至美容手术致人不美反丑等，应属侵害他人身体权。如同时造成生理机能损害的，则可能同时构成侵害他人健康权。由于侵害身体权的行为不一定侵害了健康权，因此，将身体权单列，符合世界各国的通行做法。在世界上，《德国民法典》第823条率先规定了身体权，并与生命权、健康权等并列。此后，《瑞士债务法》第46条、《奥地利民法典》第1325条、《日本民法典》第710条，都正式确认身体权为独立的民事权利。

身体权和健康权的主要区别在于：健康权维护的是身体功能的完善性，身体权是维护身体构成部分的完整性。

构成承担侵害身体权的民事责任，其构成要件有：（1）身体权受到损害的事实；（2）违法行为；（3）违法行为与身体权受到损害的事实之间具有因果关系；（4）主观过错。一般情况下，加害人的行为构成侵害身体权，其主观上都有过错。否则，就不构成侵害身体权。

对于身体权的保护，与其他物质性人格权的保护有所区别。因为侵害身体权，主要损害不是人体的损伤（因为造成人体损伤行为侵害的是健康权），而是精神痛苦。因此，救济的主要方法是精神损害赔偿，以及其他赔礼道歉等救济方法，主要不是对造成的财产损失给予赔偿。因此，对受害人给予精神损害抚慰金赔偿在保护身体权中，就显得非常必要。

三、关于诉讼终结后，受害人或者死者近亲属能否基于同一侵权事实单独起诉请求精神损害赔偿的问题

这个问题实践中存有争议，司法实践中的认识也经历了一个发展的过程。2001年《精神损害赔偿解释》第六条规定，当事人在侵权诉讼中没有提出赔偿精神损害的诉讼请求，诉讼终结后又基于同一侵权事实另行起诉请求赔偿精神损害的，人民法院不予受理。按

照此条规定，如果受害人在侵害其身体权、健康权诉讼中或者死者近亲属在侵权诉讼中没有提出精神损害赔偿诉讼请求的，诉讼终结后又基于同一侵权事实另行起诉赔偿精神损害的，人民法院不予受理。其理论根据是民事诉讼上的“一事不再理”。

所谓一事不再理，是指为防止法院对于同一事实作出不同或互相抵触的判决，或为实现诉讼经济的目的，避免浪费诉讼资源，或为维持生效判决之既判力，法律规定的禁止当事人另行起诉的制度。一事不再理有两层含义：（1）当事人不得就已经起诉的事件，在诉讼进行中另行起诉。因为诉讼一经提起，即发生诉讼系属上的效力，该诉讼的原告或者被告不得再以对方为被告，就同一诉讼标的，在同一法院或者其他法院，另行起诉。（2）诉讼标的在生效判决中已经作出裁判的，除法律另有规定外，当事人不得就该法律关系另行起诉。这种效力称作判决的既判力。一事不再理对于当事人和法院均有约束。对于当事人而言，某一事件一经法院作出裁判，即不得再行起诉；对于法院而言，某一诉讼一经受理或作出裁判，不得另行受理。一事不再理中的“一事”，是指前后两个诉讼必须为同一事件，才受一事不再理的限制。所谓同一事件，是指同一当事人，基于同一法律关系（同一事实）而提出的同一诉讼请求。同一当事人并不限于在前后两个诉讼中同处于原告或者被告的诉讼地位，原告不得另行起诉，被告同样不得另行起诉；同一法律关系，是指产生当事人争议的诉讼标的的法律关系（法律事实）；同一请求，是指当事人要求法院作出判决的内容相同。以上三个条件必须同时具备，才能称之为同一事件。若三个条件有一个不同，就不是同一事件。

一事不再理是民事诉讼的一项基本理论，也是各国民事诉讼法确立的一项重要原则。我国《民事诉讼法》虽未将其作为一项原则规定，但在有关条文中也有所体现和反映。《民事诉讼法》第一百二十七条第五项规定："对判决、裁定、调解书已经发生法律效力的案件，当事人又起诉的，告知原告申请再审，但人民法院准许撤诉的裁定除外。"

那么，当事人在侵权诉讼中没有提出赔偿精神损害的赔偿请求，诉讼结束后又基于同一侵权事实提出精神损害赔偿诉讼的，是否构成重复起诉？在《民法典》施行之前，一般认为，当事人基于同一侵权事实另行提起精神损害赔偿诉讼的属于重复起诉，这在2001年《精神损害赔偿解释》第六条中有明确规定。根据该条规定，受害人或者死者近亲属需要提起精神损害赔偿请求的，应当在侵权诉讼中一并提起，人民法院一并解决。若在侵权诉讼中没有提起，诉讼终结后另行起诉的，人民法院不予受理。这样规定的目的，一是督促受害人及死者近亲属及时、正当地行使权利。二是体现了两便原则。受害人或者死者近亲属损害赔偿的请求和精神损害赔偿的请求都是基于同一侵权行为产生的，应当在一个诉讼中进行审理和作出判决。这样，既便于法院审理，也便于当事人诉讼。同时，也节约了诉讼资源。三是防止法院对同一事实作出相互矛盾的判决。但这项规定在理论及实践中一直存有争议。

经历了近20年的争论后，2020年12月《精神损害赔偿解释》修正时将第六条予以删除。当然，条款的删除不代表该条款一定存在错误，也有可能该条款被《民法典》或者相关法律所吸收。对此，司法解释在清理过程中，我们的观点是鲜明的，即当事人基于同一侵权事实另行提起精神损害赔偿诉讼不构成重复诉讼。其主要理由在于：根据《民事诉讼法司法解释》第二百四十七条的规定，当事人就已经提起诉讼的事项在诉讼过程中或者裁判生效后再次起诉，同时符合下列条件的，构成重复起诉：（1）后诉与前诉的当事人相同；（2）后诉与前诉的诉讼标的相同；（3）后诉与前诉的诉讼请求相同，或者后诉的诉讼请求实质上否定前诉裁判结果。当事人重复起诉的，裁定不予受理；已经受理的，裁定驳回起诉，但法律、司法解释另有规定的除外。按照上述规定，当事人在侵权诉讼中没有提出赔偿精神损害的诉讼请求，诉讼终结后又基于同一侵权事实另行起诉请求赔偿精神损害的，不构成重复起诉。在立案登记制的背景之下，原规定不予受理没有法律依据。特别是在一些侵害人身权益的案件中，被侵权人的精神损害在其提起诉讼之时并未凸显，时隔多年才产生或者发现精神损害，这种情况下，剥夺当事人提起精神损害赔偿的诉权，于理不公。据此，当事人就此种情形提起诉讼的，应由人民法院依法判断，不宜采取一刀切的方式处理，故该解释修正过程中，废止了原第六条的规定。但是，需要说明的是，从两便原则以及提高纠纷解决效率的角度考虑，应当鼓励当事人将纠纷一次性解决。[①]

四、自然人因侵权行为致死，死者的配偶、父母或子女有权提出精神损害赔偿；没有配偶、父母和子女的，死者的其他近亲属可以提起精神损害赔偿

2001年《精神损害赔偿解释》第七条规定："自然人因侵权行为致死，或者自然人死亡后其人格或者遗体遭受侵害，死者的配偶、父母和子女向人民法院起诉请求赔偿精神损害的，列其配偶、父母和子女为原告；没有配偶、父母和子女的，可以由其他近亲属提起诉讼，列其他近亲属为原告。"2020年5月通过的《民法典》第九百九十四条规定："死者的姓名、肖像、名誉、荣誉、隐私、遗体等受到侵害的，其配偶、子女、父母有权依法请求行为人承担民事责任；

---

① 参见最高人民法院民事审判第一庭编：《民事审判指导与参考》2021年第3辑（总第87辑），人民法院出版社2022年版。

死者没有配偶、子女且父母已经死亡的，其他近亲属有权依法请求行为人承担民事责任。”由上可见，2001 年《精神损害赔偿解释》第七条的内容已经完全被《民法典》第九百九十四条吸收，并且与修正后的该解释第三条的内容存在一定程度的重复，故而在 2020 年 12 月司法解释修正时删除了原第七条的规定。这也足见在 2001 年《精神损害赔偿解释》制定时，对于死者人格利益保护这一重大问题的前瞻性，其规则历经近 20 年实践检验证明是成熟可行的，也最终被《民法典》这一基本民事法律所吸收。对于这个问题，应重点把握以下两点：

1. 死者的配偶、父母和子女要求加害人赔偿精神损害，这里的精神损害，不是死者遭受的精神损害，而是死者的配偶、父母和子女遭受的精神损害。

2. 自然人因侵权行为死亡后，哪些人有权提起精神损害赔偿？谁是提起精神损害赔偿的第一顺位的权利人？自然人因侵权行为死亡后，死者的配偶、父母、子女受到的伤害最大，感到的痛苦最深，最需要给予补偿和抚慰。因此，这些人有权提起精神损害赔偿，是提起精神损害赔偿的第一顺位权利人。除此以外，有权提起精神损害赔偿的，还包括其他近亲属。因为如果不允许其他近亲属提起精神损害赔偿，对他们显然是不公平的，既不符合中国国情，也有悖于精神损害赔偿制度的宗旨，因为他们也受到了精神损害，也需要通过精神损害赔偿制度得到补偿和抚慰。但是，就与死者的亲近程度而言，就精神受损害的后果而言，其他近亲属所受到的损害不如死者的配偶、父母、子女受到的伤害大、痛苦深，因此，一般来说，其他近亲属只能作为第二顺位权利人提起精神损害赔偿。也就是说，其他近亲属提出精神损害赔偿的前提是死者没有配偶、父母、子女。

五、受害人或者死者的近亲属遭受精神损害，造成严重后果的，可以要求加害人给予精神损害赔偿

2001年《精神损害赔偿解释》第八条规定："因侵权致人精神损害，但未造成严重后果，受害人请求赔偿精神损害的，一般不予支持。人民法院可以根据情形判令侵权人停止侵害、恢复名誉、消除影响、赔礼道歉。因侵权致人精神损害，造成严重后果的，人民法院除判令侵权人承担停止侵害、恢复名誉、消除影响、赔礼道歉等民事责任外，可以根据受害人一方的请求判令其赔偿相应的精神损害抚慰金。"《民法典》第九百九十五条规定："人格权受到侵害的，受害人有权依照本法和其他法律的规定请求行为人承担民事责任。受害人的停止侵害、排除妨碍、消除危险、消除影响、恢复名誉、赔礼道歉请求权，不适用诉讼时效的规定。"《民法典》第一千一百八十三条规定："侵害自然人人身权益造成严重精神损害的，被侵权人有权请求精神损害赔偿。因故意或者重大过失侵害自然人具有人身意义的特定物造成严重精神损害的，被侵权人有权请求精神损害赔偿。"由上可见，《精神损害赔偿解释》原第八条的规定已经被《民法典》第九百九十五条和第一千一百八十三条完全吸收，这也说明第八条规定的关于精神损害赔偿条件的内容是正确的。理解精神损害赔偿需满足的条件，需要结合《民法典》上述规定，并应该注意以下两点：

1. 精神损害后果必须严重，才能得到精神损害赔偿。并不是说只要遭受精神损害，就能得到精神损害赔偿。如果没有造成严重后果，采用停止侵害、恢复名誉、消除影响、赔礼道歉等民事责任方式已经足以弥补受害人的精神损害，且足以抚慰受害人的，就没有必要再给予其精神损害赔偿。也就是说，采用停止侵害、恢复名誉、

消除影响、赔礼道歉等民事责任方式还不足以弥补受害人的精神损害，还不足以抚慰受害人的，才能适用精神损害赔偿制度予以救济。如果说只要有精神损害，就能得到精神损害赔偿，不仅不符合精神损害赔偿制度的宗旨，而且还会造成精神损害赔偿的滥用，使这一制度失去了应有的作用和功能。

2. 何为严重后果，我们认为，可以从以下几个方面把握：（1）凡是造成受害人死亡的，受害人近亲属遭受的精神损害就是严重的精神损害，就属于“造成严重后果的”情形。（2）一般来说，凡是造成受害人残疾的，无论伤残等级如何，受害人所受的精神损害就是严重的精神损害，就属于“造成严重后果的”情形。伤残等级越高，精神损害越严重。（3）对于受害人既没有死亡，也没有残疾的，对于造成的精神损害是否属于“造成严重后果的”情形，要视具体情况而定。例如，可以结合受害人受到什么样的损害、是否住院、住院时间长短、是否影响受害人的饮食起居、病历记录等综合决定其遭受的精神损害是否属于“造成严重后果的”情形。审判实践中，有一种观点认为，受害人残疾的，其遭受的精神损害必然比其他没有残疾的受害人遭受的精神损害严重。事实上，有的受害人虽然没有造成残疾的后果，但本人遭受的精神损害却十分严重。

六、确定精神损害的具体赔偿数额时，要综合考虑各种因素

本条是关于确定精神损害赔偿数额的规定。2001 年《精神损害赔偿解释》第十条规定：“精神损害的赔偿数额根据以下因素确定：（一）侵权人的过错程度，法律另有规定的除外；（二）侵害的手段、场合、行为方式等具体情节；（三）侵权行为所造成的后果；（四）侵权人的获利情况；（五）侵权人承担责任的经济能力；（六）受诉法院所在地平均生活水平。法律、行政法规对残疾

赔偿金、死亡赔偿金等有明确规定的，适用法律、行政法规的规定。”2020年12月司法解释进行清理时，该条调整为第五条，内容修改为：“精神损害的赔偿数额根据以下因素确定：（一）侵权人的过错程度，但是法律另有规定的除外；（二）侵权行为的目的、方式、场合等具体情节；（三）侵权行为所造成的后果；（四）侵权人的获利情况；（五）侵权人承担责任的经济能力；（六）受理诉讼法院所在地的平均生活水平。”对比来看，前后条文有四处修改：一是将原第一款第一项修改为“但是”；二是将第一款第二项“手段、场合、行为方式”修改为“目的、方式、场合”；三是将“受诉法院”修改为“受理诉讼”法院；四是删除原第二款。第一款的修改基本是根据《民法典》相关表述进行的规范化改造，第二款是因为残疾赔偿金、死亡赔偿金与精神损害赔偿是相互独立的，在本解释中没有必要再行规定残疾赔偿金和死亡赔偿金。

精神损害赔偿数额是实践中的难点问题。我们认为，精神损害赔偿的基本功能是补偿受害人所受的精神损害，抚慰受害人遭受的精神痛苦。精神痛苦的个案差别是比较典型的，统一确定赔偿数额没有科学依据，也难以实现个案的公平正义。赔偿数额只能在个案中斟酌确定，具体平衡。这既非“法制不健全”，也非“缺乏可操作性”。如果这样来理解，本身就是对精神损害赔偿的目的和性质的误解。关键是人们对精神损害赔偿数额的合理期待，应当符合社会的经济发展水平和一般价值取向，这在任何国家都不能例外。正确认识这个问题，合理的赔偿数额就是可以预期的，审判实践本身也会给这种合理的预期提供经验的基础。

对于上述司法解释，有几点需要注意：

1. 适用上述司法解释的前提是《民法典》第一千一百八十三条的规定，即侵害自然人人身权益造成严重精神损害的，被侵权人有权请求精神损害赔偿。如果没有这个前提，就谈不上本条的适用。

2. 确定一个精神损害赔偿的数额，要遵循三条原则：（1）要考虑法院确定的精神损害赔偿数额能否补偿受害人或者死者近亲属所受的精神损害，能否起到抚慰的作用。（2）要考虑法院确定的精神损害赔偿数额对加害人是否能够起到制裁的作用。（3）要考虑法院确定的精神损害赔偿数额能否对社会有一般的警示作用。如果这三个因素都考虑到了，就是一个合理的赔偿数额。精神损害赔偿的具体数额没有办法统一规定，其理由：一是侵权的具体情形不同，不能作统一的规定；二是我国地域辽阔，各地的经济状况均不相同，无法制定统一的标准；三是加害人的经济负担能力不同。

3. 在因加害人的行为或其物件致受害人伤残或者死亡的情况下，精神损害赔偿的数额不宜过高。这是因为，根据《民法典》的规定，残疾赔偿金和死亡赔偿金的性质都不是精神损害赔偿，而是受害人家庭整体减少的收入。而以前我们都把残疾赔偿金和死亡赔偿金看成是精神损害赔偿。这两金的性质改变后，如果再要求加害人赔偿受害人或者死者近亲属过高的精神损害赔偿，难免会对加害人科以过重的责任，不符合全社会的公平与正义，也与我国现阶段的国情不符，与我国现阶段的经济发展水平不相当。因此，理解《精神损害赔偿解释》第五条的规定时，一定要结合本解释的精神，否则理解上可能出现偏差，影响司法解释的正确适用。

七、受害人对损害事实和损害后果的发生有过错的，可以根据其过错程度减轻或者免除侵权人的精神损害赔偿

2001 年《精神损害赔偿解释》第十一条对此有明确规定。2020 年 5 月通过的《民法典》第一千一百七十三条规定："被侵权人对同一损害的发生或者扩大有过错的，可以减轻侵权人的责任。"2003 年

制定的本解释第二条也有类似规定："受害人对同一损害的发生或者扩大有故意、过失的，依照民法通则第一百三十一条的规定，可以减轻或者免除赔偿义务人的赔偿责任。但侵权人因故意或者重大过失致人损害，受害人只有一般过失的，不减轻赔偿义务人的赔偿责任。适用民法通则第一百零六条第三款规定确定赔偿义务人的赔偿责任时，受害人有重大过失的，可以减轻赔偿义务人的赔偿责任。"①《民法典》完全吸收了上述解释条款的内容，对此不再赘述。

八、关于精神损害抚慰金赔偿的请求权能否让与或者继承的问题

关于此问题，一种观点认为，精神损害抚慰金请求权是一种专属性权利，这种权利是与自然人的人身不可分的、密切相关的一种权利，是自然人人身权受到侵害时的一种补救性的权利。从这个意义上说，精神损害抚慰金请求权是自然人人身权的延伸。离开了自然人人身，精神损害抚慰金请求权就无从谈起。自然人的人身权，原则上由自然人本人行使，以保护自然人的人格尊严和人身自由。从诉讼上来讲，如果允许精神损害赔偿抚慰金请求权可以让与和继承，受让人还要面临举证的困难。因此，作为原则，精神损害抚慰金请求权不得让与或者继承。另一种观点认为，虽然精神损害抚慰金请求权与自然人的人身密不可分，但是，对受害人或者死者近亲属精神损害的赔偿，毕竟用的是财产的方式，就责任形式而言，它本质上属于财产责任。既然是财产责任，就应当允许转让或者继承。例如，我国台湾地区"民法"第一百九十五条就规定："不法侵害他人之身体、健康、名誉、自由、信用、隐私、贞操，或不法侵害其

① 2020 年 12 月本解释清理时该条款被删除。

他人格法益而情节重大者，被害人虽非财产上之损害，亦得请求赔偿相当之金额。其名誉被侵害者，并得请求恢复名誉之适当处分。前项请求权，不得让与或继承。但以金额赔偿之请求权已依契约承诺，或已起诉者，不在此限。前两项规定，于不法侵害他人基于父、母、子、女，或配偶关系之身份法益而情节重大者，准用之。”2003年本解释第十八条第二款规定的“精神损害抚慰金的请求权，不得让与或者继承。但赔偿义务人已经以书面方式承诺给予金钱赔偿，或者赔偿权利人已经向人民法院起诉的除外”即参照了上述第二种观点。规定中的第一种例外情形是，赔偿义务人已经以书面方式承诺给予金钱赔偿。其特点是：（1）承诺的主体是赔偿义务人。承诺的对象是受害人或者死者近亲属。（2）承诺方式是书面的，以免就赔偿义务人是否承诺给予受害人或者死者近亲属金钱赔偿双方发生纠纷。如果没有采用书面的方式承诺，视为没有承诺。（3）承诺的形式，既可以是赔偿义务人的单方法律行为，给受害人或者死者近亲属出具承诺书，也可以由赔偿义务人与受害人或者死者近亲属签订赔偿协议。承诺内容是对受害人或者死者近亲属遭受的精神损害给予金钱赔偿，且金钱赔偿的数额是明确的。如果数额不明确，视为没有承诺。另外一种例外情形是，赔偿权利人已经向人民法院起诉。赔偿权利人向人民法院起诉时，必然涉及请求赔偿义务人赔偿精神损害抚慰金的具体数额。只要具体数额一明确，精神损害抚慰金请求权就可以转让或者继承。上述两种例外情形，都表明精神损害抚慰金请求权已经变成了具体的财产债权，可以让与或者继承。

2020年12月司法解释清理时，由于理论及实践中关于精神损害抚慰金请求权能否让与或继承在实践中存在较大的争议，本解释原第十八条第二款规定被删除。

【案例】

徐某与供电公司、大塘公司触电人身损害责任纠纷案

——供电公司在从事高压电活动中造成他人损害应赔偿财产损失和精神损害抚慰金

一、裁判要旨

根据《侵权责任法》第七十三条[①]的规定，从事高压活动造成他人损害的，经营者应当承担侵权责任；能够证明损害是受害人故意或不可抗力造成的，不承担责任；被侵权人对损害发生有重大过失的，可以减轻经营者的责任。因此，从事高压电活动造成他人损害原则上由经营者承担无过错责任。本案中供电公司与大塘公司签订的《供用电合同》约定由供电公司负责向事发地的供电设施供应高压电流，通过使用该供电设施从事电流输送和供应作业获取经济利益，是高压电经营者，在其无证据证明损害是徐某故意或不可抗力造成，以及徐某对损害发生存在重大过失的情况下，应当对徐某造成的损害承担无过错侵权责任，按照《人身损害赔偿解释》规定赔偿受害人发生的各项财产损失，并按照《精神损害赔偿解释》的规定赔偿徐某精神损害抚慰金。

二、案情

2010年7月，徐某在大塘公司供电设施旁被高压电击伤。徐某当日被送往县医院住院治疗，共计住院215天，支付医疗费126008.09元。后徐某因右侧颈部疤痕皮下感染、颅顶部伤口感染再

---

① 对应《民法典》第一千二百四十条，下同。

次住院 18 天，支付 2997.2 元医疗费。此外，还发生门诊费及药费 3516 元。徐某向一审法院起诉请求由供电公司和大塘公司连带赔偿其医疗费 133732.29 元、护理费 28000 元、交通费 2269.5 元、住宿费 2490 元、住院伙食补助费 7520 元、营养费 6000 元、剃头费 240 元、复印费 148 元、残疾赔偿金 73878 元、残疾辅助器具费 252000 元、鉴定费 3379.1 元、后续康复护理费 292000 元、精神损害抚慰金 7 万元，并承担本案诉讼费用。

经各方当事人共同选定，一审法院委托鉴定机构对徐某伤残等级、后续医疗费和护理依赖程度等事项进行了司法鉴定，鉴定结论为：（1）徐某的左上肢为五级伤残，颈、胸、腹部瘢痕为十级伤残。（2）徐某伤情已治愈，不存在后续医疗费，但存在残疾辅助用具费用，需立即安装肌电控制肩离断型假肢（2 自由度）费用 42000 元，18 周岁前应根据其身体发育情况调整或更换假肢，18 周岁以后每 6 年更换一次假肢为宜。（3）目前徐某属部分护理依赖。后各方又共同选定鉴定机构对徐某每次更换假肢的医疗费用及假肢的维护费用进行鉴定，鉴定结论为：（1）徐某每次更换假肢目前未发生医疗费用。（2）徐某原鉴定的肩离断型假肢费用已包含了维护费。徐某共支付鉴定费用 3379.1 元。出院证明书载明：徐某住院治疗期间陪护两人，其余时间陪护一人。当地农村居民人均纯收入为 5277 元，职工年平均工资为 35326 元。

供电公司与大塘公司签订的《高压供用电合同》约定：供电公司以 10kv 电压向大塘公司供电；经双方协商确认，分界点电源侧供电设施属供电公司，由供电公司负责运行、维护、管理，分界点负荷侧供用电设施属大塘公司，由大塘公司负责运行、维护、管理；根据国家节能减排要求，按照相关规定，为便于设备维护管理，大塘公司出资的电力负荷管理装置自愿移交给供电公司，由供电公司负责电力负荷管理装置的运行维护。事故发生地点的电线、变压器等电力设施的产权人为大塘公司。2009 年 6 月 1 日，大塘公司向供电公司提出专变报停供电申请，供电公司接到申请当天，同意大塘公司的报停申请。在事故发生时供电设施上已无变压器，但承载变压器的平台未拆除，跌落开关连接变压器的三根电线下垂，现场无安全警示标志，无安全防护措施。

三、法院裁判

一审法院认为，大塘公司作为事发地点电路的产权人，对其所有的线路的安全使用和维护应当负责。大塘公司因停产向供电公司申请对事发地点的专用变压器报停用电，供电公司对该线路予以了停止供电，因此事发地点的线路应当未通电。但是在该事发地点有下垂的电线，不论徐某的损害是否因该下垂电线造成，大塘公司作为产权人对其线路的管理维护未尽到责任，应对徐某受到的损害承担 10% 的责任。徐某作为限制民事行为能力人，其法定代理人对其有监护责任，其监护人明知事发地点是大塘公司变压器安装的地方，事发地点也远离人群聚集地区，故对徐某出现在事发地点以及受到的伤害，徐某和其法定代理人也有责任，应承担 90% 的责任。法院就此判决：一、大塘公司在判决生效后 15 日内向徐某支付医疗费、护理费、住院伙食补助费、鉴定费、营养费、残疾赔偿金、残疾辅助器具费、后续护理费、交通费、住宿费等共计 44541.91 元；二、驳回徐某其他诉讼请求。

徐某不服，提出上诉，请求撤销一审判决，改判支持其一审诉讼请求。二审法院认为，供电公司和大塘公司对徐某因高压电受伤以及受伤地点无异议，大塘公司认可事发之地的线路及用电设施归其所有，对上述事实予以确认。因高压电在制造、运输、储藏作业过程对周围环境和人身安全具有重大危险，属于高度危险作业，法律对此进行了特殊的规定。根据《侵权责任法》第七十三条的规定，高压电造成他人损害的，应由高压电的经营者承担责任；经营者免责的前提是能够证明损害是受害人故意或不可抗力所造成；经营者减轻责任的前提是能够证明受害人自身存在过失。根据供电公司与大塘公司签订的《高压供用电合同》之约定，供电公司负责向事发之地的供电设施供应高压电流。供电公司通过使用该供电设施从事电流输送和供应作业，获取经济利益，其收益表现为卖电收入扣除经营成本后的利润。故供电公司为高压电的经营者，应承担侵权责任。根据2001年公布的《最高人民法院关于民事诉讼证据的若干规定》第2条[①]的规定，没有证据证明当事人的事实主张的，由负有举证责任的当事人承担不利后果。由于供电公司未举证证明徐某在本案中存在过失，故徐某及其监护人在本案中不应承担责任。大塘公司是事发地供电设施的产权人，同时也是使用高压电的用户，其对高压电不享有经营利益，不属于法律规定的从事高压作业的经营者，不应承担侵权责任。一审判决由大塘公司、徐某承担责任错误，应予纠正。二审法院依据《民事诉讼法》《侵权责任法》《人身损害赔偿解释》以及《精神损害赔偿解释》相关规定判决：撤销一审判决，由供电公司赔偿徐某因高压电受伤产生的医疗费、住院伙食补助费、残疾赔偿金、住院期间的护理费、营养费、残疾辅助器具费、后续康复护理费、交通费、住宿费以及精神损害抚慰金共计644113元。后本案经再审，对二审法院作出的由供电公司赔偿徐某财产损失及精神损害抚慰金的判决予以维持。

① 该司法解释已于2019年修正，本条已被删除。

第二十四条　本解释自2022年5月1日起施行。施行后发生的侵权行为引起的人身损害赔偿案件适用本解释。

本院以前发布的司法解释与本解释不一致的，以本解释为准。

【条文主旨】

本条是关于司法解释时间效力的规定。

本条具体规定了本解释的生效施行时间、人民法院受理的哪些案件适用本解释、哪些案件不得适用本解释以及本解释与以前相关解释之间的关系。

【理解与适用】

本条是任何一个司法解释都必须规定的内容。如果仅仅规定施行时间，也可以在最高人民法院的公告中规定。但本条的内容远不止这些，必须就此内容单独规定一条。

司法解释的时间效力，是指一项司法解释何时生效、何时失效以及是否具有溯及力的问题。司法解释的生效时间，是指司法解释对其所调整的社会关系开始发生作用的时间。规定司法解释生效时间的方式通常有两种：一是自公布之日起施行；二是规定从公布后的某个特定的日期起施行。既可以在司法解释最后的条文中规定，也可以在专门的公告中规定施行时间。司法解释失效时间的方式通常就一种，即因新司法解释的施行，旧司法解释与其抵触的部分失效，或者是因新法律的施行，司法解释与其抵触的内容失效。司法解释的溯及力，是指新的司法解释实施后，对实施前发生的事件和行为是否适用的问题。如果适用，就有溯及力。如果不适用，就无溯及力。

一、本司法解释的生效时间

本条规定的本司法解释生效日期属于上述司法解释生效日期的第二种情形。2022年2月15日，由最高人民法院审判委员会第1864次会议讨论通过了《最高人民法院关于修改〈最高人民法院关于审理人身损害赔偿案件适用法律若干问题的解释〉的决定》，并决定修改后的司法解释自2022年5月1日起施行。本解释对其生效时间作出如此规定的理由[①]，是应当给司法解释留有足够的宣传准备期。在这段时间，各级法院的审判人员都应认真学习，正确理解和全面把握司法解释的精神实质和具体规定；同时还要以各种形式广泛宣传，让广大人民群众了解和掌握司法解释，依照司法解释的规定，维护自己的合法权益。

二、本解释的溯及力问题

根据本条第一款的规定，本解释不具有溯及力。本解释在本条特别指出："施行后发生的侵权行为引起的人身损害赔偿案件适用本解释。"即使2022年5月1日以后受理的一审人身损害赔偿案件，如引起该案件的侵权行为发生于2022年5月1日之前，仍不能适用本解释。这样主要是出于以下考虑：2022年司法解释的修改主要针对的是残疾赔偿金、死亡赔偿金以及被扶养人生活费由原来的城乡

① 本解释如此规定的理由，实际上参考了《行政法规制定程序条例》的有关规定，与行政法规规定的生效时间的理由相同。该条例第二十九条规定：行政法规应当自公布之日起30日后施行；但是，涉及国家安全、外汇汇率、货币政策的确定以及公布后不立即施行将有碍行政法规施行的，可以自公布之日起施行。

区分的赔偿标准修改为统一采用城镇居民标准计算。为了保证全国范围内人身损害赔偿案件中统一城乡赔偿标准的平稳过渡，同类案件法律适用的规范统一，避免不同当事人因起诉时间、案件审理进程的不同在赔偿标准上出现差异，再结合之前全国各高级人民法院试点工作经验和反馈的情况，我们采取了以侵权行为发生的时间作为本解释的适用标准，而非以案件受理时间作为适用本解释的判断标准。

三、本解释与以前有关司法解释的关系

《民法典》施行后，最高人民法院对司法解释进行了清理，目前有效的与自然人的生命、健康、身体遭受侵害有关的司法解释主要有：（1）《精神损害赔偿解释》（2020 年修正）；（2）《最高人民法院关于审理道路交通事故损害赔偿案件适用法律若干问题的解释》（2020 年修正）；（3）《最高人民法院关于审理铁路运输人身损害赔偿纠纷案件适用法律若干问题的解释》（2021 年修正）；（4）《最高人民法院关于审理医疗损害责任纠纷案件适用法律若干问题的解释》（2020 年修正）；（5）《最高人民法院关于审理环境侵权责任纠纷案件适用法律若干问题的解释》（2020 年修正）；（6）《最高人民法院关于审理食品药品纠纷案件适用法律若干问题的规定》（2020 年修正）；（7）《最高人民法院关于审理食品安全民事纠纷案件适用法律若干问题的解释（一）》。

根据本条第二款的规定，本院以前发布的司法解释的有关内容与本解释不一致的，以本解释为准。

第四部分　相关规范

中华人民共和国民法典（节选）

（2020年5月28日第十三届全国人民代表大会第三次会议通过）

第七编　侵权责任

第一章　一般规定

第一千一百六十四条　本编调整因侵害民事权益产生的民事关系。

第一千一百六十五条　行为人因过错侵害他人民事权益造成损害的，应当承担侵权责任。

依照法律规定推定行为人有过错，其不能证明自己没有过错的，应当承担侵权责任。

第一千一百六十六条　行为人造成他人民事权益损害，不论行为人有无过错，法律规定应当承担侵权责任的，依照其规定。

第一千一百六十七条　侵权行为危及他人人身、财产安全的，被侵权人有权请求侵权人承担停止侵害、排除妨碍、消除危险等侵权责任。

第一千一百六十八条　二人以上共同实施侵权行为，造成他人损害的，应当承担连带责任。

第一千一百六十九条　教唆、帮助他人实施侵权行为的，应当与行为人承担连带责任。

教唆、帮助无民事行为能力人、限制民事行为能力人实施侵权行为的，应当承担侵权责任；该无民事行为能力人、限制民事行为能力人的监护人未尽到监护职责的，应当承担相应的责任。

第一千一百七十条 二人以上实施危及他人人身、财产安全的行为，其中一人或者数人的行为造成他人损害，能够确定具体侵权人的，由侵权人承担责任；不能确定具体侵权人的，行为人承担连带责任。

第一千一百七十一条 二人以上分别实施侵权行为造成同一损害，每个人的侵权行为都足以造成全部损害的，行为人承担连带责任。

第一千一百七十二条 二人以上分别实施侵权行为造成同一损害，能够确定责任大小的，各自承担相应的责任；难以确定责任大小的，平均承担责任。

第一千一百七十三条 被侵权人对同一损害的发生或者扩大有过错的，可以减轻侵权人的责任。

第一千一百七十四条 损害是因受害人故意造成的，行为人不承担责任。

第一千一百七十五条 损害是因第三人造成的，第三人应当承担侵权责任。

第一千一百七十六条 自愿参加具有一定风险的文体活动，因其他参加者的行为受到损害的，受害人不得请求其他参加者承担侵权责任；但是，其他参加者对损害的发生有故意或者重大过失的除外。

活动组织者的责任适用本法第一千一百九十八条至第一千二百零一条的规定。

第一千一百七十七条 合法权益受到侵害，情况紧迫且不能及时获得国家机关保护，不立即采取措施将使其合法权益受到难以弥补的损害的，受害人可以在保护自己合法权益的必要范围内采取扣留侵权人的财物等合理措施；但是，应当立即请求有关国家机关处理。

受害人采取的措施不当造成他人损害的，应当承担侵权责任。

第一千一百七十八条 本法和其他法律对不承担责任或者减轻责任的情形另有规定的，依照其规定。

第二章 损害赔偿

第一千一百七十九条 侵害他人造成人身损害的，应当赔偿医疗费、护理费、交通费、营养费、住院伙食补助费等为治疗和康复支出的合理费用，以及因误工减少的收入。造成残疾的，还应当赔偿辅助器具费和残疾赔偿金；造成死亡的，还应当赔偿丧葬费和死亡赔偿金。

第一千一百八十条 因同一侵权行为造成多人死亡的，可以以相同数额确定死亡赔偿金。

第一千一百八十一条 被侵权人死亡的，其近亲属有权请求侵权人承担侵权责任。被侵权人为组织，该组织分立、合并的，承继权利的组织有权请求侵权人承担侵权责任。

被侵权人死亡的，支付被侵权人医疗费、丧葬费等合理费用的人有权请求侵权人赔偿费用，但是侵权人已经支付该费用的除外。

第一千一百八十二条 侵害他人人身权益造成财产损失的，按照被侵权人因此受到的损失或者侵权人因此获得的利益赔偿；被侵权人因此受到的损失以及侵权人因此获得的利益难以确定，被侵权人和侵权人就赔偿数额协商不一致，向人民法院提起诉讼的，由人民法院根据实际情况确定赔偿数额。

第一千一百八十三条 侵害自然人人身权益造成严重精神损害的，被侵权人有权请求精神损害赔偿。

因故意或者重大过失侵害自然人具有人身意义的特定物造成严重精神损害的，被侵权人有权请求精神损害赔偿。

第一千一百八十四条 侵害他人财产的，财产损失按照损失发生时的市场价格或者其他合理方式计算。

第一千一百八十五条 故意侵害他人知识产权，情节严重的，被侵权人有权请求相应的惩罚性赔偿。

第一千一百八十六条 受害人和行为人对损害的发生都没有过错的，依照法律的规定由双方分担损失。

第一千一百八十七条 损害发生后，当事人可以协商赔偿费用的支付方式。协商不一致的，赔偿费用应当一次性支付；一次性支付确有困难的，可以分期支付，但是被侵权人有权请求提供相应的担保。

最高人民法院
关于审理道路交通事故损害赔偿案件适用法律若干问题的解释

（2012年9月17日最高人民法院审判委员会第1556次会议通过
根据2020年12月23日最高人民法院审判委员会第1823次会议
通过的《最高人民法院关于修改〈最高人民法院关于在民事审判
工作中适用《中华人民共和国工会法》若干问题的解释〉等
二十七件民事类司法解释的决定》修正）

为正确审理道路交通事故损害赔偿案件，根据《中华人民共和国民法典》《中华人民共和国道路交通安全法》《中华人民共和国保险法》《中华人民共和国民事诉讼法》等法律的规定，结合审判实践，制定本解释。

一、关于主体责任的认定

第一条 机动车发生交通事故造成损害，机动车所有人或者管理人有下列情形之一，人民法院应当认定其对损害的发生有过错，并适用民法典第一千二百零九条的规定确定其相应的赔偿责任：

（一）知道或者应当知道机动车存在缺陷，且该缺陷是交通事故发生原因之一的；

（二）知道或者应当知道驾驶人无驾驶资格或者未取得相应驾驶资格的；

（三）知道或者应当知道驾驶人因饮酒、服用国家管制的精神药品或者麻醉药品，或者患有妨碍安全驾驶机动车的疾病等依法不能驾驶机动车的；

（四）其他应当认定机动车所有人或者管理人有过错的。

第二条 被多次转让但是未办理登记的机动车发生交通事故造成损害，属于该机动车一方责任，当事人请求由最后一次转让并交付的受让人承担赔偿责任的，人民法院应予支持。

第三条 套牌机动车发生交通事故造成损害，属于该机动车一方责任，当事人请求由套牌机动车的所有人或者管理人承担赔偿责任的，人民法院应予支持；被套牌机动车所有人或者管理人同意套牌的，应当与套牌机动车的所有人或者管理人承担连带责任。

第四条 拼装车、已达到报废标准的机动车或者依法禁止行驶的其他机动车被多次转让，并发生交通事故造成损害，当事人请求由所有的转让人和受让人承担连带责任的，人民法院应予支持。

第五条 接受机动车驾驶培训的人员，在培训活动中驾驶机动车发生交通事故造成损害，属于该机动车一方责任，当事人请求驾驶培训单位承担赔偿责任的，人民法院应予支持。

第六条 机动车试乘过程中发生交通事故造成试乘人损害，当事人请求提供试乘服务者承担赔偿责任的，人民法院应予支持。试乘人有过错的，应当减轻提供试乘服务者的赔偿责任。

第七条 因道路管理维护缺陷导致机动车发生交通事故造成损害，当事人请求道路管理者承担相应赔偿责任的，人民法院应予支持。但道路管理者能够证明已经依照法律、法规、规章的规定，或者按照国家标准、行业标准、地方标准的要求尽到安全防护、警示等管理维护义务的除外。

依法不得进入高速公路的车辆、行人，进入高速公路发生交通事故造成自身损害，当事人请求高速公路管理者承担赔偿责任的，适用民法典第一千二百四十三条的规定。

第八条　未按照法律、法规、规章或者国家标准、行业标准、地方标准的强制性规定设计、施工，致使道路存在缺陷并造成交通事故，当事人请求建设单位与施工单位承担相应赔偿责任的，人民法院应予支持。

第九条　机动车存在产品缺陷导致交通事故造成损害，当事人请求生产者或者销售者依照民法典第七编第四章的规定承担赔偿责任的，人民法院应予支持。

第十条　多辆机动车发生交通事故造成第三人损害，当事人请求多个侵权人承担赔偿责任的，人民法院应当区分不同情况，依照民法典第一千一百七十条、第一千一百七十一条、第一千一百七十二条的规定，确定侵权人承担连带责任或者按份责任。

二、关于赔偿范围的认定

第十一条　道路交通安全法第七十六条规定的“人身伤亡”，是指机动车发生交通事故侵害被侵权人的生命权、身体权、健康权等人身权益所造成的损害，包括民法典第一千一百七十九条和第一千一百八十三条规定的各项损害。

道路交通安全法第七十六条规定的“财产损失”，是指因机动车发生交通事故侵害被侵权人的财产权益所造成的损失。

第十二条　因道路交通事故造成下列财产损失，当事人请求侵权人赔偿的，人民法院应予支持：

（一）维修被损坏车辆所支出的费用、车辆所载物品的损失、车辆施救费用；

（二）因车辆灭失或者无法修复，为购买交通事故发生时与被损坏车辆价值相当的车辆重置费用；

（三）依法从事货物运输、旅客运输等经营性活动的车辆，因无法从事相应经营活动所产生的合理停运损失；

（四）非经营性车辆因无法继续使用，所产生的通常替代性交通工具的合理费用。

三、关于责任承担的认定

第十三条 同时投保机动车第三者责任强制保险（以下简称交强险）和第三者责任商业保险（以下简称商业三者险）的机动车发生交通事故造成损害，当事人同时起诉侵权人和保险公司的，人民法院应当依照民法典第一千二百一十三条的规定，确定赔偿责任。

被侵权人或者其近亲属请求承保交强险的保险公司优先赔偿精神损害的，人民法院应予支持。

第十四条 投保人允许的驾驶人驾驶机动车致使投保人遭受损害，当事人请求承保交强险的保险公司在责任限额范围内予以赔偿的，人民法院应予支持，但投保人为本车上人员的除外。

第十五条 有下列情形之一导致第三人人身损害，当事人请求保险公司在交强险责任限额范围内予以赔偿，人民法院应予支持：

（一）驾驶人未取得驾驶资格或者未取得相应驾驶资格的；

（二）醉酒、服用国家管制的精神药品或者麻醉药品后驾驶机动车发生交通事故的；

（三）驾驶人故意制造交通事故的。

保险公司在赔偿范围内向侵权人主张追偿权的，人民法院应予支持。追偿权的诉讼时效期间自保险公司实际赔偿之日起计算。

第十六条 未依法投保交强险的机动车发生交通事故造成损害，当事人请求投保义务人在交强险责任限额范围内予以赔偿的，人民法院应予支持。

投保义务人和侵权人不是同一人，当事人请求投保义务人和侵权人在交强险责任限额范围内承担相应责任的，人民法院应予支持。

第十七条 具有从事交强险业务资格的保险公司违法拒绝承保、

拖延承保或者违法解除交强险合同，投保义务人在向第三人承担赔偿责任后，请求该保险公司在交强险责任限额范围内承担相应赔偿责任的，人民法院应予支持。

第十八条 多辆机动车发生交通事故造成第三人损害，损失超出各机动车交强险责任限额之和的，由各保险公司在各自责任限额范围内承担赔偿责任；损失未超出各机动车交强险责任限额之和，当事人请求由各保险公司按照其责任限额与责任限额之和的比例承担赔偿责任的，人民法院应予支持。

依法分别投保交强险的牵引车和挂车连接使用时发生交通事故造成第三人损害，当事人请求由各保险公司在各自的责任限额范围内平均赔偿的，人民法院应予支持。

多辆机动车发生交通事故造成第三人损害，其中部分机动车未投保交强险，当事人请求先由已承保交强险的保险公司在责任限额范围内予以赔偿的，人民法院应予支持。保险公司就超出其应承担的部分向未投保交强险的投保义务人或者侵权人行使追偿权的，人民法院应予支持。

第十九条 同一交通事故的多个被侵权人同时起诉的，人民法院应当按照各被侵权人的损失比例确定交强险的赔偿数额。

第二十条 机动车所有权在交强险合同有效期内发生变动，保险公司在交通事故发生后，以该机动车未办理交强险合同变更手续为由主张免除赔偿责任的，人民法院不予支持。

机动车在交强险合同有效期内发生改装、使用性质改变等导致危险程度增加的情形，发生交通事故后，当事人请求保险公司在责任限额范围内予以赔偿的，人民法院应予支持。

前款情形下，保险公司另行起诉请求投保义务人按照重新核定后的保险费标准补足当期保险费的，人民法院应予支持。

第二十一条 当事人主张交强险人身伤亡保险金请求权转让或者设定担保的行为无效的，人民法院应予支持。

四、关于诉讼程序的规定

第二十二条 人民法院审理道路交通事故损害赔偿案件，应当将承保交强险的保险公司列为共同被告。但该保险公司已经在交强险责任限额范围内予以赔偿且当事人无异议的除外。

人民法院审理道路交通事故损害赔偿案件，当事人请求将承保商业三者险的保险公司列为共同被告的，人民法院应予准许。

第二十三条 被侵权人因道路交通事故死亡，无近亲属或者近亲属不明，未经法律授权的机关或者有关组织向人民法院起诉主张死亡赔偿金的，人民法院不予受理。

侵权人以已向未经法律授权的机关或者有关组织支付死亡赔偿金为理由，请求保险公司在交强险责任限额范围内予以赔偿的，人民法院不予支持。

被侵权人因道路交通事故死亡，无近亲属或者近亲属不明，支付被侵权人医疗费、丧葬费等合理费用的单位或者个人，请求保险公司在交强险责任限额范围内予以赔偿的，人民法院应予支持。

第二十四条 公安机关交通管理部门制作的交通事故认定书，人民法院应依法审查并确认其相应的证明力，但有相反证据推翻的除外。

五、关于适用范围的规定

第二十五条 机动车在道路以外的地方通行时引发的损害赔偿案件，可以参照适用本解释的规定。

第二十六条 本解释施行后尚未终审的案件，适用本解释；本解释施行前已经终审，当事人申请再审或者按照审判监督程序决定再审的案件，不适用本解释。

最高人民法院
关于审理铁路运输人身损害赔偿纠纷案件适用法律若干问题的解释

（2010年1月4日最高人民法院审判委员会第1482次会议通过 根据2020年12月23日最高人民法院审判委员会第1823次会议通过的《最高人民法院关于修改〈最高人民法院关于在民事审判工作中适用《中华人民共和国工会法》若干问题的解释〉等二十七件民事类司法解释的决定》修正 根据2021年11月24日最高人民法院审判委员会第1853次会议通过的《最高人民法院关于修改〈最高人民法院关于审理铁路运输人身损害赔偿纠纷案件适用法律若干问题的解释〉的决定》修正 该修正自2022年1月1日起施行）

为正确审理铁路运输人身损害赔偿纠纷案件，依法维护各方当事人的合法权益，根据《中华人民共和国民法典》《中华人民共和国铁路法》《中华人民共和国民事诉讼法》等法律的规定，结合审判实践，就有关适用法律问题作如下解释：

第一条 人民法院审理铁路行车事故及其他铁路运营事故造成的铁路运输人身损害赔偿纠纷案件，适用本解释。

铁路运输企业在客运合同履行过程中造成旅客人身损害的赔偿纠纷案件，不适用本解释；与铁路运输企业建立劳动合同关系或者形成劳动关系的铁路职工在执行职务中发生的人身损害，依照有关调整劳动关系的法律规定及其他相关法律规定处理。

第二条 铁路运输人身损害的受害人以及死亡受害人的近亲属为赔偿权利人，有权请求赔偿。

第三条 赔偿权利人要求对方当事人承担侵权责任的，由事故发生地、列车最先到达地或者被告住所地铁路运输法院管辖。

前款规定的地区没有铁路运输法院的，由高级人民法院指定的其他人民法院管辖。

第四条 铁路运输造成人身损害的，铁路运输企业应当承担赔偿责任；法律另有规定的，依照其规定。

第五条 铁路行车事故及其他铁路运营事故造成人身损害，有下列情形之一的，铁路运输企业不承担赔偿责任：

（一）不可抗力造成的；

（二）受害人故意以卧轨、碰撞等方式造成的；

（三）法律规定铁路运输企业不承担赔偿责任的其他情形造成的。

第六条 因受害人的过错行为造成人身损害，依照法律规定应当由铁路运输企业承担赔偿责任的，根据受害人的过错程度可以适当减轻铁路运输企业的赔偿责任，并按照以下情形分别处理：

（一）铁路运输企业未充分履行安全防护、警示等义务，铁路运输企业承担事故主要责任的，应当在全部损害的百分之九十至百分之六十之间承担赔偿责任；铁路运输企业承担事故同等责任的，应当在全部损害的百分之六十至百分之五十之间承担赔偿责任；铁路运输企业承担事故次要责任的，应当在全部损害的百分之四十至百分之十之间承担赔偿责任；

（二）铁路运输企业已充分履行安全防护、警示等义务，受害人仍施以过错行为的，铁路运输企业应当在全部损害的百分之十以内承担赔偿责任。

铁路运输企业已充分履行安全防护、警示等义务，受害人不听从值守人员劝阻强行通过铁路平交道口、人行过道，或者明知危险后果仍然无视警示规定沿铁路线路纵向行走、坐卧故意造成人身损害的，铁路运输企业不承担赔偿责任，但是有证据证明并非受害人故意造成损害的除外。

第七条　铁路运输造成无民事行为能力人人身损害的，铁路运输企业应当承担赔偿责任；监护人有过错的，按照过错程度减轻铁路运输企业的赔偿责任。

铁路运输造成限制民事行为能力人人身损害的，铁路运输企业应当承担赔偿责任；监护人或者受害人自身有过错的，按照过错程度减轻铁路运输企业的赔偿责任。

第八条　铁路机车车辆与机动车发生碰撞造成机动车驾驶人员以外的人人身损害的，由铁路运输企业与机动车一方对受害人承担连带赔偿责任。铁路运输企业与机动车一方之间的责任份额根据各自责任大小确定；难以确定责任大小的，平均承担责任。对受害人实际承担赔偿责任超出应当承担份额的一方，有权向另一方追偿。

铁路机车车辆与机动车发生碰撞造成机动车驾驶人员人身损害的，按照本解释第四条至第六条的规定处理。

第九条　在非铁路运输企业实行监护的铁路无人看守道口发生事故造成人身损害的，由铁路运输企业按照本解释的有关规定承担赔偿责任。道口管理单位有过错的，铁路运输企业对赔偿权利人承担赔偿责任后，有权向道口管理单位追偿。

第十条　对于铁路桥梁、涵洞等设施负有管理、维护等职责的单位，因未尽职责使该铁路桥梁、涵洞等设施不能正常使用，导致行人、车辆穿越铁路线路造成人身损害的，铁路运输企业按照本解释有关规定承担赔偿责任后，有权向该单位追偿。

第十一条 有权作出事故认定的组织依照《铁路交通事故应急救援和调查处理条例》等有关规定制作的事故认定书，经庭审质证，对于事故认定书所认定的事实，当事人没有相反证据和理由足以推翻的，人民法院应当作为认定事实的根据。

第十二条 在专用铁路及铁路专用线上因运输造成人身损害，依法应当由肇事工具或者设备的所有人、使用人或者管理人承担赔偿责任的，适用本解释。

第十三条 本院以前发布的司法解释与本解释不一致的，以本解释为准。

后 记

2003年12月29日，最高人民法院公布了《关于审理人身损害赔偿案件适用法律若干问题的解释》(以下简称《人身损害赔偿解释》)。2020年12月23日，最高人民法院审判委员会第1823次会议审议通过《最高人民法院关于修改〈最高人民法院关于在民事审判工作中适用《中华人民共和国工会法》若干问题的解释〉等二十七件民事类司法解释〉的决定》(法释〔2020〕17号)，对《人身损害赔偿解释》进行修改。2022年2月15日，最高人民法院审判委员会第1864次会议审议通过《关于修改〈最高人民法院关于审理人身损害赔偿案件适用法律若干问题的解释〉的决定》，对《人身损害赔偿解释》再次进行修改。

为了准确理解和适用修改后的《人身损害赔偿解释》，向广大读者全面介绍本解释各条文的主旨、要点、背景、依据以及审判实务中需要注意的问题，由最高人民法院民事审判第一庭组织有关人员编写本书。

本解释起草过程中，全国各级人民法院及广大法官、部分专家学者通过不同形式提供了许多建设性意见。特别是全国人大法工委，对本解释提出了许多重要的、决定性的意见，在此一并表示感谢！

囿于作者有限的知识，本书难免有不当之处，敬请广大读者批评指正。

最高人民法院民事审判第一庭

二〇二二年八月